Veganpassion

LIEBLINGSREZEPTE ZUM BACKEN

Stina Spiegelberg

NEUN
ZEHN

Vorwort

Es duftet nach Keksen, Gewürzen und Zucker. Freudiges Gequassel am schwach erleuchteten Eichentisch. Jemand hat sich die Mühe gemacht, Omas schwere, weiße Tischdecke zu bügeln, das aufwendig verzierte Geschirr zu decken und mit den schönen Stoffservietten Blumen zu falten. Ein Blick zur Küche hinüber, wo Kinder sich um den Backofen versammelt haben, um dem Gebäck beim Hochbacken zuzusehen. Die Kochschürze um und den Backhandschuh an, wird das warme Gebäck aufgetragen und erwartungsvoll die Torte angeschnitten. Die Torte, von der alle behaupten, sie sei zu schön zum Anschneiden. Und dann ist es plötzlich still. Man hört nur das Kratzen der Gabeln auf Porzellan und das zufriedene Schmatzen einer Familie, die sich freut, beisammen zu sein.

Genüsslich wird gegessen, weil ein jeder zu schätzen weiß, mit wie viel Hingabe der Tisch mit solch prachtvollen Leckereien beladen wurde. Und dabei kostet es weniger Zeit als gedacht. Mit wenigen Zutaten und ein bisschen Liebe zum Detail kann jeder traumhaft selbstgemachtes Backwerk präsentieren, um deren Rezept Freunde und Verwandte bitten.

Wer mit der veganen Bäckerei beginnt, benötigt oftmals einige Phantasie, sich gelingsichere Rezepte ohne Butter, Milch und Eier vorzustellen. Ein-, zweimal ist ein Kuchenteig nicht aufgegangen oder ein Keks zu schnell verbrannt, und schon hält man sich für einen hoffnungslosen Fall. Doch genau wie bei konventionellen Produkten gibt es auch im veganen Regal eine unglaubliche Vielfalt an Produkten, die für unterschiedliche Speisen geeignet sind. Mit ein paar Tipps, Neugierde und Spaß am Selbermachen gelingt auch dir unerreichbar geglaubtes Backwerk im Handumdrehen.

Dieses Backbuch beinhaltet leichte Rezepte für den Backanfänger sowie gut bebilderte Fotostrecken von aufwendigerem Gebäck für Fortgeschrittene. Mit seinen vielen Rezepten und Schritt-für-Schritt-Anleitungen kannst du es als Inspiration und Hilfestellung für jeden Backanlass heranziehen. Backvergnügte können sich hier vom Rührkuchen zum Eistörtchen hocharbeiten und ihre Liebe zum Detail entdecken. Alle Zutaten sind vegan.

In diesem Backbuch darf mit einer Tasse Tee in der Hand gestöbert werden, und nicht zuletzt wollte ich hiermit eine Wunderwelt schaffen, von der man sich an grauen Tagen verzaubern lassen kann.

Danke

· · · · · · · · · · · ·

Dieses Backbuch ist das Ergebnis eines langen und aufregenden Projektes, in das ich viel Herzblut gesteckt habe. Doch erst Familie, Freunde und der großartige Neunzehn Verlag haben mir Kraft und Unterstützung zukommen lassen, es zu etwas Besonderem zu machen.

So möchte ich insbesondere meinem Lebenspartner für die Stetigkeit und Kreativität, die er in mein Leben bringt, danken. Der es nicht müde wird, mich immer wieder aus der Küche an die frische Luft zu locken und immerzu mein Backwerk probiert und kritisch beurteilt.

Auch an meine Familie geht ein großer Dank. Es ist schön, eine kreative Familie zu haben, die auch beim zehnten Gespräch zum Layout nicht den Hörer auflegt. Ich hatte sehr viel Freude an unserem Ideenaustausch.

Nicht zuletzt möchte ich den Lesern meines Vegan-Blogs danken. Eure ermunternden Worte und euer liebes Lob haben mich an arbeitsreichen Tagen aufgeheitert und mir viel Mut gemacht. Ohne die vielen Mails und Kommentare wäre ich vermutlich niemals auf die Idee gekommen, ein Backbuch zu schreiben. Gerade der persönliche Kontakt zu meinen Lesern ist für mich eine ganz besondere Freude, und ich möchte ihn auch weiterhin aufrechterhalten. Interessen zu teilen und Leid zu vermeiden ist mir das Wichtigste, und es ist schön zu wissen, dass auch andere so denken.

· ·

Inhalt

· · · · · · · · · · ·

· · · · · · · · · · · · · · · · · ·

Ab
in
die
Küche

· · · · · · · · · · · · · · · · · · ·

Warum vegan backen? | Mehl und Mahlerzeugnisse | Die Welt der Süßungsmittel | Ei ersetzen leicht gemacht | Pflanzliche Fette | Pflanzendrink, Sahne & Joghurt | Backtriebmittel | Pflanzliche Geliermittel | Trockenobst und Nüsse | Gewürze und Aromen | Schokolade, Nougat und Marzipan

Warum vegan backen?

SELBERBACKEN IST GROSSARTIG.
Wer das zu diesem Zeitpunkt noch nicht einsieht, backe sich bitte durch dieses Buch. Ob schnelle, einfache oder ausgefallene Rezepte zum Angeben, in diesem Backbuch ist für jeden etwas dabei. Aber aus welchem Grund vegan backen?

Vegan ist gut für Umwelt und Tier – aber es ist auch gut für uns. Wir sparen damit Kalorien und backen völlig cholesterinfrei. Und wer nicht gleich vegan leben möchte, der kann einfach ab und zu ein leckeres veganes Gebäck zaubern, Freunden etwas mitbringen oder Büffets bestücken und alle zu sich einladen.

Es geht nicht immer um alles oder nichts. Alleine sich in der heutigen hektischen Welt einmal mit sich selbst und seinem Essen zu befassen, ist ein großer Schritt. Worauf habe ich eigentlich Hunger und was schmeckt danach? Vor lauter Fertigpizzen und Einschweißkeksen haben wir das Gefühl für die Zutaten verloren (hast du dir mal die elend lange Zutatenliste auf Schoko-Cookies aus dem Supermarkt angesehen?) und wissen meist gar nicht mehr, welche Zutaten tatsächlich in so einen Keks gehören. Selbstbacken ist etwas Sinnliches. Der Körper wird auf die bevorstehende Mahlzeit vorbereitet, und das verzehrte Mahl weiß man gut zu schätzen.

Ohne Ei, Milch und Butter zu backen, nennen viele eine Herausforderung. Schon als kleines Kind sahen wir Mutter beim Backen über die Schulter und lernten spielend das Verhältnis von Mehl, Eiern und Milch. Von Mürbteig bis Hefeteig wurde alles einmal geknetet und probiert, um die Konsistenz zu testen. Heute lässt sich diese auch mit pflanzlichen Produkten umsetzen. Die Grundzutaten rund um die vegane Küche lernst du im Warenkundeteil kennen. Es sei aber erwähnt, dass dieser Teil nicht zwingend notwendig ist, um die darauf folgenden Rezepte zu backen. Mit den richtigen Rezepten wird vegan backen im anschließenden großen Rezeptteil zum Erlebnis und genauso einfach, lecker und prunkvoll wie konventionelle Bäckerei.

Fazit also: Vegan backen heißt zunächst ausprobieren und kennenlernen. Sind wir nicht stolz wie Oscar, wenn uns etwas Neues gelingt? Und ist es nicht einfach wundervoll, wenn wir mit kleinen Köstlichkeiten uns glücklich und die Welt ein bisschen besser machen?

Mehl und Mahlerzeugnisse

,, Die meist verwendete Grundzutat für Backwaren ist Mehl, oder genauer sind es die Mahlerzeugnisse, denn diese beinhalten auch Grieß, Schrot und Korn. Mehl ist in zahlreichen Formen und Farben erhältlich und beglückt durch seine Vielseitigkeit. Doch warum gibt es so viele Mehltypen, und wozu kommen Stärke und Grieß in den Kuchen? ,,

Jede Sorte der vielen Mehle hat ihre Daseinsberechtigung und trägt besondere Backeigenschaften. Somit sind sie alle für unterschiedliche Backwaren und Geschmäcker geeignet. Backmehle sind in Typen unterteilt, die den Mineralstoffgehalt angeben. Je größer die Zahl, desto höher der Mineralstoffgehalt in Milligramm pro 100 g Mehl. So sind es beim beliebtesten Haushaltsmehl (Weißmehl) – Weizenmehl **Type 405** – 405 mg Mineralstoffe pro 100 g Mehl. Das 1050er Mehl ist etwas dunkler und herber im Geschmack. Es enthält 1050 mg Mineralstoffe pro 100 g Mehl. Kühl und trocken gelagert sind helle Mehle bis zu einem Jahr, dunkle Mehle bis zu einem halben Jahr und Vollkornmehle bis zu acht Wochen haltbar.

WEIZEN

Mit seinem hohen Anteil an Gluten bindet Weizen Flüssigkeiten gut und erhält somit sehr gute Klebe- und Backeigenschaften. Diese lassen sich durch Zugabe einer Prise Salz verstärken.

Weizenmehl **Type 405** ist weiß und pulvrig fein. Es enthält kaum Schalenteile und den höchsten Anteil an Stärke und Eiweiß. Mit seinem hellen und makellosen Backergebnis eignet es sich hervorragend für Feingebäck, Kuchen und Torten.

Das backstarke Weizenmehl **Type 550** hat einen cremefarbenen Ton im Vergleich zum Mehl **Type 405** und besitzt einen kräftigeren Geschmack. Mit seinen besonders guten Dehneigenschaften eignet es sich gut für feinporige Teige und Brötchen. Hefezopf und Pizzateig gelingen sicher.

Weizenmehl **Type 1050** ist etwas dunkler. Man kann deutlich den hohen Mineralstoffgehalt erkennen. Im Geschmack ist dieses Mehl deutlich kräftiger. So eignet es sich herrlich für Lebkuchen und Brote.

DINKEL

Neben dem handelsüblichen Weizenmehl erfreut sich Dinkel zunehmender Beliebtheit. Das robuste Korn ist leichter verdaulich und hat einen nussigen Geschmack. Es kann ebenso wie Weizenmehl universell eingesetzt werden. Weizenmehl **Type 405** kann beispielsweise beliebig durch das Dinkelmehl **Type 630** ersetzt werden.

GRIESS

Grieß kann als Süßspeise mit Zimt und Zucker pur verputzt werden, macht sich aber ebenso gut in Kuchen und Quiche und verleiht dem Gebäck mehr Biss. Da Grieß gröber gemahlen ist als Mehl, speichert es Wasser besser und macht das Gebäck saftig. Dabei ist Weichweizengrieß für weiche Süßspeisen geeignet, während aus Hartweizengrieß Nocken, Kuchen und Füllungen werden. Gegenüber **Weizengrieß** ist **Dinkelgrieß** etwas auffälliger im Geschmack und hat eine leicht bräunliche Farbe. Für gold-gelbes Gebäck ist **Maisgrieß** (Polenta) genau das Richtige, welches zusätzlich natürliche Süße in die Speise bringt. Mais enthält viel Stärke und kein Gluten und ist damit auch für Allergiker geeignet.

VOLLKORN

Vollkornmehl hat keine gesonderte Typenbezeichnung. Es ist sehr dunkel und schmeckt aromatisch nussig. So lässt es sich für Allergiker anstelle von Haselnüssen verwenden. **Vollkornmehle** werden überwiegend für Brot, Vollwertgebäck oder Lebkuchen verwendet.

Mit ihrem hohen Ballaststoffanteil benötigen sie mehr Wasser und längere Gehzeiten als Weißmehle, um ihre Backeigenschaften zu entfalten.

STÄRKE

Neben natürlichen Mahlerzeugnissen ist auch die isolierte Stärke in jedem Backregal zu finden. In Verbindung mit Wasser und Hitze wird Stärke gallertartig. Dies bindet Gebäck oder Füllungen und macht sie schnittfest. Die Stärke gibt das Wasser nach und nach wieder ab, Kälte beschleunigt diesen Vorgang. Daher sollte stärkehaltiges Gebäck nicht kühl gelagert und schnell verzehrt werden. Stärke ist auch im Sahnesteif enthalten und festigt damit Sahne & Co. Stärke wird hauptsächlich aus Mais, Weizen oder Kartoffeln gewonnen. In der veganen Backstube sollten außerdem **Reisstärke** und **Pfeilwurzelstärke** als Bindemittel nicht fehlen. Auch **Tapiokastärke** (erhältlich im Asialaden) bindet Teige sehr gut und ist im gebrauchsfertigen Ei-Ersatz enthalten.

Wenn in diesem Backbuch von Stärke die Rede ist, wurde Maisstärke verwendet.

DIE WELT DER
Süßungsmittel
· ·

" Sie machen Törtchen, Kuchen und Teegebäck zu sündhaften, kleinen Verführern.
Die Welt der Süßungsmittel offenbart weit mehr als den bekannten weißen Haushaltszucker.
Dabei haben Zucker und Sirup unterschiedlichste Aromen und Backeigenschaften – und verwandeln
Gebäck in etwas ganz Besonderes. Auch süße Trockenfrüchte wie Datteln und Feigen oder Kompott
aus Äpfeln und Aprikosen verleihen Gebäck und Co. ihre ganz eigene Süße. "

ZUCKER

Zucker kann aus dem Zuckerrohr oder der Zuckerrübe gewonnen werden. Die Vorgehensweise für die Zuckergewinnung ist in beiden Fällen die gleiche. Der Saft wird durch Erhitzen eingedickt, bis er kristallisiert, und anschließend gepresst. Es entsteht der **Vollrohrzucker**. Der Feuchtigkeitsgehalt ist höher als bei raffiniertem Zucker und die Körnung unregelmäßig. Durch die schonende und kurze Bearbeitung bleiben Mineralien, Vitamine und Aromen zu großen Teilen erhalten, und der Vollrohrzucker hat einen kräftigen, karamell-malzigen Geschmack.

Wird die zähflüssige Masse – genannt Melasse – entfernt, so bleibt eine getrocknete, bräunliche Körnung zurück – bei uns erhältlich als **Rohzucker**. Wird der Rohzucker aus dem Zuckerrohr gewonnen, so heißt er Rohrrohzucker. Rohzucker ist unraffiniert und trägt daher eine angenehm malzige Note. Sie fügt sich gut sowohl in süßes als auch herzhaftes Gebäck. Allen unraffinierten Zuckern ist gemein, dass sie bei Hitze schmelzen. Daher sind sie bei Feingebäck eher für die Geschmacksgebung als die Süßung einzusetzen und können Teegebäck eine charakteristische Optik verleihen.

Raffinadezucker: Wurde gereinigt, bis er eine reinweiße Farbe aufweist. Er eignet sich für alle Arten von Gebäck.

Vanillezucker: Lässt sich aus allen Zuckerarten selbst herstellen. Neben Zucker enthält er gemahlene Vanilleschote.

Puderzucker: Hat eine pudrige Textur, die Wasser sehr schnell aufnimmt. Daher sollte er vor der Verarbeitung gesiebt werden.

Der **Haushaltszucker**, auch Raffinade- oder Kristallzucker genannt, ist beinahe geschmacksneutral und verleiht Speisen eine rein süße Note. Der Rohzucker wird dazu ein zweites Mal gereinigt, bis die reine Saccharose (ein Molekül aus Fruktose und Glucose) übrig bleibt. Aufgrund der Reinheit von Farbe und Geschmack kann der Haushaltszucker leicht eingefärbt werden und beeinträchtigt die Farbgebung des Gebäckes nicht. Seine Backeigenschaften sind gleichbleibend und sein rein süßer Geschmack ist wenig aufdringlich. Daher ist Kristallzucker für jede Speise geeignet. Aus dem Raffinadezucker werden in der Weiterverarbeitung Farin-, Puder- und Hagelzucker hergestellt.

Für besonders feine Süßspeisen, wie Petit Fours, eignet sich **Farinzucker**, auch genannt **Feinzucker**. Dieser hat eine feinere Körnung als der Haushaltszucker und löst sich daher in Feingebäck schneller und gleichmäßiger auf. **Puderzucker** findet besonders gerne als Dekor zerstäubt über einem Kuchen oder in einer Zuckerglasur Verwendung. Auch Hagelzucker wird gerne auf Hefe- oder Teegebäck als Dekoration eingesetzt.

Rohrohrzucker, grob: Ist unraffinierter Zucker aus dem Zuckerrohr. Die grobe Körnung verleiht Gebäck eine charakteristische Optik.

Rohrohrzucker, fein: Hat eine feine Körnung und kann somit in den meisten Rezepten als Alternative zu Haushaltzucker verwendet werden.

Vollrohrzucker: Hat eine unregelmäßige Körnung und einen karamell-malzigen Geschmack.

SIRUP UND DICKSAFT

Besonders gesunde Süßungsmittel sind Pflanzensirup oder Dicksaft, da sie eine natürliche Süßkraft besitzen und darüber hinaus Mineralstoffe und Vitamine beinhalten. Sirup & Co. erhalten das Gebäck saftig und es kann nachträglich damit glasiert oder getränkt werden. Fürs Backen eignen sich insbesondere Ahornsirup und Agavendicksaft.

Ahornsirup beispielsweise verleiht Gebäck leckere, neue Geschmacksnoten – ganz ohne Zucker. Dazu muss das Rezept aber nicht von vornherein auf Sirup ausgelegt sein. Im eigenen Lieblingsrezept lässt sich ganz einfach der Zucker durch Ahornsirup ersetzen. Dabei darauf achten, dem Teig entweder etwas weniger Flüssigkeit hinzuzufügen oder ein-, zwei Esslöffel mehr Mehl. So stimmt die Konsistenz des Teiges wieder.

Das Aroma des Ahornsirups variiert je nach Güteklasse von mild bis kräftig und trägt dabei eine holzige bis karamell-fruchtige Note. Die Qualität von A bis D richtet sich danach, wie stark der Sirup von Unreinheiten befreit wurde. Dabei entspricht die höchste Güteklasse A dem gereinigten und lichtdurchlässigen Sirup. Aufgrund seines unvergleichlichen Aromas entfaltet Ahornsirup seinen Geschmack besonders gut in schlichten Rezepten wie Käsekuchen oder Zitrusplätzchen. Er harmoniert wunderschön mit Zitrusnoten.

Auch **Agavendicksaft** besitzt eine natürliche Süße mit fruchtigem Geschmack. Er ist leicht löslich und wird daher gerne zum Süßen von Getränken, Shakes und Joghurt verwendet. Die Süßkraft ist etwas geringer als die von Zucker und nicht so aufdringlich. Damit verleiht Agavendicksaft sowohl Süßspeisen als auch pikantem Gebäck eine dezent fruchtige Note.

STEVIA

Das Steviakraut enthält Steviolglykoside, die bis zu 300 mal süßer sind als Haushaltszucker, während es beinahe keine Kalorien hat und für Diabetiker geeignet ist. Ähnlich wie für den Haushaltszucker ist auch bei Stevia ein komplexes, chemisches Verfahren notwendig, um aus den Blättern das reinweiße Pulver zu gewinnen.

Stevia bringt einen leicht bitteren, lakritzartigen Geschmack mit sich und empfiehlt sich daher nicht für zart-aromatische Süßspeisen. Meist lässt sich aber ein Teil des Zuckers sehr gut durch Stevia ersetzen. Dabei sollte man auf die Konsistenz des Teiges achten und gegebenenfalls etwas Mehl hinzufügen. Handelsüblich ist Stevia als weißes, feines Pulver erhältlich.

Ei ersetzen

LEICHT GEMACHT
• • • • • • • • • • • • • •

„Gelingsicher sind vegane Rezepte, die von Grund auf vegan konzipiert wurden. Möchte man ein altbekanntes und heißgeliebtes Gebäck vegan nachbacken, lässt sich die Milch durch Pflanzendrink ersetzen, die Butter durch vegane Alternativen substituieren – und das Ei?"

Zunächst sei erwähnt, dass das Ei mehrere Backeigenschaften vereint und somit in unterschiedlichen Fällen anders ersetzt werden sollte. Das eine Gebäck soll das Ei saftig oder fluffig machen, anderen Mürbe verleihen oder Bindung bringen. Eiweiß lässt sich zu leichtem Schaum aufschlagen und verleiht dem Teig mehr Volumen und macht ihn locker. Das Eigelb enthält neben einem hohen Fettgehalt Lecithin, das emulgierend wirkt und somit Fett und Wasser im Teig verbindet. Leider gibt es DIE Formel, Ei zu ersetzen, nicht, um gewohnte Lieblingsrezepte in veganer Form zu genießen. Doch mit einigen einfachen Tricks gelingt auch Omas Lieblingsrezept.

AUF DAS VERHÄLTNIS KOMMT ES AN

Am wichtigsten in den veganen Rezepten ist, das Verhältnis zwischen trockenen, flüssigen und bindenden Zutaten im Gleichgewicht zu halten. Ist der Teig zu flüssig, kann das Mehl die Flüssigkeit nicht binden und der Teig wird matschig. Ist der Teig zu fest, erhält er eine harte Kruste und bröselt.

LOCKERER TEIG:
BACKPULVER UND MINERALWASSER

Um den Teig luftig und locker hoch gehen zu lassen, wie beispielsweise Pfannkuchen, fügt man dem Teig anstelle des Eies einfach eine Prise Backpulver hinzu und ersetzt die Flüssigkeitsmenge des Eies durch Pflanzendrink. Während des Backvorganges entweichendes Wasser und Kohlensäure verleihen dem Gebäck zusätzlich eine lockere Struktur. Anstelle von Pflanzendrink kann also gerne auch mal ein Schluck kohlensäurehaltiges, ungesüßtes Mineralwasser genommen werden.

MÜRBE PLÄTZCHEN: VEGANE BUTTER

Soll der Teig zusätzlich mürbe werden, so genügt es bei Mürbteig, etwas vegane Butter oder Margarine hinzuzufügen. Denn Eigelb enthält Fett, das den Teig mürbe macht.

SAFTIGE KUCHEN: APFELMUS, GRIESS

Insbesondere süße Kuchen und Muffins macht Apfelmus saftig und verleiht ihnen ein schönes, fruchtiges Aroma. Am besten schmeckt Apfelmus aus säuerlichen Äpfeln, z. B. Boskoop. Du kannst es kaufen oder selbst machen. Dazu einfach einige Äpfel schälen, entkernen, klein schneiden und mit wenigen Esslöffeln Wasser einkochen. Nach Belieben mit Agavendicksaft, Zucker oder Ahornsirup süßen.

Neben den guten Eigenschaften während des Backvorganges sorgt Ei in Backwaren auch dafür, dass diese über das Erkalten hinaus saftig und lecker bleiben. Für herzhaftes Gebäck verwende ich gerne Grieß und Polenta und erhöhe den flüssigen Anteil der Zutaten. Grieß speichert die Feuchtigkeit und hält das Gebäck lange saftig.

GUTE BINDUNG:
SOJAJOGHURT, TOFU, BANANE

Entscheidend im Gebäck ist die gute Bindung, damit der Kuchen sich gut schneiden lässt und ein angenehmes Mundgefühl bereitet. 2 Esslöffel Sojajoghurt pro Ei genügen und verleihen dem Kuchen eine besonders schöne Frische, die zu Zitronenkuchen oder Obsttarte passt.

Pürierter Tofu oder Seidentofu geben Kuchen eine gute Bindung und machen ihn auch noch für den Folgetag saftig.

Wenn einmal kein Tofu oder Joghurt zur Hand ist, genügt auch eine zerdrückte, reife Banane. Sie ist als Ei-Ersatz ideal. Ihr Eigengeschmack harmoniert mit Nuss- oder Schokoladenvarianten in einem traumhaften Bananenkuchen.

EI-ERSATZ, PFEILWURZELSTÄRKE,
SOJAMEHL

Im Handel sind inzwischen verschiedene fertige Ei-Ersatz-Produkte erhältlich. Sie basieren meist auf Kartoffelstärke und Tapioka und enthalten mineralische Triebmittel, die fast alle eihaltigen Rezepte gelingen lassen. Ei-Ersatz kann nur bis zu einer bestimmten Anzahl von Eiern im Rezept verwendet werden.

Pfeilwurzelmehl ist eine natürliche Pflanzenstärke mit hervorragenden Bindungs- und Backeigenschaften. Sie ist geruchs- und geschmacksneutral. Pfeilwurzelmehl dickt etwa doppelt so stark ein wie Weizenmehl und sollte daher mit Bedacht in kleinen Mengen zugegeben werden.

Sojamehl hat einen hohen Fett- und Eiweißgehalt und ist somit als Ei-Ersatz gut geeignet. Es bindet und hält Gebäck saftig. Für jedes Ei 1 Esslöffel Sojamehl mit 2 Esslöffeln ungesüßtem Mineralwasser verrühren.

Olivenöl

Keimöl

Sonnenblumenöl

Vegane Butter

Pflanzliche Fette

....

"Für das perfekte Backergebnis ist neben Mehl und Zucker die Wahl des Fettes entscheidend. Denn Butter und Öl machen Gebäck saftig und aromatisch."

Vegane Butter – im Rezept oft Butter genannt – bezeichnet hochwertige Margarine, deren Geschmack vergleichbar mit Kuhmilchbutter ist und keine gehärteten Fette enthält. Diese Butter macht den Teig mürbe und etwas gedrungen. Sie eignet sich besonders für Rührkuchen, der auch gerne mit Obst belegt wird. Vor allem aber wird Butter für Mürbteig oder – in Verbindung mit Hefe – für Brioches und Plunderteig verwendet.

Die günstige Alternative ist die **Margarine**. Oftmals werden hier Milcherzeugnisse versteckt, und viele Produkte sind nicht vegan. Margarine hat einen leicht bitteren Nachgeschmack, lässt sich aber in vielen Rezepten als Option verwenden.

Öle sind sehr aromatisch und von Sonnenblumenöl über Keimöl und Olivenöl sind viele schöne Geschmacksrichtungen erhältlich. Zum Backen sind nicht alle Öle geeignet. Insbesondere hochwertige, unraffinierte Öle sind hitzeempfindlich. Hitzebeständig dagegen sind raffinierte Öle. Öl verleiht dem Kuchen Elastizität und Saftigkeit. Daher ist es besonders für vegane Biskuitteige oder Muffins geeignet.

In den im Buch enthaltenen Rezepten ist oftmals einfach von Öl die Rede. Damit ist Sonnenblumen- oder Keimöl gemeint. Ist die Angabe nicht weiter spezifiziert, sollte ein geschmacksneutrales Öl verwendet werden.

Pflanzendrink,
SAHNE & JOGHURT

Pflanzendrink, Sahne und Joghurt dienen als Grundzutat, aber auch für Cremes, Füllungen und insbesondere natürlich bei Verzierungen spielen sie eine große Rolle.

Bei konventionellen Rezepten lässt sich Kuhmilch 1:1 durch Pflanzendrink ersetzen. Von Sojadrink über Reisdrink, Getreidedrinks (wie Hafer- oder Dinkeldrink) oder auch Nussdrinks (wie Mandel- oder Haselnussdrink) sind zahlreiche Sorten erhältlich. Die Drinks haben einen Fettgehalt zwischen 1,5 und 2 % und einen Eiweißgehalt von bis zu 3 %. Achtung, viele Drinks sind gesüßt oder aromatisiert.

Auch pflanzliche Sahne ist in unzähligen Varianten verfügbar. Dabei muss derzeit zwischen Kochsahne, die auch für herzhafte Speisen geeignet ist und wenig süß schmeckt, und aufschlagbarer Sahne für Kuchen und Süßspeisen unterschieden werden. Reiscuisine und Hafercuisine kommen der Kuhmilchsahne recht nahe und machen süße sowie herzhafte Füllungen und Quiches samtig weich und gehaltvoll. Sojacuisine hingegen hat einen nussigen und süßlichen Eigengeschmack und ist für Ganache und Süßspeisen perfekt.

Aufschlagbare Sahne gibt es auf Soja-, Reis- oder Kokosbasis. Hier ist die Packungsanleitung entscheidend, denn manche Sorten müssen vor dem Aufschlagen gekühlt, andere bei Zimmertemperatur gelagert werden. Um der Sahne genügend Stand zu verleihen, wird sie mit 1 Prise Salz und pro 150 ml mit 1 Esslöffel Sahnesteif aufgeschlagen. Hat die Sahne noch nicht genügend Stand, kann zusätzlich etwas Kokosfett geschmolzen werden. Sobald es anzieht, wird es unter die Sahne geschlagen. Zum Verzieren von Torten sollte die Sahne vor der Verwendung mindestens 1 Stunde gekühlt werden.

Sojajoghurt ist unheimlich lecker und vielseitig fürs Backen einsetzbar. Inzwischen gibt es sogar Joghurt auf Kokosbasis. Joghurt macht Teige und Füllungen frisch und harmoniert mit frischem Obst und Zitrusnoten.

Backtriebmittel

··

" Backtriebmittel bringt Luft ins Gebäck und macht es locker fluffig.
In Deutschland sind nur eine beschränkte Anzahl Backtriebmittel zugelassen.
Beispielsweise Backpulver, Natron, Hefe, Hirschhornsalz und Pottasche. "

Backpulver ist ein Gemisch aus verschiedenen Stoffen, die bei Zugabe von Wasser und Wärme miteinander reagieren. Das Gebäck geht hoch, bleibt aber saftig und die Kruste wird weich. In Deutschland wird es als Standard in Kuchen, Muffins oder Biskuit verwendet. Wem das konventionelle Backpulver einen zu deutlichen Geschmack hat, kann Weinsteinbackpulver aus dem Bioladen verwenden.

Natron besteht aus Natriumhydrogencarbonat und zersetzt sich bei Hitze. Es wird vor allem für englisches Gebäck verwendet und bäckt eine knackige Kruste. Besonders saftig und locker wird der Teig, wenn man etwas Fruchtessig, wie Apfel- oder Himbeeressig, zugibt.

Backpulver: Lässt Gebäck gleichmäßig hochgehen und es bleibt dennoch saftig. Bei uns das beliebteste Backtriebmittel für Kuchen.

Natron: Wird vor allem in der englischen Küche (z. B. für Scones) verwendet. Mit Natron wird die Kruste des Gebäcks knusprig.

Hefe, frisch: Ist kühl gelagert ungefähr 1 Woche haltbar. Wer nicht den ganzen Hefewürfel benötigt, friert den Rest ein.

Hefe ist als Trockenpulver oder Frischewürfel erhältlich. Die frische Hefe verdirbt innerhalb weniger Tage und sollte in jedem Fall gekühlt gelagert werden. Sie verleiht dem Gebäck ein typisch säuerliches Aroma, das sowohl Salz als auch Zucker verträgt. Hefe entfaltet seine Triebeigenschaften bei Wärme. Daher sollte Hefeteig vor dem Backen einige Stunden zum Ruhen und Hochgehen beiseite gestellt werden (siehe Kapitel: Hefeteig gehen lassen, S. 55).

Hirschhornsalz und **Pottasche** sind vor allem um die Weihnachtszeit erhältlich. Hirschhornsalz wird heute synthetisch gewonnen und wirkt ähnlich wie Backpulver, hinterlässt im Gebäck aber einen charakteristischen, rauchigen Geschmack. Pottasche macht Lebkuchen locker und weich.

Hefe, trocken: Ist lange haltbar und kann bei Bedarf aus dem Vorratsschrank geholt werden. Sie bietet eine gute Alternative zu frischer Hefe.

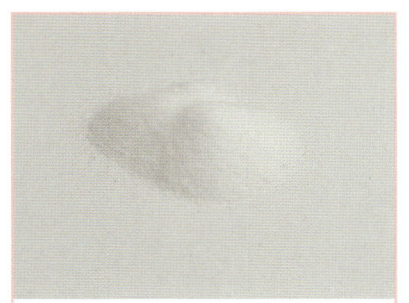

Hirschhornsalz: Ist ein feines, weißes Pulver, das sich vor allem zur Weihnachtszeit in den Ladenregalen finden lässt.

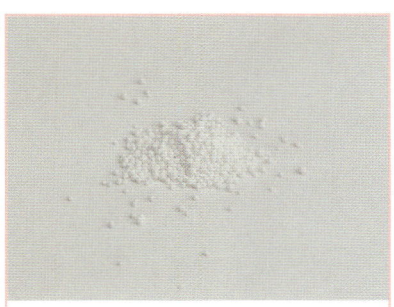

Pottasche: Verleiht Lebkuchen & Co. ihren charakteristischen Geschmack.

Pflanzliche Geliermittel

> „Geliermittel enthalten quellfähige Bestandteile, die Wasser binden und somit Soßen und Teige festigen. Die wichtigsten pflanzlichen Bindemittel sind Agar-Agar, Carrageen und Johannisbrotkernmehl."

Agar-Agar wird vorwiegend aus der Rotalge gewonnen und ist geschmacksneutral. Es hat eine vergleichbare Konsistenz wie die tierische Gelatine und geliert bei 40 °C. Dazu muss die verwendete Flüssigkeit zunächst zum Kochen gebracht und das Agar-Agar vollständig darin aufgelöst werden. Beim Abkühlen unter 40 °C bindet das Mittel – Tortenguss oder Cremefüllung erhalten die gewünschte Festigkeit. Die Bindeeigenschaft von Agar-Agar wird durch Zugabe von Fetten verringert. Das Produkt Agartine besteht aus mit Stärke gestrecktem Agar-Agar. Es ist leichter in der Handhabung, da es nicht beim Anrühren klumpt.

Carrageen ist Bestandteil des handelsüblichen Tortengusses oder separat in Reinform beispielsweise für die Molekularküche erhältlich. Verarbeitet wird es ebenso wie Agar-Agar. Zunächst muss die gewünschte Speise erhitzt werden. Das Carrageen geliert anschließend beim Abkühlen. Flüssigkeiten, die mit Carrageen aufgekocht wurden, verleihen Süßspeisen später einen appetitlichen Glanz.

Johannisbrotkernmehl ist universell einsetzbar, da es ein kalt lösliches Bindemittel ist. Wenn nötig, kann es daher für kalte Füllungen, wie Sahne oder Buttercreme, verwendet werden. Johannisbrotkernmehl sollte vorsichtig dosiert eingesetzt werden, da die Masse sonst zäh wird.

Als weitere Bindemittel eignen sich die altbekannte Stärke (sie ist auch in Sahnsteif enthalten), das in Gelierzucker enthaltene **Pektin**, Guarkernmehl und **Pfeilwurzmehl**, das klar eindickt und sich insbesondere in Fruchtfüllungen gut macht. In Zuckermassen wie Fondant und Blütenpaste finden Xanthan, **CMC** und Traganth Einsatz.

Trockenobst und Nüsse

································

Ein einfaches Kuchenrezept kann durch Zugabe von Trockenobst und Nüssen zu einer ganz besonderen Delikatesse werden. Früchte und Nüsse verfeinern nicht nur Kuchenteige und Füllungen, sondern sehen auch als farbenfrohes Dekor ansprechend aus. Zudem sind sie, entsprechend gelagert, das ganze Jahr über verfügbar und somit für die spontane Kuchenlaune zu haben.

TROCKENFRÜCHTE

Neben den bekannten **Sultaninen** sind **Datteln**, **Cranberries**, getrocknete Aprikosen und Feigen gerne gesehene Gäste im Früchtekuchen. Kurz in etwas Orangensaft oder Rum eingelegt machen sie den Kuchen noch saftiger und sind zudem lange haltbar. **Kokoschips** verleihen im Handumdrehen eine exotische Note. Sie lassen sich gut verarbeiten und nach Belieben auch als Streudekor verwenden.

NÜSSE

Für Backwerk mit Biss könnte die Auswahl an Nüssen nicht bunter sein. Ihr herbes Aroma und ihre ölige Substanz sind unverkennbar. Besonders gerne werden zum Backen Mandeln und Haselnüsse verwendet. Sie sind ganz, gehobelt, gestiftet oder gemahlen erhältlich. Die **Mandel** (eigentlich eine Steinfrucht) verleiht dem Gebäck eine leichte Süße, ist nicht aufdringlich im Geschmack und daher insbesondere mit süßen Fruchtsorten gut zu kombinieren. Charakteristisch für **Haselnüsse** ist ihr brauner Farbton und der herbe Geschmack, der besonders zu säuerlichen Beeren aufregend schmeckt.

Für eine geschmackvolle Note, insbesondere bei Wintergebäck, sind **Walnüsse** und **Pecankerne** beliebt. **Pistazien** haben eine leuchtend grüne Farbe und verschönern damit vor allem als Dekor. Geschmacklich harmonieren sie sehr gut mit Zitrusfrüchten und südländischem Obst.

Gewürze und Aromen

> „Kuchen, Teegebäck und Füllungen werden erst mit Gewürzen und ihren feinen Aromen zu kulinarischen Erlebnissen. Aus traditionellen Rezepten zaubern einzigartige Gewürze abenteuerliche Versuchungen."

Damit Gebäck harmonisch, aber nicht langweilig schmeckt, erhält es eine weiche Grundnote, ein dominierendes Aroma und einen dazu passenden, besonderen Geschmack als i-Tüpfelchen. So harmonieren beispielsweise in einer Apfeltarte Vanille als Grundnote, der leicht säuerliche Geschmack von Äpfeln als Hauptbestandteil und die Zitrone als Akzent. Vanille und Zitrone betonen dabei Geschmacksnoten, die entweder im Apfel vorhanden sind oder gut mit seinem Geschmack harmonieren.

Für die Grundnote eignen sich **Vanille, Tonkabohne**, zarte Nusssorten (wie beispielsweise Mandel oder Macadamia) ebenso gut wie ein leichtes Karamell. Vanille und Tonkabohne verfügen beide über ein süßliches und äußerst gehaltvolles Aroma, das insbesondere Süßspeisen, mit zunehmender Beliebtheit aber auch pikanten Gerichten, einen weichen und vollen Grundgeschmack verleiht. Je nach Ursprungsland variieren sie in Aroma und Intensität. Die Vanille ist eines der wichtigsten und am meisten verwendeten Backgewürze. Nach dem Safran gehört sie zu den teuersten Gewürzen der Welt. In Deutschland ist zumeist die Bourbon-Vanille erhältlich, als Schote, gerieben in Flockenform oder als Pulver. Frisch ist

Vanille: Ist als schwarze Schote, getrocknet als Pulver oder in der Mühle erhältlich. Je nach Sorte variiert das Aroma.

Tonkabohne: Gibt Gebäck eine süßliche Grundnote. Sie lässt sich in den Teig reiben.

Kaffee: Lässt sich als lösliche oder gefilterte Variante in Massen verwenden. Als Aromazugabe für Schokolade sind Kaffeebohnensplitter sehr zu empfehlen.

das Aroma der Schote am intensivsten, in Pulverform ist das süßliche Aroma beinahe unbegrenzt haltbar.

Kaffeebohnen, **Kakaosplitter** und herbe Nusssorten harmonieren besonders schön mit zartbitteren Schokoladensorten. Grob gehackt verleihen sie Gebäck und Schokolade einen knackigen Biss. Als erfrischender Gegenpart eignen sich Zitrusfrüchte wie Orange und Kumquat. Bei Zitrusfrüchten immer darauf achten, unbehandelte Früchte zu verwenden. Auch Ingwer peppt durch seine frische bis scharfe Note jedes Gebäck auf. Herzhaftem Gebäck verleiht es einen asiatischen Touch.

Zimt verwandelt zur Weihnachtszeit gerne allerlei Gebäck. In Verbindung mit Kardamom, **Anis**, **Wacholderbeeren**, **Piment**, **Nelke** und Koriander werden zu dieser Zeit unterschiedliche Gewürzmischungen für Spekulatius, Lebkuchen und Co. angeboten. Doch eignen sich diese Gewürze für weit mehr rund um das Jahr. Zimt und Kernobst bilden eine vollkommene Symphonie. Um die maximale Aromenvielfalt aus den Gewürzen zu holen, kurz in der Pfanne ohne Öl bei niedriger Hitze rösten und anschließend im Mörser mahlen.

Getrocknete Blüten wie **Muskatblüte**, **Rose** oder **Kornblume** dienen als ganz besondere geschmackliche Highlights. Als Topping machen sie auch auf Cupcakes oder in selbst gemachter Schokolade eine gute Figur. Muskatblüte ist insbesondere über die Weihnachtszeit erhältlich. Als äußerst aromatisches Gewürz sollte es sparsam eingesetzt werden.

Zimt, Nelken, Sternanis: Sind nicht nur im Weihnachtsgebäck lecker. Auch in Apfelstrudel und Obsttartes sind sinnliche Gewürze erwünscht.

Essbare Blüten: Kornblüten und Rosenblätter sehen bunt aus und schmecken lecker.

Fleur de sel: Die sogenannte Salzblüte ist äußerst aromatisch und eignet sich gut auch für süße Speisen, z. B. auch in Verbindung mit Karamell.

Auch in süßen Speisen sollte Salz, im engeren Sinne zwar kein Gewürz, durchaus eine Rolle spielen. Im Einklang mit süßen Aromen bringt Salz die Aromabalance ins Gleichgewicht. Zu den feinen Salzen gehören Himalaya-Salz und das **Fleur de sel**. Sie harmonieren wunderschön mit süßen Erdbeeren oder Karamell. Darüber hinaus verbessert Salz die Backeigenschaften, verleiht Teigen eine höhere Elastizität und gleichmäßige Porung.

SPIRITUOSEN UND WEINE

Spirituosen und Weine verleihen Teigen und Füllungen ein zusätzliches Aroma. Kirschwasser oder Rum eignen sich sehr gut, um getrocknete Früchte einzulegen. Weißwein bringt je nach Sorte eine milde Säure mit sich, ist ideal für helle Soßen und lässt sich gut mit Kräutern und Muskat ergänzen. Rotwein hingegen gibt Gebäck eine weiche und intensive Grundnote. Er passt gut zu Apfel, Birne oder Orange und bäckt mit Kakao und Nüssen besonders lecker hoch.

Ingwer: Vor dem Backen gut schälen und mit einem scharfen Messer fein hacken. Je kleiner er geschnitten wird, umso mehr Aroma kann er abgeben.

Wacholderbeeren: Vor der Verarbeitung im Mörser zerkleinern. Sie schmecken in herzhaften Quiches lecker.

Piment: Hat eine feine Gewürznote, die sich sowohl zum Backen als auch zum Kochen eignet. Piment schmeckt süß und herzhaft.

Schokolade,

NOUGAT UND MARZIPAN

. . . .

„Was wäre die Welt der süßen Leckereien ohne Schokolade?
Die Kakaobohne verzaubert Schokoladenkuchen, Brownie und Moussetorte."

Die länglichen Kakaofrüchte werden rund um den Äquator angebaut und erreichen uns auf langem Wege. Die Aromen reichen von herb und leicht bitter bis süßlich, je nach Sorte und Anbaugebiet. Die Kakaobohnen werden fermentiert, getrocknet und geröstet und entfalten erst durch diese Verarbeitung ihr charakteristisches Aroma.

Die Bohnen sind bereits in zerkleinerter Form als **Kakaobohnennibs** erhältlich. Sie sind ungesüßt und enthalten das volle Ka-kao-Aroma. Bei Bedarf können sie frisch zerstoßen werden, so entfaltet sich das volle Aroma und das Backwerk wird noch schokoladiger.

In der Kakaoverarbeitung wird der **Kakaobruch** gewalzt und ein Teil des Fettes als Kakaobutter abgeschöpft. Zurück bleibt das fettarme **Kakaopulver**. Unser handelsübliches Kakaogetränkepulver ist zur besseren Löslichkeit meist mit Zucker und Lecithin versetzt.

Kakaobohnensplitter: Auch Kakaonibs genannt, lassen sich in Gebäck oder Cremes verarbeiten und verleihen den Leckereien einen aromatischen Kakaogeschmack.

Kakaobutter: Schmilzt auf der Zunge. Sie veredelt selbst gemachte Glasuren und Schokolade.

Kakaopulver: Ist in unterschiedlichen Qualitäten im Handel erhältlich. Geschmack und Optik variieren je nach Ursprung der Kakaobohne.

Schokoladentropfen

Nougat

Kuvertüre

Marzipan

Schokolade

SCHOKOLADE

Schokolade eignet sich als Überzug genauso wie in Teigen oder Füllungen. **Zartbitterschokolade** besteht aus Kakao, Kakaobutter, Zucker und meist Sojalecithin als Emulgator. Für die halbbittere wird mehr Zucker zugesetzt, vegane **Vollmilchschokolade** oder **weiße Schokolade** enthalten Soja- oder Reismilch.

Schokolade ist meist als Tafel erhältlich, zum Backen eignen sich Buttons oder Schokoladentropfen aber am besten. Diese sind bereits portioniert und lassen sich schnell wiegen. Außerdem hat klein geschnittene Schokolade ein gleichmäßiges Schmelzverhalten.

Gegenüber der Schokolade enthält die Kuvertüre einen höheren Gehalt an Kakaobutter und hat somit einen schöneren Glanz. Für ein makelloses Ergebnis, beispielsweise in der Pralinenherstellung, sollten Schokolade und **Kuvertüre** temperiert werden (siehe Kapitel: Schokolade temperieren, S. 57). Als Tortenüberzug ist eine **kakaohaltige Fettglasur** die einfache Alternative. Mit ihrem hohen Fettanteil ist sie leichter zu handhaben und kann im Wasserbad oder gar

in der Mikrowelle erwärmt und anschließend weiterverarbeitet werden. **Blockschokolade** ist eine dunkle, backfeste Schokoladensorte. Sie eignet sich für herbe Kuchen.

NOUGAT

Kakao lässt sich zum köstlichen Nougat weiterverarbeiten. Dazu werden Mandeln oder Haselnüsse, Zucker und Kakao gemahlen, bis das Fett aus den Nüssen tritt und die Masse bindet. Nougat verfeinert Gebäck, Pralinen und Kekse und ist auch in Mousse allseits beliebt. Durch seinen hohen Fettanteil schmilzt es leichter als Schokolade und sollte daher stets kühl gelagert werden.

MARZIPAN

Marzipan ist im Handel als Rohmasse oder fertig ausgerollt für Kuchen erhältlich. Es besteht aus Mandeln und Zucker. Zur weiteren Verarbeitung und als Überzug für Gebäck und Torten wird die Rohmasse mit etwas Puderzucker angewirkt und erhält somit einen hellen Farbton. Marzipan ist universell in Gebäck und Torten einsetzbar und wird vielseitig als Dekor genutzt. Einmal angebrochen, sollte Marzipan kühl und trocken, aber vor allem gut verschlossen gelagert werden.

Spaß
am
Backen

· · · · · · · · · · · · · · · · · · · ·

Zehn schnelle Backtipps | Das richtige Zubehör | Backutensilien | Dekorutensilien |
Backformen pflegen | Backformen mit Backpapier auslegen | Backformgrößen
und Umrechnungstabellen | Garprobe durchführen | Blindbacken | Hefeteig ge-
hen lassen | Quark und Frischkäse selber machen | Schokolade temperieren | Ver-
zieren und Dekorieren mit Cremes und Spritztüllen | Mit Fondant überziehen |
Blümchen selber machen | Röschen selber machen | Dekorbuchstaben | Schoko-
ladenschmetterlinge

Zehn schnelle Backtipps

1

In diesem Backbuch sind die Rezepte für Springformen von 18 cm Durchmesser ausgelegt. Das genügt für einen 2–4-Personenhaushalt locker, und man schmeißt nichts weg. Auch auf Partys sind die Kuchen mit ca. 15 Stücken gerne gesehen. Darf es einmal mehr sein, für eine 24/26 cm-Springform die Mengen einfach verdoppeln (siehe Kapitel: Backformen und Umrechnungstabellen, S. 52). Die Backzeit entsprechend verlängern und die Stäbchenprobe machen (siehe Kapitel: Garprobe, S. 53).

2

Lies dir das Rezept vollständig durch, bevor du mit dem Backen beginnst. So kannst du dir über den Zeitaufwand sowie die benötigten Zutaten und Utensilien einen Überblick verschaffen. Kaufe alle benötigten Zutaten rechtzeitig und frisch ein. Es wäre doch schade, wenn im letzten Moment auffällt, dass etwas fehlt.

3

Teige sollten (wenn nicht anders angegeben) möglichst auf Zimmertemperatur verarbeitet werden. Die verwendeten Zutaten sollten bei der Verarbeitung Raumtemperatur haben und daher rechtzeitig aus dem Kühlschrank genommen werden.

4

Rührteig und Biskuit nicht zu lange rühren, sonst werden sie klebrig und gehen später weniger gut auf. Dazu am besten einen Schneebesen und kein elektrisches Rührgerät verwenden.

5

Den Backofen immer gut (ca. 10 Minuten) vorheizen, bis er die gewünschte Temperatur erreicht hat und sie gleichmäßig verteilt ist. Die Backzeiten sind Richtwerte. Öfen sind leider so unterschiedlich, dass die Backzeit je nach Fabrikat abweicht. Kuchen, Kekse und Co., wenn nicht anders angegeben, immer auf der mittleren Schiene backen.

6

Experimentieren ist toll. Damit das Ergebnis aber das gewünschte in Sachen Geschmack und Konsistenz ist, am besten immer nur eine Zutat abändern und sich sonst an die Angaben im Rezept halten. So gelingt es sicherlich.

7

Auch wenn die Ungeduld quält und es so herrlich duftet – den Ofen möglichst nicht während der Backzeit öffnen! So bleibt die Wärmeverteilung im Ofen erhalten.

8

Kuchen, Plätzchen und Quiches (wenn nicht anders angegeben) gut abkühlen lassen, bevor sie angeschnitten oder dekoriert werden.

9

Die fertige Torte einige Stunden kalt stellen, bevor sie angeschnitten wird. Vor allem Pudding- und Buttercremes sind sonst zu weich. Wenn die Sahnetorte eine kurze Transportstrecke aushalten soll, kann sie zuvor etwa ½ Stunde in die Tiefkühltruhe gestellt werden.

10

Achte auf die Haltbarkeit deines Gebäcks. Sollte es nicht gleich aufgegessen sein, lässt sich damit auch noch der Folgetag versüßen. Viele Backwaren sind gut haltbar. Allgemein gilt: Je mehr Wasser ein Gebäck enthält, umso schneller ist es verderblich. So halten Torten mit Cremefüllung im Kühlschrank bis zu 3 Tagen, Kuchen in einer luftdichten Box bis zu 5 Tagen und Kekse in einer Metalldose mehrere Wochen frisch.

Das richtige Zubehör

> Beim Selberbacken geht es natürlich darum, die Zutaten in erdachter Reihenfolge in die Rührschüssel zu sieben und den Schneebesen zu schwingen. Zum Backen gehören aber so viele weitere, schöne Tätigkeiten, die – hat man sie erst einmal ausprobiert – schnell Lust auf mehr machen: Mehr selber vorbereiten, mehr selber verzieren und mehr „Aah" bei den Gästen.

Backzubehör kann man einfach nicht genug haben. Wer seine Küche nicht überladen möchte, kaufe mit Bedacht und erst einmal das, was für seine Lieblingsrezepte nötig ist. Schließlich hat jeder sein Lieblingsbackwerk, das es zu perfektionieren gilt.

Einige grundlegende Hilfsmittel wie eine Backform, eine Küchenwaage oder ein Schneebesen sind sicherlich hilfreich. Auch wenn am liebsten kistenweise Ausstecher in der Wohnung lagern dürften, muss man nicht alles von Beginn an besitzen. Für besondere und weniger häufig genutzte Formen kann man beispielsweise gut mit Schablonen arbeiten. Die folgende Liste ist ganz bestimmt nicht vollständig, dient aber als Anregung für den häuslichen Utensilienbedarf.

Es ist wichtig, vor dem Backen und Dekorieren das benötigte Zubehör vorzubereiten, damit es im richtigen Moment griffbereit ist. So kann in der vorgesehenen Geschwindigkeit gearbeitet werden, anstatt in Schubladen und Schränken kramen zu müssen.

Backutensilien

Ausstecher: Um dem Keksteig die gewünschte Form zu verleihen, gibt es Ausstecher in allen erdenklichen Varianten.

Backformen: Meist verwendet werden Springformen, eckige Backformen oder die Kastenform.

Backmatte, beschichtet: Anders als die Arbeitsfläche wird eine Silikonmatte nicht mit Mehl bestreut und der Teig haftet nicht daran. Auf der Backmatte lassen sich die Plätzchen auch gleich in den Ofen schieben.

Backpinsel: Zum Einfetten von Backformen und Bestreichen von Gebäck.

Kochlöffel: Zum Mischen von viskosen Teigen und Mürbteig.

Konditormesser oder Tortenbodenschneider: So werden die Tortenböden eben und gleichmäßig.

Kuchengitter: Zum Auskühlen von Kuchen, Muffins und Kleingebäck.

Kuchenheber: Er hebt problemlos Kuchen und Torten vom Backformboden ab.

Küchenwaage oder einen guten Messbecher: Ein grundlegendes Hilfsmittel, um Zutatenmengen genau abzumessen.

Muffin- und Pralinen-Papierförmchen: In kleinen bunten Papierförmchen sieht das mundgerechte Gebäck noch hübscher aus.

Rührschüssel aus Keramik oder Metall: Sie sollte ein ausreichendes Fassungsvermögen haben, damit der Küchenboden und die Wände so sauber wie möglich bleiben, wenn das Rühren losgeht.

Schneebesen: Mit dem Handrührbesen behält man ein Gefühl für die Konsistenz des Teiges und weiß, wann noch ein Schuss Flüssigkeit oder ein Esslöffel Mehl in den Teig gehört.

Spatel oder Teigkarte: Eignen sich, um Teige und Cremes makellos und gerade um eine Torte zu formen.

Teigroller: Das Rollholz oder Nudelholz rollt Mürbteig gleichmäßig aus.

Wasserbadschüssel: Ein Metallbehälter mit Griffen, der in einen heißen Wassertopf gehängt werden kann. Sehr gut zum Schmelzen von Schokolade geeignet.

Zahnstocher: Für die Garprobe (Stäbchenprobe) und als Hilfsmittel für zwischendurch sind ein paar kleine Holzstäbchen immer empfehlenswert.

Dekorutensilien

Ausstecher: Für Fondant gibt es spezielle Ausstecher mit Auswerfer. Sie können die Zuckermasse auch zusätzlich modellieren.

Dessertringe: Geben Törtchen die richtige Form. Sie sind in verschiedenen Formen, Größen und Höhen erhältlich.

Farbige Bänder: Für wunderschöne Verpackungen sehen breite Satinbänder schön aus. Um die Torte oder Muffins gebunden runden sie das Dekor ab.

Flowerpad: Ein Schaumstoffpad zum Formen von Zuckerblüten.

Fondantglätter: Sind einfache, aber effektive Hilfsmittel, um der in Fondant gekleideten Torte ein makelloses Äußeres zu verleihen.

Lebensmittelfarbe: Gibt es als Tropfen, Paste oder in Pulverform. Die rote Farbe enthält meist natürliches Cochenille (nicht vegan), Azo-Farbstoffe sind hingegen synthetisch und vegan. Einfach beim Hersteller nachfragen.

Lineal: Mit einem Lineal oder Geodreieck werden Petit Fours gleich groß und Überzüge für Torten können genau abgemessen werden.

Messer: Ein gutes, scharfes Messer mit dünner Klinge hilft, den Kuchen aus der Form zu lösen oder den Fondant zu schneiden.

Mixer: Standmixer, Stabmixer oder Pürierstab – elektrische Helferlein zum Zerkleinern, Hacken und Pürieren.

Modellierwerkzeug: Das Balltool (das Werkzeug mit dem kleinen Ball am Ende) ist besonders beliebt, da es Blümchen eine natürliche Wölbung verleiht (S. 62).

Küchenmaschine oder Rührgerät: Ein bisschen Hilfe ist ganz nützlich, wenn man Cremes und Fondant anrührt.

Palette: Mit der Palette werden Massen und Cremes portioniert und ebenmäßig auf die Torte aufgetragen. Außerdem eignet sie sich, um Gebäck vorsichtig vom Kuchengitter auf die Tortenplatte zu heben.

Pinsel: Um Farbe aufzutragen oder Fondantelemente mit Wasser aufeinander zu setzen.

Pralinengabel: Ein Muss für jeden, der gerne Pralinen selber macht.

Pralinengitter: So kühlen die kleinen Leckereien gleichmäßig aus, und überschüssige Schokolade kann abtropfen.

Rollschneider: Dieses Hilfsmittel schneidet Teige in die gewünschte Form, ganz ohne Ausfransen.

Rollstab: Zum Ausrollen von Fondant und Teigen.

Sieb: Gerade für Zuckerglasur ist gesiebter Zucker wichtig.

Spritzbeutel klein & groß: Spritzbeutel aus Papier werden für Dekorschokolade verwendet. Große Ein- oder Mehrwegspritzbeutel haben ein gutes Fassungsvermögen für Sahne- und Buttercreme.

Spritztüllen: In allen erdenklichen Formen gestalten Spritztüllen das i-Tüpfelchen auf der Torte.

Streudekor: Ob Blümchen, Perlen oder einfach Schokoladenstreusel – hier kann nach Herzenslust verziert werden.

Thermometer: Um Schokolade zu temperieren, ist ein Thermometer hilfreich.

Tortenrandfolie: Die Folie wird in den Torten- oder Dessertring gelegt und später abgezogen. So verschmiert nichts.

Tortenring: Der Tortenring gibt der Torte ihre schöne Form. Insbesondere Sahne- oder Fruchtcremes, die beim Auftragen auf die Torte noch nicht den nötigen Stand mitbringen, werden so an Ort und Stelle gehalten, bis sie im Kühlschrank fest werden.

Tortenspitze: Sieht unter einer Torte oder einem Kuchen wunderschön aus.

Wasserbadschüssel: Ein Metallbehälter mit Griffen, der in einen heißen Wassertopf gehängt werden kann. Er eignet sich sehr schön zum Schokoladeschmelzen.

Zahnstocher: Zum Markieren und Abstecken von Formen auf Kuchen und Fondant.

Backformen pflegen
UND FÜR DAS BACKEN VORBEREITEN

• •

„ Damit die Küche mit all ihren wundervollen Backutensilien auch nach Jahren freudiger Nutzung noch in astreinem Zustand ist, muss hier und da etwas gewischt, gebuttert und gepflegt werden. „

Backformen sind toll – verschiedene Größen und Formen gestalten den Kuchen ohne Mühe. Damit die Lieblingsbackform noch lange schön bleibt und der Kuchen sich daraus gut löst, sollten die Formen gepflegt und auf das Backen vorbereitet werden.

Die gängigsten Backformen sind aus Keramik, Aluminium, teflonbeschichtetem Metall oder Silikon. Sie haben, wie auch die unterschiedlichen Modelle von Backöfen, Einfluss auf die Backfähigkeit des Gebäcks und können die Backzeit variieren. Daher empfiehlt es sich, die Stäbchenprobe zu machen.

Keramikbackformen sind spülmaschinenfest. Damit sich der Teig daraus gut löst, sollten diese Backformen gefettet und mit Backpapier ausgelegt werden. Wer keines zur Hand hat oder umweltfreundlich Papier sparen möchte, kann die gebutterte Backform genauso gut mit etwas Mehl bestreuen.

Aluminium, Teflon und Silikon sind meist nicht für die Spülmaschine geeignet. Besser ist es, solche Backformen von Hand zu waschen. Das Spülwasser bei Metallformen nicht zu lange stehen lassen, da insbesondere günstigere Formen gerne zu rosten beginnen. Metallbackformen sollten wie Keramik vor dem Backvorgang gefettet oder mit Backpapier ausgelegt werden. Bei Teflon genügt ein leichtes Fetten der Form vor dem Gebrauch. Silikon kann beim ersten Backen gefettet werden und benötigt anschließend keine Behandlung mehr.

Den ausgekühlten Kuchen zum Servieren auf eine Tortenplatte setzen, denn alle Formen sind empfindlich für Kratzer mit Gabel und Messer.

Backformen

MIT BACKPAPIER AUSLEGEN

. . . .

„Damit bei Kasten- und Springform garantiert kein Kuchen im Eckchen der Backform kleben bleibt, legt man sie mit Backpapier aus. Du benötigst dafür einen Bleistift, die gewünschte Backform, eine Schere, ein Stück Backpapier und etwas vegane Butter."

FÜR DIE SPRINGFORM:

Die Springform auf das Backpapier stellen und rundherum mit dem Bleistift abzeichnen. Anschließend ausschneiden **1**.

2 Zentimeter zur Höhe der Springform rechnen und einen ausreichend langen Streifen für den Kreisumfang (dieser berechnet sich nach: 3,14 x Durchmesser) ausschneiden **2**. Den Streifen auf der Höhe der Springform anzeichnen und knicken **3**, dann mehrmals einschneiden **4**. Damit ergeben sich 1 ausgeschnittener Boden und (bei Nutzung eines normalgroßen Backpapiers) 2 Streifen für den Springformrand **5**.

Die Backform gut ausfetten und den aus Backpapier ausgeschnittenen Boden sowie die Streifen hineinlegen **6**. Dabei darauf achten, die bemalten Flächen zur Tortenform hin zu legen, damit keine Rückstände am Kuchen bleiben. Wer einen Lebensmittelfarbstift zu Hause hat, kann diesen gerne verwenden.

Den Kuchen nach dem Backen am Rand mit einem dünnen Messer abfahren, den Springformrand lösen und den Kuchen auf einem Kuchengitter erkalten lassen.

FÜR DIE KASTENFORM:

Die Kastenform (oder auch eine andere eckige Form) auf das Backpapier legen und rundherum mit einem Bleistift abzeichnen **1**. Dabei darauf achten, auf allen Seiten der Backform für die Höhe der Kastenform genügend Backpapier freizulassen. Das Backpapier an den 4 Kanten schräg einschneiden. Die Backform gut einfetten **2**. Das Backpapier an allen Kanten falten und in die Backform legen **3**.

Die Form mit Kuchenteig füllen **4** und nach 15 Minuten Backzeit einmal längs einschneiden **5** und fertig backen. Anschließend in der Form erkalten lassen **6**. Für den perfekten Kastenkuchen kann er nun aus der Form gehoben und das Backpapier entfernt werden. So krümelt künftig keine Ecke mehr.

Backformgrößen

Die Rezepte für Kuchen und Torten in diesem Buch sind meist auf eine 18 cm-Springform ausgelegt. Diese genügt bei Torten für 15–18 Stücke, bei Kuchen für etwa 10.

Für den Fall, dass größere Mengen an Kuchen oder Torten benötigt werden, hier eine Umrechnungstabelle:

Springformgröße	Biskuitmengen	Füllung	Glasur (Schoko/Zitrone)	Fondant
18 cm	1 (einfache Menge)	330 g	140 g	0,6 kg
20 cm	x 1,5	500 g	160 g	0,8 kg
25 cm	x 2	660 g	200 g	1,0 kg
30 cm	x 3	990 g	280 g	1,3 kg

Garprobe durchführen

· ·

„Jeder Ofen ist anders. Und so sind auch die Backzeiten in diesem Backbuch Richtwerte, die je nach Modell abweichen können. Aber auch die verwendeten Backformen unterscheiden sich im Garprozess.
Die Rezepte in diesem Backbuch sind auf emaillierte und beschichtete Backformen ausgelegt. Daher empfiehlt es sich, insbesondere für neue Rezepte, die Garprobe zu machen und im Zweifelsfall einmal Probe zu backen."

Für die meisten Rührteige lässt sich ganz einfach feststellen, ob der Kuchen fertig ist und aus dem Ofen kann. Dazu einfach ein Holzstäbchen in die Mitte des Kuchens stechen. Kommt es sauber heraus, ist der Kuchen fertig.

Die Garprobe lässt sich auch mit dem Finger durchführen: Den Kuchen in der Mitte mit dem Finger sanft drücken. Er sollte eine Elastizität besitzen und die vorherige Form wieder annehmen. Ist er zu weich, muss er noch für ein paar Minuten in den Ofen.

Mit der Zeit entwickelt man ein Gespür für Kuchen und Backformen und erkennt an der Kruste des Kuchens und dessen Bräunungsgrad, ob der Kuchen gar ist.

Sollte einmal zu spät bemerkt werden, dass der Kuchen noch nicht gar ist, kann er mit Alufolie bedeckt noch einmal für 15–20 Minuten in den Ofen. Dabei immer bedenken, dass die Hitze einige Zeit braucht, bis sie zur Mitte des Kuchens gelangt. So kann jeder Kuchen auch im Nachhinein noch gerettet werden und die wunderbare Kuchentafel ist sicher.

ACHTUNG:
Bei Kuchen, die mit veganer Butter anstelle von Öl gebacken werden, lieber etwas länger backen als die Garprobe indiziert.

Blindbacken

> Käsekuchen, Quiches und Co. haben eines gemein: einen super-knusprigen Mürbteigboden. Dazu bäckt man den Mürbteig vor dem eigentlichen Backen mit Füllung vor. Dafür braucht es einfach ein Stück Backpapier und Hülsenfrüchte wie Linsen, Bohnen oder Erbsen.

SO GEHT'S:

Den Mürbteig nach Rezept auf einer bemehlten Arbeitsfläche ausrollen und in die gefettete Form drücken. Mit einer Gabel ein paar Mal einstechen 1.

Ein Backpapier auf die Größe der Tarteform (inklusive Rand) ausschneiden und auf den Teig legen 2. Die Hülsenfrüchte darauf verteilen und das Backpapier damit beschweren 3.

Den Mürbteig bei 180° Ober-/Unterhitze vorbacken. Für kleine Tartelettes (ca. 12 cm) Durchmesser genügen 5–8 Minuten, eine große Tarte (24–26 cm) kann 12–15 Minuten vorgebacken werden. Der Teig sollte nicht zu dunkel werden, da er mit Füllung noch einmal in den Ofen kommt und dabei nicht verbrennen soll.

Den knusprigen Mürbteig aus dem Ofen holen und etwas abkühlen lassen 4. Das Backpapier mit den Hülsenfrüchten entfernen 5 und nach Rezept füllen und weiter verarbeiten.

TIPP:
Vorgebackener Mürbteig kann auch tiefgefroren aufbewahrt werden. Bei Bedarf wird dann für spontane Anlässe im Handumdrehen etwas Hausgemachtes auf den Tisch gezaubert.

1

2

3

4

5

Hefeteig gehen lassen

. . . .

1

2

„Hefe benötigt etwas Zeit, um einen elastischen und saftigen Teig zu formen. Am besten gärt die Hefe bei ca. 35 °C. Die Temperatur sollte allerdings nicht zu hoch sein, da sonst die Mikroorganismen absterben."

Bei Hefe wird zwischen frischer Hefe, die als Würfel im Handel erhältlich ist, und Trockenbackhefe unterschieden. Die in diesem Backbuch enthaltenen Rezepte können mit beiderlei gleichermaßen gebacken werden.

SO GEHT'S:

Den Hefeteig zu einer Kugel formen und in eine ausreichend große und mit Mehl bestäubte Schüssel legen. Den Teig zusätzlich mit etwas Mehl betreuen, damit er beim Gehen nicht trocken wird 1. Nun die Schüssel mit einem Baumwolltuch bedecken und an einem warmen Ort 1–2 Stunden gehen lassen, bis er sein Volumen verdoppelt hat. Im Sommer genügt eine warme Stelle im Zimmer, im Winter hilft gerne der Backofen aus. Dafür bei max. 40° Umluft den Teig 30–60 Minuten gehen lassen, bis das gewünschte Ziel erreicht ist 2.

TIPP:

Der Hefeteig sollte nach dem Gehen nicht mehr geknetet, sondern nur noch in sich gefaltet werden. So behält er seine Elastizität und beim Backen seine Bindung.

Quark und Frischkäse

SELBER MACHEN

· ·

„Veganer Quark oder Frischkäse sind im Handel schwer erhältlich und recht teuer. Diese lassen sich zuhause aber ganz leicht selber machen."

DU BRAUCHST:

· Kaffeefilter aus Keramik
· Papierfilter
· tiefe Teller
· etwas Soja-Joghurt

FÜR DEN SOJA-QUARK:

Um die gewünschte Grammzahl Quark zu erhalten, verwendest du die doppelte Menge Sojajoghurt. Diesen über Nacht im Kaffeefilter abtropfen lassen. Er verliert Flüssigkeit und kann auch bei konventionellen Rezepten als Ersatz für Quark verwendet werden. Ganz wunderbar schmeckt er auch mit einem Schuss Sahne und frischen Beeren als Dessert.

FÜR VEGANEN FRISCHKÄSE:

Ein paar Esslöffel Soja-Quark mit ein paar Teelöffeln zerlassener (aber nicht mehr heißer) Butter mischen. Mit einer Prise Salz und einem Spritzer Agavendicksaft verfeinern. Dieser Frischkäse lässt sich sowohl süß als auch salzig weiterverarbeiten. Mit ein paar Kräutern und Gewürzen wird daraus ein feiner Brotaufstrich.

Schokolade temperieren

· ·

Schokolade ist für jeden Liebhaber süßer Leckereien ein Fest. Richtig temperiert knackt die Schokolade schön beim Hineinbeißen und schmilzt zart auf der Zunge. Darüber hinaus härtet temperierte Schokolade gleichmäßig aus und hat einen wunderschönen Glanz.

Temperieren beschreibt den Vorgang, Schokolade zu erwärmen, leicht abzukühlen und anschließend auf Verarbeitungstemperatur zu erwärmen. Die in der Schokolade enthaltene Kakaobutter kann bis zu sechs verschiedene Kristallformen annehmen. Ziel des Temperiervorganges ist es, die eine gewünschte Kristallform zu erzeugen, die auf der Zunge schmilzt, einen schönen Bruch erzeugt und eine glatte und glänzende Oberfläche hervorbringt. Schokolade ist sehr temperaturempfindlich und nicht mit einer kakaohaltigen Fettglasur zu verwechseln. Sie sollte nicht im Ofen oder der Mikrowelle erwärmt werden.

Es gibt verschiedene Methoden mit zahlreichen Utensilien, um Kuvertüre zu temperieren. Die einfachste ist die sogenannte Impfmethode. Dazu benötigst du ein Wasserbad und ein Schokoladenthermometer. Dabei wird ein Teil der Schokolade geschmolzen und durch zusätzliche Schokolade gleichmäßig abgekühlt. Anschließend wird die Schokolade auf Verarbeitungstemperatur gebracht und kann zu feinsten Pralinen geformt werden.

SO GEHT'S:

Schokolade ist üblicherweise als Block erhältlich. Zum einfachen und gleichmäßigen Schmelzen sind Chips oder Drops noch besser geeignet, ansonsten gehackte Schokolade verwenden. Zwei Drittel der benötigten Schokoladenmenge im Wasserbad schmelzen. Dann die geschmolzene Schokolade aus dem Wasserbad nehmen und die restliche Schokolade nach und nach einrühren. Dunkle Kuvertüre sollte dabei auf 28–30 °C abkühlen, hellere Schokoladensorten auf etwa 27 °C.

Anschließend wird die Schokolade im Wasserbad auf Verarbeitungstemperatur gebracht. Diese liegt bei dunkler Schokolade bei max. 32 °C, bei helleren Sorten bei 28–29 °C. Mit der Verarbeitungstemperatur erreicht die Kuvertüre einen schönen Glanz und kann als Überzug für Pralinen, Konfekt oder Kuchen verwendet werden. Die Schokolade ist mit dieser Temperatur nahe am Härten und sollte daher zügig verarbeitet werden.

Verzieren und Dekorieren

MIT CREMES UND SPRITZTÜLLEN

•••••••••••••••••••••••••••••••••••

„Sahnecreme schmeckt nicht nur gut, sondern sieht auch sehr dekorativ aus. Mit der richtigen Spritztülle werden Torten, Cupcakes und Cremedesserts zu einem wirklichen Highlight. Ob Blume, Stern oder Herzen, der Handel bietet bekannte, aber auch ganz aufregende und außergewöhnliche Tüllen für den Wow-Effekt."

DU BRAUCHST:

· Spritzbeutel
· Spritztüllen
· Adapter
· Streudekor
· Blümchen und
  Röschen

ES GIBT:

1 3-Stern-Tülle
2 Blütentülle
3 Garniertülle
4 Herztülle
5 kleine Sterntülle
6 Lochtülle
7 Rosentülle
8 Sternbandtülle

SO GEHT'S:

Bei einem Einweg-Spritzbeutel die Spitze abschneiden und die gewünschte Tülle hineindrücken. Den Spritzbeutel in ein Glas spannen, damit die Öffnung aufgehalten wird. Die Creme oder das Topping mit einem Esslöffel in den Beutel geben und dabei so weit wie möglich nach vorne drücken, damit wenig Luft eingeschlossen wird. Den Beutel aus dem Glas nehmen und den Inhalt darin nach vorne drücken. Das Ende verzwirbeln, damit sich etwas Druck im Beutel aufbaut. Dann die Cupcakes oder Torte mit Creme verzieren.

Sollte einmal Creme nachgefüllt werden, achte darauf, keine Luft einzuschließen.

TIPP:

Wenn du Cupcakes vorbereiten möchtest, lagere die Creme getrennt von den kleinen Kuchen im Kühlschrank und spritze die Creme kurz vor dem Servieren frisch auf.

mit Fondant überziehen

> Fondant ist eine weiße Zuckermasse, die sich über eine Torte legen lässt. Er verleiht einer Torte ein makelloses Äußeres und sie kann in allen erdenklichen Designs dekoriert werden. "

Als Grundlage für den Fondant sollte die Torte eben und glatt sein. Dafür eignet sich am besten eine Ganache. Diese besteht aus Schokolade und Sahne im Verhältnis 2:1. Sie gibt der Torte Stand, bleibt aber zugleich elastisch.

SO GEHT'S:

Die Torte rundherum mit Schokoladenganache einstreichen 1 und gut kühlen. Für einen hellen Überzug ist weiße Ganache besonders geeignet, da diese später nicht dunkel hindurchschimmert.

Vor dem Eindecken mit Fondant sollte die Torte etwa 10 Minuten bei Zimmertemperatur lagern, damit die Ganache etwas weicher wird.

Den Fondant auf einer mit Speisestärke gepuderten Arbeitsfläche auf ausreichende Größe 4–5 mm dick ausrollen. Dabei die doppelte Höhe der Torte sowie ihren Durchmesser berücksichtigen. Den Fondant vorsichtig anheben und mittig auf die Torte legen 2. Erst die Oberfläche mit den Händen glätten, dann rundherum von oben nach unten die Torte abfahren und den Fondant andrücken 3.

Mit einem kleinen Schneideroller den überflüssigen Fondant abschneiden 4. Mit Hilfe von zwei Fondantglättern den Fondant rundherum glatt streichen und die Tortenkonturen schärfen 5.

Nun ist die Torte vorbereitet und kann beliebig dekoriert werden.

> **TIPP:**
> Den Fondant sorgfältig von oben nach unten glatt streichen, damit alle Luftbläschen unter dem Fondant verschwinden. Sollte doch einmal eine Luftblase entstehen, kann diese einfach mit einer dünnen Nadel angestochen und entfernt werden.

Blümchen selber machen

,, Handgefertigte Blümchen werden von Freunden und Familie ganz bestimmt mit einem „Wow" gewürdigt. ''

DU BRAUCHST 1:

· etwas veganen Fondant
· Flowerpad (Schaumstoffmatte)
· Balltool
· Blümchenausstecher
· Rollstab

SO GEHT'S:

Den Fondant dünn ausrollen und die Blümchen ausstechen 2. Dann das Blümchen auf das Flowerpad legen und mit einem Balltool eine Vertiefung in die Blütenmitte formen 2. Zuletzt einen Tropfen Zuckerguss hineingeben 3.

Kurz trocknen lassen, damit beim Dekorieren nichts verschmiert – und schon verschwindet die Torte über und über in Blümchen.

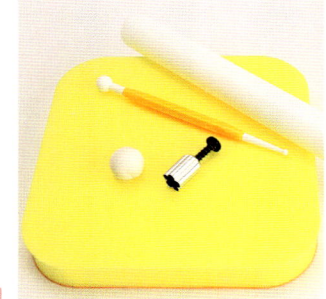

1

2

3

4

TIPP:
Um die Blüte zu vervollständigen, ist etwas Zuckerguss in einem kleinen Spritzbeutel hilfreich.

Röschen selber machen

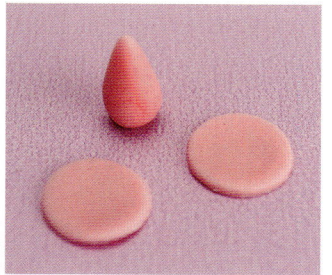

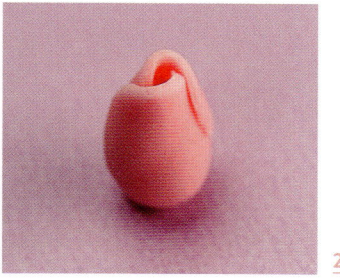

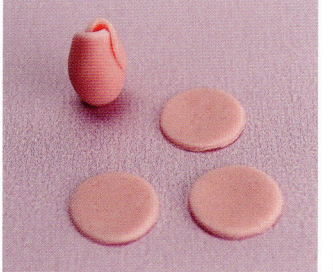

DU BRAUCHST:

- etwas veganen Fondant in der gewünschten Farbe
- kleiner Rollstab
- Lochtülle mit großer Öffnung oder Kreisausstecher

SO GEHT'S:

Im ersten Schritt aus etwas Fondant 1 kleinen Kegel formen. Seine Höhe sollte etwas kleiner gewählt sein, als die Rose später hoch wird. Dann den Fondant ausrollen und 2 Kreise daraus ausstechen 1. Die Kreise ineinander geschlungen um den Kegel legen 2. Sollten die einzelnen Teile zu schnell trocknen, einfach mit einem dünnen Pinsel etwas Wasser auftragen.

Im nächsten Schritt 3 Kreise ausstechen 3 und diese gleichermaßen um die Blütenknospe legen 4. Diesen Schritt solange wiederholen, bis die Blüte die gewünschte Größe erreicht hat 5.

TIPP:
Das Röschen je nach Größe 3–4 Stunden trocknen lassen, bevor damit dekoriert wird. Dann ist sie ausreichend fest und zerbricht nicht mehr so leicht.

Dekorbuchstaben

1

2

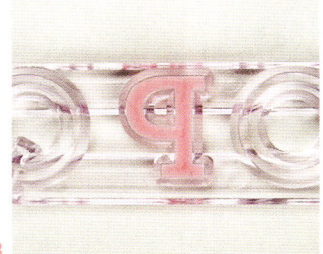

3

4

DU BRAUCHST:

· etwas veganen Fondant
· kleiner Rollstab
· Buchstabenausstecher
  oder Papierschablone
· Zahnstocher

SO GEHTS:

Für die Dekorbuchstaben den Fondant dünn ausrollen <u>1</u> und die gewünschte Buchstaben-form darauf drücken <u>2</u>. Überschüssigen Fondant abstreifen <u>3</u> und den Fondant mit einem Zahnstocher vorsichtig aus der Form lösen <u>4</u>. Die Berührungsstelle an der Rückseite der Buchstaben mit etwas Wasser befeuchten und den Zahnstocher leicht eindrücken <u>5</u>. Die Buchstaben trocknen lassen. Das dauert, je nach Dicke des Fondants, 3–6 Stunden. Anschließend können Buchstaben & Co. auf Kuchen und Torten den gewünschten Anlass repräsentieren.

TIPP:

Wer keine Form hat, kann die Buchstaben zuhause ausdrucken und mit einer dünnen Nadel in den Fondant drücken. Anschließend die mit der Nadel ge-zeichneten Punkte mit einem Messer verbinden und so die Form ausschnei-den. Damit lässt sich jede gewünschte Form in Fondant ausschneiden.

5

Schokoladenschmetterlinge

"Schmetterlinge, die jeden Cupcake beflügeln. Für das Schokoladendekor eignet sich kakaohaltige Fettglasur genauso gut wie temperierte Kuvertüre."

SO GEHT'S:

Die im Buch (unter Vorlagen, S. 288) enthaltenen Schmetterlingsflügel auf Backpapier zeichnen 1. Die flüssige Schokolade in einen Spritzbeutel mit kleiner Lochtülle füllen und der Form nach auf das Backpapier spritzen. Solange die Schokolade noch warm ist, kann sie mit bunten Streuseln, Perlen und selbstgemachten Zuckerblüten verziert werden 2.

Die Flügel auskühlen lassen und vorsichtig vom Papier lösen. Nun können Sie, in Cremes gesteckt, Cupcakes verzieren.

Losgebacken

· ·

Grundrezepte für Teige, Füllungen und Überzüge

· ·

Rührteig | Biskuitteig | Hefeteig | Mürbteig | Strudelteig | Croissants | Plunder-
teig | Blätterteig | Sahnecreme | Schokoladenmousse | Vanille-Buttercreme |
Joghurtcreme | Hausgemachter Fondant | Schokoladenglasur | Zitronenglasur |
Schokoladenganache

Rührteig

„Rührkuchen ist schnell gemacht und wirklich einfach.
Er schmeckt als klassischer Geburtstagskuchen oder saftiger Obstkuchen
und wird gerne mit saisonalen Früchten und Nüssen verfeinert. "

Ergibt einen Kastenkuchen von 18 cm Länge.

FÜR DEN RÜHRTEIG:

· 240 g Dinkelmehl Type 630
· 1 EL Stärke
· 1 EL Sojamehl oder Pfeilwurzmehl
· 100 g Zucker
· 1 Pck. Vanillezucker
· 1 Prise Salz
· 2 TL Backpulver
· Schale ½ Zitrone, unbehandelt
· 60 ml Öl
· 210 ml Mineralwasser, ungesüßt
· 40 g vegane Butter oder Margarine

Mehl, Stärke, Backpulver, Zucker, Vanillezucker und Salz mischen. Zitronenschale, Öl und Mineralwasser zugeben und mit dem Schneebesen zu einem glatten Teig rühren. Die Butter zerlassen und unterrühren.

Eine Kastenform mit Backpapier auslegen und den Teig hineingeben. Bei 160° Umluft ca. 10 Minuten backen, dann mit einem scharfen Messer mittig längs einschneiden und weitere 50 Minuten backen.
Den Kuchen 15 Minuten in der Form kühlen lassen, dann aus der Form nehmen und vollständig auf dem Kuchengitter auskühlen lassen.

Wie gewünscht mit Puderzucker bestäuben, mit Ahornsirup tränken oder mit Glasur überziehen.

Biskuitteig

· · · · · · · · · · · · · · ·

,, Ein traumhaftes Biskuit ist der wichtigste Bestandteil einer Torte. Saftig und dabei schön fluffig sollte er sein. ''

Ergibt drei 18 cm-Biskuits.

FÜR DAS VANILLEBISKUIT:

· 240 g Dinkelmehl Type 630
· 100 g Rohrohrzucker oder Feinzucker
· 1 Pck. Vanillezucker
· ½ Pck. Backpulver
· Etwas Zitronenschale, abgerieben
· 60 ml Öl
· 200 ml Mineralwasser, ungesüßt

Mehl, Zucker, Vanillezucker und Backpulver in eine Rührschüssel geben 1 und mischen 2. Öl, Zitronenschale und Mineralwasser zugeben und mit dem Schneebesen zu einem glatten Teig rühren 3. In eine gefettete Springform füllen (oder auf 3 gleich große Springformen aufteilen) 4.
Bei 160° Umluft 30–40 Minuten backen und gut auskühlen lassen (am besten über Nacht) 5. Am darauf folgenden Tag das Biskuit begradigen und in 3 Ebenen schneiden. Die Torte kann nun wie gewünscht gefüllt werden.

FÜR DAS SCHOKOLADENBISKUIT:

· 240 g Weizenmehl Type 405
· 120 g Rohrohrzucker
· 1 Pck. Vanillezucker
· 25 g Kakao
· ¾ Pck. Backpulver
· 1 Prise Salz
· 1 Prise Zimt
· 60 ml Öl
· 220 ml Mineralwasser, ungesüßt

Zuerst die trockenen Zutaten gut vermengen, anschließend die flüssigen dazugeben und alles zu einem glatten Tag rühren. Wie Vanillebiskuit backen und auskühlen.

Hefeteig

Hefeteig besticht durch seinen charakteristischen Geruch. Er lässt sich vielseitig, sowohl süß als auch herzhaft, füllen oder zur Sommerzeit mit feinem Kompott genießen.

Ergibt einen Hefezopf für ein Backblech oder 8 kleine Zöpfe.

FÜR CA. 850 G SÜSSEN HEFETEIG:

· 500 g Weizenmehl Type 550
· 35 g Zucker
· 1 Pck. Vanillezucker
· ½ TL Salz
· 1 Pck. Trockenbackhefe
· 250 ml Soja-Reis-Drink, zimmerwarm
· 70 ml Öl
· 2 EL Mandelblättchen

Mehl, Salz, Zucker, Vanillezucker und Hefe mischen. Öl und Pflanzendrink zugeben und kneten, bis sich ein elastischer Teig ergibt. Den Teig zu einer Kugel formen 1, mit etwas Mehl bestreuen und mit einem Küchentuch abgedeckt 45 Minuten bei Zimmertemperatur gehen lassen (alternativ bei maximal (!) 40° Umluft im Backofen), bis er sein Volumen verdoppelt hat 2. Anschließend den Teig ausrollen (nicht mehr kneten!) und nach Belieben füllen und flechten.

1

2

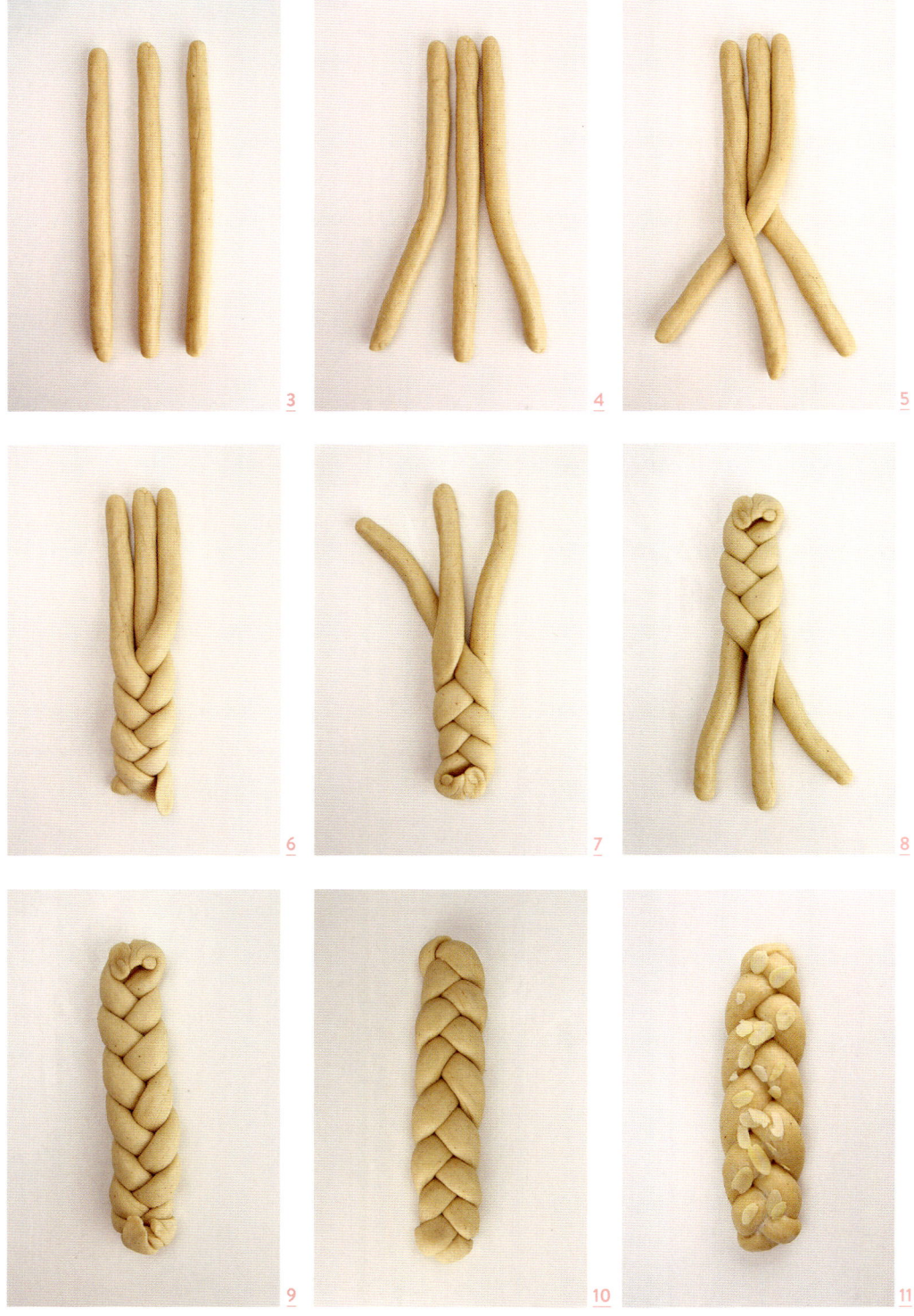

FÜR DEN KLASSISCHEN HEFEZOPF:

Aus dem Teig drei Stränge formen 3 und nebeneinander legen. Die Stränge in der Mitte abzweigen 4 und von der Mitte heraus zum einen Ende hin flechten 5. Das Ende gut zusammendrücken und unter dem Zopf festdrücken 6. Den Zopf so drehen, dass die Oberseite auf der Arbeitsfläche liegt 7. Den Zopf um 180° drehen, sodass das offene Ende zu dir zeigt 8. Auch diese Seite von der Mitte bis ans Ende flechten und zusammendrücken 9. Den Zopf richtig herum drehen und auf das Backpapier legen 10.

In der geflochtenen Form nochmals mindestens 30 Minuten gehen lassen. Anschließend mit etwas Pflanzensahne bestreichen, mit Mandelblättchen bestreuen 11 und bei 180° Ober-/Unterhitze ca. 30 Minuten backen. Dabei das Backblech nach der halben Zeit drehen, damit der Teig gleichmäßig bräunt.

FÜR CA. 850 G HERZHAFTEN HEFETEIG:

· 300 g Dinkelmehl Type 630
· 200 g Dinkelmehl Type 1050
· 1 TL Zucker
· 1½ TL Salz
· 1 Pck. Trockenbackhefe
· 250 ml Soja-Reis-Drink
· 80 ml Olivenöl

Mehl, Salz, Zucker und Hefe mischen. Pflanzendrink und das Olivenöl zugeben und zu einer Kugel kneten. Den Teig mit etwas Mehl bestreuen und mit einem Küchentuch abgedeckt 30 Minuten bei Zimmertemperatur gehen lassen (alternativ bei maximal (!) 40° Umluft im Backofen).

Den Teig nach Belieben füllen und in der Form nochmals mindestens 30 Minuten gehen lassen. Anschließend mit etwas Pflanzensahne bestreichen und bei 180° Ober-/Unterhitze ca. 30 Minuten backen. Dabei das Backblech nach der halben Zeit drehen, damit der Teig gleichmäßig bräunt.

Mürbteig

· · · · · · · · · · · · · ·

"Mürbteig eignet sich nicht nur für Plätzchen, sondern auch Tarte und Quiche verzaubert er durch einen mürben Boden."

Ergibt Mürbteig für 4 Tartelettes-Formen oder eine 24 cm-Tarteform mit Rand.

FÜR CA. 350 G SALZIGEN MÜRBTEIG:

· 200 g Dinkelmehl Type 630
· 1 Prise Zucker
· ½ TL Salz
· 100 g vegane Butter oder Margarine
· 2 EL Soja-Reis-Drink

FÜR CA. 350 G SÜSSEN MÜRBTEIG:

· 200 g Dinkelmehl Type 630
· 60 g Zucker
· 1 Prise Salz
· 110 g vegane Butter oder Margarine
· 2 EL Sojadrink

Die trockenen Zutaten in eine Schüssel geben und mischen 1. Die kalte Butter in Würfel schneiden und zum Mehl geben 2. Bei kleinen Mengen mit der Gabel mischen, bei größeren ist ein Rührgerät mit Knethaken hilfreich. Die Mischung solange bearbeiten, bis gleichmäßige Brösel entstehen 3.

Eine Kuhle formen und den Pflanzendrink hinein geben 4. Weiter mit der Gabel bearbeiten 5 und schließlich mit den Händen einmal durchkneten und eine Kugel formen 6. In Folie gewickelt für 1 Stunde kalt stellen 7. Mürbteig kann gut vorbereitet und im Kühlschrank 1–2 Tage lang aufbewahrt werden.

Die Tarteform fetten 8. Den Teig portionsweise aus dem Kühlschrank nehmen (wenn mehrere Tartes gleichzeitig gemacht werden) und ausrollen. Den Teig auf die Tarteform legen 9 und in der Form festdrücken. Überschüssigen Teig mit dem Nudelholz abrollen oder abschneiden 10 und mit einer Gabel ein paar Mal einstechen 11.

Nun kann der Teig blind gebacken oder direkt gefüllt werden. Backzeit und Temperatur hängen von der jeweiligen Backform bzw. Füllung ab.

Strudelteig

· · · · · · · · · · · · · ·

„ Ob ganz klassisch als Apfelstrudel oder herzhaft mit Kartoffeln gefüllt, der Strudelteig macht aus jedem Essen ein besonderes Gedicht. "

Ergibt Mürbteig für 4 Tartelettes-Formen oder eine 24 cm-Tarteform mit Rand.

FÜR CA. 400 G HERZHAFTEN STRUDELTEIG:

· 250 g Dinkelmehl Type 630 oder Weizenmehl Type 550
· ¼ TL Salz
· ½ TL Agavendicksaft
· 30 ml Olivenöl
· 110 ml Wasser, warm

FÜR CA. 400 G SÜSSEN STRUDELTEIG:

· 250 g Weizenmehl Type 550
· 1 Prise Salz
· 20 g Zucker
· 30 ml Sonnenblumenöl
· 110 ml Wasser, warm

Mehl und Salz mischen, dann Agavendicksaft (oder Zucker), Öl und Wasser zugeben 1. Zunächst mit dem Kochlöffel mischen 2, anschließend auf der Arbeitsfläche mit den Händen zu einem glatten Teig kneten 3.

Einen warmen Teller mit ein paar Tropfen Öl bestreichen und den zur Kugel geformten Strudelteig darauf legen 4.

Eine Keramikschüssel oder einen Kochtopf erhitzen. Diesen dazu mit heißem Wasser gefüllt 5 Minuten stehen lassen oder im Backofen aufwärmen. Den warmen Topf dann (ohne Wasser!) über den Teig stülpen 5 und 1 Stunde ruhen lassen. So wird der Teig schön geschmeidig und lässt sich später leicht ziehen.

Den Teig auf ein leicht bemehltes und vorgewärmtes Küchentuch legen und ausrollen 6. Anschließend wie gewünscht verarbeiten. Backzeit und Temperatur hängen von der jeweiligen Backform bzw. Füllung ab.

TIPP:

Während der Ruhezeit darauf achten, dass der Teig nicht auskühlt. Wenn der Topf in der Zwischenzeit zu sehr auskühlt, einfach mit einem neuen austauschen.

Croissants/Plunderteig

· ·

„Für die Herstellung von Croissantteig wird sogenannte Ziehbutter verwendet. Ihr Schmelzpunkt liegt etwas höher als der von Butter und hat sehr gute plastische Eigenschaften. Die Ziehbutter wird in den Hefeteig eingeschlagen (touriert) und macht ihn saftig."

Ergibt ca. 1000 g Plunderteig für 16 Croissants.

FÜR DEN HEFETEIG:

· 350 g Weizenmehl Type 405
· 100 g Weizenmehl Type 550
· 1 geh. TL Salz
· 40 g Zucker
· 1 Pck. Trockenbackhefe
· 150 ml Pflanzendrink
· 165 ml Wasser, kalt
· 20 g vegane Butter, zerlassen

Mehl, Salz, Zucker und Hefe mischen. Milch und Wasser in einer Schüssel mischen und die Mehl-Mischung hinein geben, dann die Butter in Flöckchen zugeben. Für ca. 1 Minute bei langsamer Geschwindigkeit mit dem Rührgerät kneten, die Konsistenz prüfen und evtl. mit etwas Wasser oder Mehl korrigieren. Dann für ein paar weitere Minuten kneten. Auf einer bemehlten Arbeitsfläche zu einer Kugel formen und in einer geölten Schüssel über Nacht abgedeckt in den Kühlschrank stellen.

FÜR DIE ZIEHBUTTER:

· 250 g Butter
· 1 EL Weizenmehl Type 550

Am darauf folgenden Morgen die Ziehbutter vorbereiten. Dazu die kalte Butter in Würfel schneiden und mit dem Mehl verkneten. Dabei schnell genug vorgehen, damit die Butter nicht schmilzt. Es hilft, eine Metallrührschüssel zu verwenden, die zuvor ½ Stunde kalt gestellt wurde.

Die Butter auf eine Folie legen und ein Rechteck von 15 x 15 cm mit etwa 1 cm Dicke formen 1. In der Folie mindestens ½ Stunde kühlen.

Den Hefeteig auf einer bemehlten Arbeitsfläche auf ein Rechteck mit etwa 35 x 20 cm ausrollen 2. Dabei die Ecken so gerade wie möglich halten. Die Ziehbutter auf die linke Hälfte des Teiges legen 3 und mit der anderen Seite bedecken 4. Den Rand gut festdrücken und die Butter ganz umschließen.

Den Teig auf eine Größe von 40 x 20 cm ausrollen 5. Die Ecken dabei so gerade wie möglich halten und einmal von rechts und von links zur Mitte hin falten 6–7. In einem bemehlten Backpapier ca. 20 Minuten kühlen.

Den Teig auf eine bemehlte Arbeitsfläche legen – mit der Naht von dir weg und der geschlossenen Seite des Teiges zu dir hin. Abermals auf eine Größe von 40 x 20 cm ausrollen und die Drittel aufeinander falten. 20 Minuten kühlen und in dieser Weise noch einmal wiederholen. Den Teig weitere 20 Minuten kühlen.

Den Teig halbieren und die Hälften jeweils zu einem Kreis mit 30 cm Durchmesser ausrollen 8. Acht Teiglinge mit einem Rollschneider abteilen 9. Das Croissant am unteren Ende 2 cm einschneiden und soweit wie möglich auseinander ziehen, damit es später seine typisch runde Form erhält. Das Croissant von unten herauf aufrollen. Dabei den Teig in die Länge ziehen und ihm damit etwas Spannung verleihen. Die Spitze fest unter dem Croissant andrücken, damit sie beim Backen nicht hochspringt 10.

Die Croissants auf einem mit Backpapier ausgelegtem Backblech 2–3 Stunden gehen lassen, anschließend mit etwas Pflanzensahne bestreichen, damit sie goldbraun werden 11. Den Ofen auf 230° Ober-/Unterhitze vorheizen und sofort auf 190° herunterdrehen, sobald die Croissants darin sind. 15 Minuten backen, das Blech drehen und weitere 10–15 Minuten backen, bis sie rundherum gebräunt sind. Die Croissants vor dem Servieren mindestens 45 Minuten abkühlen lassen, damit sie den perfekt blättrigen Anschnitt bekommen.

Croissants lassen sich süß, wie auch herzhaft genießen. Für das Rezept der Schokoladen-Croissants siehe Seite 155. Für das Rezept der Croissants à la tomate blättere weiter auf Seite 265.

Blätterteig

· · · · · · · · · · · · · · · ·

Zubereitung und Verarbeitung wie beim Croissant/Plunderteig
(siehe Fotos S. 82)

Ergibt 600 g Blätterteig.

FÜR DEN TEIG:

· 250 g Weizenmehl Type 405
· 1 EL Zucker
· 1 TL Salz
· 125 ml Wasser, kalt

Mehl, Zucker und Salz mischen. Mit dem Wasser zu einem glatten Teig kneten. Auf einer bemehlten Arbeitsfläche zu einer Kugel formen und in Folie gewickelt 30 Minuten kalt stellen.

FÜR DIE ZIEHBUTTER:

· 200 g vegane Butter
· 2 EL Weizenmehl Type 405

Die kalte Butter in Würfel schneiden und mit dem Mehl verkneten. Dabei schnell genug vorgehen, damit die Butter nicht schmilzt. Es hilft, eine Metallrührschüssel zu verwenden, die zuvor ½ Stunde kalt gestellt wurde.

Die Butter auf eine Folie legen und ein Rechteck von 15 x 15 cm mit etwa 1 cm Dicke formen. In der Folie mindestens ½ Stunde kühlen.

Den Teig auf einer bemehlten Arbeitsfläche auf ein Rechteck mit etwa 35 x 20 cm ausrollen. Dabei die Ecken so gerade wie möglich halten. Die Ziehbutter auf die linke Hälfte des Teiges legen und mit der anderen Seite bedecken. Den Rand gut festdrücken und die Butter ganz umschließen.

Den Teig auf eine Größe von 40 x 20 cm ausrollen. Die Ecken dabei so gerade wie möglich halten und einmal von rechts und von links zur Mitte hin falten. In einem bemehlten Backpapier ca. 20 Minuten kühlen. Den Teig um 90° drehen, damit die Teigenden beim erneuten Einschlagen innen liegen. Abermals auf eine Größe von 40 x 20 cm ausrollen und die Drittel aufeinander falten. 20 Minuten kühlen und in dieser Weise noch dreimal wiederholen. Den Teig weitere 20 Minuten kühlen.

Anschließend kann der Teig nach Belieben ausgestochen und zu Teilchen oder Quiche weiterverarbeitet werden. Die fertigen Teilchen auf ein mit Backpapier ausgelegtes Backblech legen und je nach Größe bei 200° Ober-/Unterhitze 15–30 Minuten goldbraun backen.

Sahnecreme

· · · · · · · · · · · · · ·

„Sahnecreme eignet sich sowohl zum Füllen als auch zum Dekorieren von Torten.“

Ergibt 330 g Sahnecreme.
Die Menge genügt, um eine Torte mit 18 cm Durchmesser zu füllen.

FÜR DIE CREME:

· 300 ml vegane Sahne, aufschlagbar
· 2 EL Sahnesteif
· 1 Prise Salz
· 2 EL Zucker

Bei der veganen Sahne genau darauf achten, ob diese vor dem Gebrauch gekühlt oder bei Zimmertemperatur gelagert werden sollte. Sahne, die gekühlt werden muss, mindestens 6 Stunden kalt stellen, bevor sie aufgeschlagen wird.

Die Sahne mit Sahnesteif und Salz 2–3 Minuten kräftig mit dem Rührgerät aufschlagen. Nach und nach den Zucker einrieseln lassen. Die Creme mindestens 2 Stunden kalt stellen, dann kann sie als Tortenfüllung dienen.

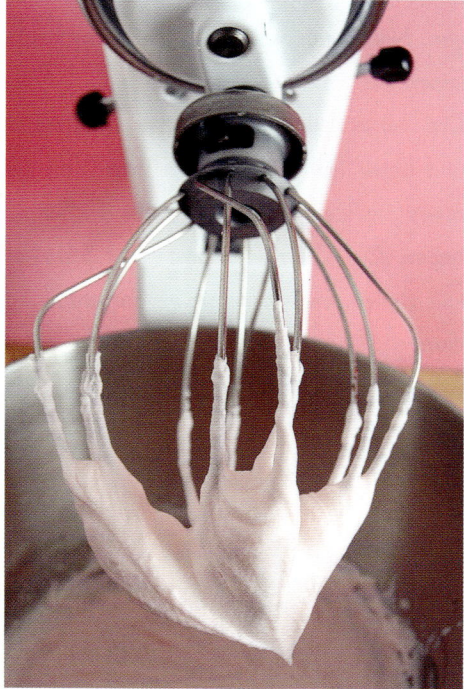

Kekse
und
Feingebäck

· ·

Goji-Blumen | Butterkekse | Pistazien-Knoten | All Chocolate
Cookies | Gute Laune-Cookies | Cranberry-Pistazien-Cookies |
Schoko-Haselnuss-Taler | Mandel-Cantuccini | Vanillekipferl |
Lebkuchenmänner

Goji-Blumen

....

" Kekskugeln mit Marzipanfüllung und fruchtigen Gojibeeren. Hübsch anzusehen und exotisch im Geschmack. **"**

Ergibt ca. 60 Stück.

FÜR DEN MÜRBTEIG:

· 200 g Dinkelmehl Type 630
· 70 g Zucker
· 1 Pck. Vanillezucker
· 1 TL Stärke
· 100 g vegane Butter oder Margarine
· 25 ml Sojadrink
· 40 g Marzipanrohmasse
· 1 EL Gojibeeren (oder Cranberries, getrocknet)

Mehl, Zucker, Vanillezucker und Stärke mischen. Die zimmerwarme Butter und den Sojadrink zugeben und zu einem glatten Teig kneten.

Die Gojibeeren fein hacken und mit dem Marzipan kneten. Den Teig zu 60 Kugeln formen und jeweils etwas Goji-Marzipan hineindrücken. Die Kugeln auf einem mit Backpapier ausgelegten Backblech etwas flacher drücken.

Bei 180° Ober-/Unterhitze ca. 10 Minuten backen. Wenn sich die Kugeln außen golden färben, sind sie fertig. Die Plätzchen gut auskühlen lassen. Anschließend mit Zuckerguss und Streudekor nach Belieben verzieren.

In einer Metalldose an einen kühlen Ort gestellt, sind die Kekskugeln mehrere Wochen haltbar.

Butterkekse

· · · · · · · · · · · · · · · · · · ·

„Alleine der Duft, der aus dem Ofen steigt, macht schon süchtig. Butterkekse sind einfach zum Naschen da oder können für die schönsten Desserts und Creme-Kuchen weiterverarbeitet werden. Wer besonders gerne schokoladig nascht, verpasst ihnen einfach etwas Glasur. "

Ergibt ca. 30 Stück.

FÜR DEN MÜRBTEIG:

· 100 g vegane Butter oder Margarine
· 60 g Zucker
· 1 Prise Salz
· 1 Msp. Vanille
· 200 g Mehl
· 2 EL Soja-Reis-Drink

Die Butter mit dem Rührgerät aufschäumen. Zunächst den Zucker zugeben und wieder homogenisieren. Auf die gleiche Weise nach und nach alle weiteren Zutaten zugeben, bis sich ein glatter Teig formen lässt.
Den Butterteig auf einer bemehlten Arbeitsfläche 3–4 mm dünn ausrollen und in der gewünschten Form ausstechen.

Auf einem mit Backpapier ausgelegten Backblech bei 180° Ober-/Unterhitze etwa 10 Minuten backen. Wenn der Rand sich goldbraun färbt, können die Butterkekse aus dem Ofen genommen werden.

Die Kekse gut auskühlen lassen und in einer Glas- oder Metalldose aufbewahren.

Pistazien-Knoten

,, Frisches und knuspriges Gebäck mit einer leichten Zitrusnote und knackigen Pistazien in einem eleganten Knoten. "

Ergibt ca. 60 Stück.

1

FÜR DEN MÜRBTEIG:

· 400 g Weizenmehl Type 550
· 130 g Rohrohrzucker
· 2 TL Stärke
· Schale von 2 Zitronen, unbehandelt
· 200 g vegane Butter oder
  Margarine
· 50 ml Sojadrink
· 2 TL Pistazien, gehackt

2

3

Mehl, Zucker, Stärke und abgeriebene Zitronenschale mischen. Die Butter und den Pflanzendrink zugeben und zu einem Teig kneten.

Den Teig zu einer Rolle formen und gleichmäßige Stücke abschneiden **1**. Ein Stück des Teiges zu einer langen Rolle formen **2** und doppelt legen **3**. Den Teig nun in sich drehen **4** und das geschlossene Ende des Teiges über das untere legen **5**. Die Knoten auf ein mit Backpapier ausgelegtes Backblech platzieren, mit etwas Pflanzendrink bestreichen und mit Pistazien verzieren. Bei 180° Ober-/Unterhitze ca. 12 Minuten backen. Die Knoten gut auskühlen lassen.

In einer luftdicht verschlossenen Metalldose lassen sich die Pistazien-Knoten mehrere Wochen aufbewahren.

4

5

All Chocolate Cookies

Sweets

„Schokoladen-Junkies aufgepasst: Diesen Knusperkeksen entkommt keiner. Bitte verschließe sie luftdicht oder schenke sie den Nachbarn, denn jeder in Geruchsweite wird gnadenlos verführt. "

Ergibt ca. 26 Stück à 35 g.

FÜR DEN COOKIE-TEIG:

· 340 g Dinkelmehl Type 630
· 180 g Rohrohrzucker
· 1 TL Backpulver
· 1 Msp. Vanille
· 20 g Kakao
· 180 g vegane Butter oder Margarine
· 60 ml Sojadrink
· 30 g vegane Schokoladentropfen, weiß
· 30 g vegane Schokoladentropfen, Milchschokolade
· 60 g vegane Schokoladentropfen, zartbitter

Mehl, Zucker, Backpulver, Vanille und Kakao mischen. Die zimmerwarme Butter in Flöckchen zugeben und mit der Milch zu einem homogenen Teig kneten. Nach und nach die Schokolade einarbeiten.

Aus dem Teig 26 Kugeln formen und auf einem mit Backpapier ausgelegten Backblech flach drücken. Bei 180° Ober-/Unterhitze ca. 12 Minuten backen.

Die Kekse gut auskühlen lassen (am besten über Nacht) und in einer Glasdose oder Metallbüchse gut verschlossen und kühl aufbewahren. So halten die Kekse lange frisch und bleiben schön knusprig.

Gute Laune-Cookies

· ·

„Diese Mandel-Cookies mit feinen Schokostückchen sind etwas
für echte Knabberhasen. Um den Mandelgeschmack stärker
hervorzuheben, werden diese vor dem Backen geröstet. So verbreitet
sich der himmlische Duft schon vor dem Backen in der Küche und
man will sie gar nicht mehr verlassen."

Ergibt 30 Stück à 30 g.

FÜR DEN COOKIE-TEIG:

· 250 g Dinkelmehl Type 630
· 150 g Rohrohrzucker
· 100 g Haferflocken, fein
· ½ TL Backpulver
· Mark 1 Vanilleschote
· 200 g vegane Butter oder Margarine,
  zimmerwarm
· 50 ml Hafercuisine
· 1 Tropfen Bittermandelöl
· 80 g vegane Schokoladentropfen,
  Milchschokolade
· 50 g Mandeln, gestiftet

Die Mandeln in einer Pfanne ohne Fett auf
halber Hitze rösten, bis sie goldbraun glänzen. Zur Seite stellen und auskühlen lassen.

Mehl, Zucker, Haferflocken, Backpulver und
Vanille mischen. Mit Butter, Pflanzensahne
und Bittermandelöl zu einem gleichmäßigen
Teig kneten. Anschließend Schokoladentropfen und Mandeln vorsichtig einarbeiten.
Den Teig zu 30 gleich großen Kugeln formen und auf dem mit Backpapier ausgelegten Backblech flach drücken. Bei 190°
Ober-/Unterhitze 12–14 Minuten backen.
Die Kekse dürfen beim Herausholen noch
etwas weich sein, sie werden beim Auskühlen noch knackiger.

Die Kekse gut auskühlen lassen (am besten über Nacht) und anschließend in einer
Blechdose oder einem Glasgefäß aufbewahren. So halten die Cookies bis zu 4 Wochen
frisch.

Cranberry-Pistazien-Cookies

· ·

" Fruchtig und zugleich nussig mit vielen Haferflocken sind diese Cookies ein prima Snack fürs Büro. "

Für ca. 30 Stück à 30 g.

FÜR DEN COOKIE-TEIG:
· 250 g Dinkelmehl Type 630
· 160 g Rohrohrzucker
· 100 g Haferflocken, fein
· 1 TL Backpulver
· 1 Prise Salz
· Schale ½ Orange, unbehandelt
· Mark 1 Vanilleschote
· 190 g vegane Butter oder Margarine
· 2 EL Soja-Reis-Drink
· 2 EL Orangensaft
· 25 g Pistazien, gehackt
· 75 g Cranberries, getrocknet und gehackt

Mehl, Zucker, Haferflocken, Backpulver, Salz, abgeriebene Orangenschale und Vanille mischen. Die zimmerwarme Butter in Flöckchen zugeben und mit dem Pflanzendrink und Orangensaft zu einem glatten Teig kneten. Zuletzt Pistazien und Cranberries einarbeiten.

Den Teig zur Rolle formen und 30 gleich große Stücke (ca. 2 cm) abschneiden. Die Stücke zu Kugeln formen und auf einem mit Backpapier ausgelegten Backblech flach drücken. Bei 200° Ober-/Unterhitze ca. 15 Minuten backen. Anschließend gut auskühlen lassen.

In einer Metalldose an einen kühlen Ort gestellt, sind die Cookies mehrere Wochen haltbar.

Schoko-Haselnuss-Taler

··

,, Diese feinen Taler haben eine leichte Zimtnote. Durch ihre einfache Form lassen sie sich wunderschön mit Fondant und Spritzglasur verzieren und sind somit ein gern gesehenes Mitbringsel. "

Ergibt ca. 15–20 Stück.

FÜR DEN MÜRBTEIG:

· 250 g Weizenmehl Type 405
· 200 g Haselnüsse, gemahlen
· 100 g Zucker
· 1 Pck. Vanillezucker
· 2 EL Kakao
· 1 Msp. Zimt
· 180 g vegane Butter oder Margarine, zimmerwarm
· 5 EL Soja-Reis-Drink

FÜR DIE DEKORATION:

· 150–200 g Fondant

Mehl, Haselnüsse, Zucker, Vanillezucker, Kakao und Zimt mischen. Die zimmerwarme Butter in Flöckchen zugeben und mit dem Pflanzendrink zu einem glatten Teig kneten. Vor dem Backen den Teig in Folie gewickelt 30 Minuten kalt stellen.

Den Teig auf einer bemehlten Arbeitsfläche ausrollen und Kreise von ca. 6 cm Durchmesser ausstechen. Die Taler auf ein mit Backpapier ausgelegtes Backblech legen. Bei 180° Ober-/Unterhitze ca. 12 Minuten backen. Bei größer oder kleiner gewählter Keksgröße die Backzeit bitte anpassen. Die Kekse vollständig auskühlen lassen.

Wer möchte, kann die Taler mit gleich groß ausgestochenen Fondantkreisen verzieren. Dazu das Fondant 3 mm dick ausrollen und ausstechen. Den Keks mit etwas Wasser anfeuchten und das Fondant darauf andrücken. Beliebig mit Spritzglasur verzieren.

In einer Metalldose an einen kühlen Ort gestellt, sind die Taler mehrere Wochen haltbar.

Mandel-Cantuccini

· ·

,, Ganz klassische Cantuccini. Das harte Mandelgebäck ist zum Krümeln geradezu unwiderstehlich. Wer die Cantuccini ganz trocken mag, ersetzt einfach 40 ml Öl durch Pflanzendrink. "

Ergibt ca. 80 Stück (2 Bleche).

FÜR DEN TEIG:
· 200 g Mandeln, ganz
· 250 g Dinkelmehl Type 630
· 250 g Weizenmehl Type 405
· 250 g Zucker
· 1 TL Vanillezucker
· 30 g Stärke
· 1 TL Backpulver
· 1 Prise Salz
· 120 ml Sonnenblumenöl
· 25 ml Amaretto
· 120 ml Soja-Reis-Drink
· 4 Tropfen Bittermandelöl

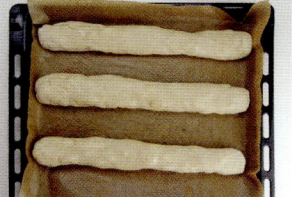

Die Mandeln blanchieren. Dazu die Mandeln mit heißem Wasser übergießen und 5–10 Minuten ziehen lassen. Dann Wasser abschütten und die Haut abziehen. Anschließend auf ein Backblech legen und bei 200 °C ca. 10 Minuten zum Trocknen in den Ofen. Ab und zu mit einem großen Löffel wenden. Dabei darauf achten, dass die Mandeln nicht zu dunkel werden.

Mehl, Zucker, Vanillezucker, Stärke, Backpulver und Salz mischen. Mit Öl, Amaretto, Bittermandelöl und Soja-Reis-Drink zu einem glatten Teig kneten 1. Zuletzt die Mandeln untermischen 2 und drei längliche Brote formen 3. Diese auf ein mit Backpapier ausgelegtes Backblech geben.

Bei 180° Ober-/Unterhitze 45 Minuten backen 4. Mindestens ½ Stunde warten, bis die Brote ausgekühlt sind. Dann in 1–2 cm dicke Scheiben schneiden und wieder auf das Backblech legen 5. Von beiden Seiten jeweils 5–10 Minuten backen.

Noch warm sind Cantuccini lecker, oder auch kalt. Mit Sahne, in Soße, auf Eis, zum Dessertwein oder Cappucino.

In einer Glasdose gut verschlossen bleiben die italienischen Klassiker lange frisch. Cantuccini sind ein sehr trockenes Gebäck und daher länger haltbar als die meisten Kekse.

Vanillekipferl

· · · · · · · · · · · · · · · ·

„Zu Weihnachten gehören knusprig-mürbe Vanillekipferl einfach dazu. Alles duftet nach Vanille und noch bevor der Heilige Abend anbricht, ist die Keksdose leer."

Ergibt ca. 60 Stück.

FÜR DEN PLÄTZCHENTEIG:

· 210 g Weizenmehl Type 405
· 120 g Mandeln, blanchiert und gemahlen
· 100 g Rohrohrzucker, fein
· 2 Pck. Vanillezucker
· 150 g vegane Butter oder Margarine, zimmerwarm
· 3 EL Hafercuisine oder andere Pflanzensahne
· 20 g Puderzucker zum Bestäuben

Mehl, Mandeln, Zucker und Vanillezucker in einer Rührschüssel mischen. Eine kleine Kuhle formen und die Sahne sowie die Butter in Flöckchen zugeben. Mit einer Gabel den Teig mischen, bis sich eine feste und homogene Kugel formen lässt. Den Teig in Klarsichtfolie wickeln und über Nacht oder mindestens 1 Stunde kalt stellen.

Den Teig in 3 Teile schneiden und jeden für sich bearbeiten. Währenddessen kann der übrige Teig im Kühlschrank warten. Den Teig zu einer 2,5 cm dicken Rolle formen und ca. 1 cm breite Stücke abschneiden 1. Das Stückchen Teig zu einer Rolle mit spitzen Enden formen 2 und zu einem Mond legen 3. Die Kipferl der Reihe nach auf ein mit Backpapier ausgelegten Backblech legen 4 und Blech für Blech bei 180° Ober-/ Unterhitze ca. 10 Minuten backen.

Die Kipferl noch heiß mit Puderzucker bestäuben 5. Vanillekipferl werden am besten in einer Metalldose an einem kühlen Ort aufbewahrt und sind 2–3 Wochen haltbar.

Lebkuchenmänner

. . . .

„Lebkuchen stimmen jeden Weihnachtsmuffel auf Weihnachten ein. Und das Dekorieren ist ein Spaß für die ganze Familie. Hier kann sich der Freigeist so richtig austoben und mit Formen und Farben ein Winterwunderland erbauen."

Ergibt ca. 50 Stück.

FÜR DEN LEBKUCHENTEIG:

· 500 g Weizenmehl Type 550
· 2 EL Kakao
· 200 g Rohrohrzucker
· 2 Pck. Vanillezucker
· 2 EL Pfeilwurzmehl oder Tapiokastärke
· 2 TL Pottasche
· ½ TL Hirschhornsalz
· Schale 1 Orange, unbehandelt
· 1 TL Lebkuchengewürz
· ½ TL Ingwerpulver, gemahlen
· 150 ml Ahornsirup
· 100 ml Agavendicksaft
· 2 EL Hafercuisine oder andere Pflanzensahne
· 100 g vegane Butter oder Margarine,
  zimmerwarm

FÜR DAS DEKOR:

· 5–6 EL Zuckerguss
· 100 rosa Zuckerherzen

> **TIPP:**
> Wem sie nach dem Backen zu knus-
> prig sind, lege ein paar Tage einen
> Apfelschnitz dazu. So werden die
> Lebkuchen weicher und noch saftiger.

Mehl, Kakao, Zucker, Vanillezucker und Pfeilwurzmehl in einer Rührschüssel mischen. Pottasche, Hirschhornsalz, Orangenschale, Lebkuchengewürz und Ingwerpulver zugeben und abermals mischen. Eine Kuhle formen und Ahornsirup, Agavendicksaft, Hafercuisine und die Butter in Flöckchen dazugeben. Den Teig mit einer Gabel bearbeiten, bis er homogen ist. In Folie wickeln und 2–3 Tage im Kühlschrank ruhen lassen. Den Teig in 3 Teile schneiden und jeden Teil für sich bearbeiten, während die anderen im Kühlschrank warten. Auf einer bemehlten Arbeitsfläche ausrollen und die Lebkuchenmänner ausstechen. Die Lebkuchen auf mit Backpapier ausgelegte Backbleche verteilen und ca. 3 Stunden bei Zimmertemperatur ruhen lassen. Die Lebkuchen Blech für Blech bei 180° Ober-/Unterhitze ca. 8 Minuten backen. Sie dürfen nicht zu dunkel werden, da sie sonst bitter schmecken. Das Gebäck gut auskühlen lassen und anschließend mit Puderzucker und Zuckerherzen verzieren. Gut verschlossen in einer Gebäckdose aufbewahrt halten sich Lebkuchen mindestens 4 Wochen.

Cupcakes und Muffins

· ·

Marzipan-Cupcakes mit Johannisbeerfüllung | Death by Chocolate-Cupcakes | Sesam-Holunder-Cupcakes | Blaubeer-Cupcakes mit Orangenmousse | Schwarz-weiß-Muffins | Bananasplit-Cupcakes | Red Velvet-Cupcakes | Vanille-Mini-Muffins | Bienenstich-Cupcakes | Erdnussbutter-Cupcakes mit Nougat

Marzipan-Cupcakes
MIT JOHANNISBEERFÜLLUNG

. . . .

,, Cupcakes mit Überraschungseffekt. Locker-leichte Marzipan-Muffins mit einer feinen Füllung von Johannisbeergelee. Für Detailverliebte ein besonders liebevolles Design aus Fondant und Zuckerguss. ''

Ergibt 12 Stück.

FÜR DEN TEIG:

· 2 EL Pflanzendrink
· 50 g Marzipanrohmasse
· 230 g Dinkelmehl Type 630
· 100 g Rohrohrzucker
· 1 Pck. Vanillezucker
· ¾ Pck. Backpulver
· 1 Prise Salz
· 1 Tropfen Bittermandelöl
· 60 ml Öl
· 220 ml Mineralwasser, ungesüßt

FÜR DIE FÜLLUNG:

· 3 EL Johannisbeergelee

FÜR DIE DEKORATION:

· 100 g Fondant
· Rote Bete Pulver oder rote Lebensmittelfarbe

AUSSERDEM:

· 60 g Puderzucker
· 15 ml Zitronensaft

Das Marzipan in einer Schüssel zerkrümeln und mit dem Pflanzendrink mit einer Gabel glattrühren. Eilige können dafür das Rührgerät verwenden. Mehl, Zucker, Vanillezucker, Backpulver und Salz mischen. Mit Bittermandelöl, Öl und Mineralwasser glattrühren. Dann die Marzipan-Mischung mit dem Schneebesen unterheben.

Die Hälfte des Teiges auf 12 Muffinförmchen aufteilen. Mit einem Teelöffel eine kleine Kuhle formen und etwas Gelee hineingeben. Mit dem restlichen Teig bedecken. Bei 160° Umluft ca. 25 Minuten backen. Anschließend auf einem Kuchengitter gut auskühlen lassen.

Den Fondant wie gewünscht einfärben. Dünn ausrollen (ca. 3 mm) und Kreise in der Größe der Muffins ausstechen. Den Fondant auf die erkalteten Muffins legen.

Den Puderzucker in eine Schüssel sieben und mit dem Zitronensaft glattrühren. Die Konsistenz sollte zäh und nicht zu dünnflüssig sein, damit die gespritzten Formen auf dem Fondant erhalten bleiben. Den Zuckerguss in einen Spritzbeutel mit feiner Lochtülle geben und das gewünschte Dekor aufspritzen.

Death by Chocolate-Cupcakes

. . . .

,, Diese kleinen Sünden sind schoko-schoko-ladig! Dunkler Schokoladenteig mit einer butterweichen Kakaocreme. Das absolute Gebäck für den Schokoholic also. ''

Ergibt 12 Stück.

FÜR DIE SCHOKOLADEN-MUFFINS:

· 200 g Weizenmehl Type 550
· 20 g Stärke
· 20 g Kakao
· ½ Pck. Backpulver
· 100 g Zucker
· 220 ml Mineralwasser, ungesüßt
· 60 ml Öl

Mehl, Stärke, Kakao, Backpulver und Zucker mischen. Mit Mineralwasser und Öl glattrühren und in Förmchen füllen. Bei 160° Umluft ca. 20 Minuten backen. Anschließend auf einem Kuchengitter gut auskühlen lassen.

FÜR DAS TOPPING:

· 250 ml Hafercuisine oder andere Pflanzensahne
· 1 Pck. Schokoladen-Puddingpulver
· 2–3 EL Zucker
· 1 EL Stärke
· 250 g vegane Butter oder Margarine, zimmerwarm

200 ml der Sahne aufkochen. Das Puddingpulver in die verbleibenden 50 ml Sahne einrühren, bis keine Klümpchen mehr enthalten sind. Die Sahne vom Herd nehmen, die Schoko-Sahne einrühren und abermals kurz aufkochen. Zur Seite stellen und auskühlen lassen. Butter, Zucker und Stärke mit dem Schneebesen schaumig rühren und den kalten Pudding unterheben. Das Topping 2–3 Stunden kühlen. Dann in einen Spritzbeutel mit gewünschter Tülle füllen und auf die Muffins spritzen.

FÜR DIE DEKORATION:

· 12 Zuckerblüten

TIPP:

Creme und Muffins am besten getrennt in Plastikdosen frisch halten. Zuckerblüten oder anderes Dekor sind wasserlöslich und lösen sich insbesondere auf sahnehaltigen Cremes schnell auf. Daher die Zuckerblüte erst kurz vor dem Servieren auf den Cupcake setzen.

Sesam-Holunder-Cupcakes

, , Vanille-Zitronen-Muffins mit schwarzem Sesam und einer Ganache von veganer, weißer Schokolade und Holunder. Und als Krönung eine kleine Zuckerblume. "

Ergibt 6 Cupcakes.

FÜR DEN MUFFIN-TEIG:

· 120 g Dinkelmehl Type 630
· 60 g Rohrohrzucker
· 1 Pck. Vanillezucker
· ⅓ Pck. Backpulver
· Schale ¼ Zitrone, unbehandelt
· 30 ml Sonnenblumenöl
· 100 ml Mineralwasser, ungesüßt
· 1 EL Sesamkörner, schwarz

Die Sesamkörner für ein kräftigeres Aroma kurz bei mittlerer Hitze in der Pfanne rösten. Da die Körner bereits schwarz sind, nur so lange rösten, bis es nach Sesam duftet. Vom Herd nehmen, sonst laufen sie Gefahr, zu verbrennen. Auskühlen lassen.

Mehl, Zucker, Vanillezucker, Backpulver und Zitronenschale mischen, dann Öl und Wasser zugeben und mit dem Schneebesen zu einem glatten Teig rühren. Den Teig auf 6 Muffinförmchen aufteilen und mondförmig mit Sesam bestreuen. Bei 170° Umluft ca. 25 Minuten backen. Ob die kleinen Kuchen fertig gebacken sind, kann man mit der Stäbchenprobe feststellen. Anschließend auf dem Kuchengitter auskühlen lassen.

FÜR DIE GANACHE:

· 100 g vegane Schokolade, weiß
· 50 ml Hafercuisine oder andere Pflanzensahne, zimmerwarm
· 2 TL Holundermarmelade (ersatzweise dunkle Johannisbeermarmelade oder Brombeermarmelade)

Die Schokolade im Wasserbad schmelzen, die Sahne dazugeben und alles mit einem Schneebesen zu einer Creme rühren. Die Marmelade im Mixer pürieren, bis sie keine Stückchen mehr enthält (alternativ kann sie durch ein Sieb gestrichen werden) und unter die Ganache ziehen. Die Ganache unter Rühren solange herunterkühlen, bis sie eine spritzfähige Konsistenz erreicht hat. Dann in einen Spritzbeutel mit gewünschter Tülle füllen und auf die Muffins spritzen. Mit Zuckerblüten oder Streuseln dekorieren.

Cupcakes schmecken frisch unschlagbar lecker. Möchte man sie vorbereiten, so lassen sich die Creme und die Muffins am besten getrennt frisch halten. Dafür eignen sich beispielsweise Plastikdosen.

Blaubeer-Cupcakes

MIT ORANGEN-SCHOKO-TOPPING

· ·

„Super saftige Blaubeer-Muffins mit einer Haube aus Mousse au chocolat und Orange."

Ergibt 12 Stück.

FÜR DEN RÜHRTEIG:

· 250 g Mehl
· 150 g Zucker
· ½ Pck. Backpulver
· ½ TL Natron
· ½ TL Vanille
· Schale ½ Zitrone, unbehandelt
· 120 g vegane Butter oder Margarine,
  zimmerwarm
· 50 g Apfelmus
· 2 EL Sojajoghurt
· 125 ml Sojadrink
· 150 g Blaubeeren, frisch

Mehl, Zucker, Backpulver, Natron, Vanille und abgeriebene Zitronenschale mischen. Dann die zimmerwarme Butter, Milch und das Apfelmus mit dem Schneebesen einrühren. Wenn der Teig homogen ist, die Blaubeeren vorsichtig unterheben.

Den Teig auf 12 Muffinförmchen aufteilen und bei 160° Umluft ca. 25 Minuten backen. Die Muffins anschließend auf dem Kuchengitter gut auskühlen lassen. Dies geht gut über Nacht – mit einem leichten Tuch bedeckt, damit sie nicht austrocknen.

FÜR DIE ORANGEN-SCHOKO-MOUSSE:

· 150 ml vegane Sahne, aufschlagbar
· 1–2 EL Zucker
· Schale 1 Orange, unbehandelt
· 1 EL Sahnesteif oder Stärke
· 1 Prise Salz
· 100 g Zartbitterschokolade
· Blaubeeren für Dekor

Die Sahne mit Zucker, Salz, Orangenschale und Sahnesteif mit dem Rührgerät aufschlagen. Die Schokolade im Wasserbad schmelzen, auf Verarbeitungstemperatur herunterkühlen und mit dem Rührgerät unterrühren. Die Creme in einen Spritzbeutel mit Sterntülle füllen und auf die Muffins spritzen. Nach Belieben weiter verzieren.

Schwarz-Weiß-Muffins
MIT HASELNUSS UND APFEL

· ·

„Aromatische Haselnüsse und Kakao, saftige Äpfel und eine leckere Käsecreme. Die Mini-Käsekuchen-Variante für eilige Schlemmermäulchen."

Ergibt 12 Stück.

FÜR DIE HASELNUSS-MUFFINS:
· 90 g Dinkelmehl Type 630
· 40 g Haselnüsse, gemahlen
· 50 g Rohrohrzucker
· 1 EL Kakao
· 1 TL Stärke
· 1 TL Backpulver
· 20 ml Öl
· 120 ml Mineralwasser, ungesüßt
· ½ Apfel, säuerlich

FÜR DAS KÄSEKUCHEN-TOPPING:
· 45 g vegane Butter oder Margarine, zimmerwarm
· 45 g Rohrohrzucker
· 20 g Stärke
· 1 Msp. Vanille
· 180 g Sojajoghurt
· 1 TL Zitronensaft
· 20 g Mandeln, gemahlen

Für den Haselnussteig Mehl, Haselnüsse, Zucker, Kakao, Stärke und Backpulver mischen. Anschließend Öl und Wasser zugeben und mit dem Schneebesen zu einem glatten Teig rühren. Den Teig bis auf 1–2 EL auf 12 Papierförmchen verteilen.

Den Apfel schälen, entkernen und fein gewürfelt auf dem Rührteig verteilen.

Für den Käsekuchen die Butter mit dem Schneebesen schaumig rühren und mit dem Zucker mischen. Nach und nach Stärke, Vanille, Joghurt, Zitronensaft und Mandeln unterrühren. Weiterschlagen, bis keine Klümpchen mehr im Teig sind. Das Käsekuchen-Topping auf die Förmchen verteilen und mit einem Klecks vom verbleibenden Schokoladenteig abschließen.
Bei 170° Umluft ca. 20 Minuten backen. Stäbchenprobe machen. Vor dem Servieren mindestens 10 Minuten auf dem Kuchengitter abkühlen lassen, damit der Käsekuchen schnittfest wird.
Kühl und trocken aufbewahrt halten diese Muffins bis zu 2 Tage frisch.

Bananasplit-Cupcakes

· ·

,, Mit den Bananasplit-Cupcakes den Sommer in die Küche holen –
und das zu jeder Jahreszeit! ``

Ergibt 6–8 Stück.

FÜR DEN RÜHRTEIG:

· 100 g Dinkelmehl Type 630
· 40 g Rohrohrzucker
· 1 Pck. Vanillezucker
· ⅓ Pck. Backpulver
· 1 TL Stärke
· ½ reife Banane
· 30 ml Öl
· 100 ml Mineralwasser, ungesüßt

Mehl, Zucker, Vanillezucker, Backpulver und Stärke mischen. Die Banane gut mit der Gabel zerdrücken, zum Mehl geben und mit Öl und Mineralwasser glattrühren.
Den Teig auf Muffin-Papierförmchen verteilen und bei 160° Umluft ca. 20 Minuten backen. Gut auf dem Kuchengitter auskühlen lassen.

FÜR DAS TOPPING:

· 300 ml vegane Sahne, aufschlagbar
· 2 EL Sahnesteif
· 1 Prise Salz
· 2–3 EL Zucker
· 120 g Halbbitterschokolade

Die Sahne mit Sahnesteif und 1 Prise Salz mit dem Rührgerät aufschlagen. Den Zucker einrieseln lassen. Die Schokolade im Wasserbad schmelzen, auf Verarbeitungstemperatur herunterkühlen und mit dem Schneebesen unter die Sahnecreme heben. Das Topping in einen Spritzbeutel mit Sterntülle füllen und auf die Muffins spritzen. Zuckerblüten formen und auf die Cupcakes verteilen.

FÜR DAS DEKOR:

· Zuckerblüten

VARIANTE: CRUNCHY BANANA-CUPCAKES
Banane und Schokolade passen einfach traumhaft zusammen. Um den Cupcakes noch mehr Biss zu verleihen, braucht ihr zusätzlich zu den genannten Zutaten 120 g Crunchy Schokomüsli.
80 g Crunchy Schokomüsli dem fertigen Rührteig hinzufügen. 40 g Crunchy Schokomüsli in einen Plastikbeutel füllen, mit dem Nudelholz zerkleinern und als Deko über die Creme streuen.

Red Velvet-Cupcakes

" Weiche Schokoladen-Muffins mit einem schneeweißen Frischkäse-Topping. Sie eignen sich auch prima als Dessert. *"*

Ergibt 12 Cupcakes.

FÜR DIE SCHOKOLADEN-MUFFINS:

· 200 g Weizenmehl Type 550
· 20 g Stärke
· 20 g Kakao
· ½ Pck. Backpulver
· 100 g Zucker
· 160 ml Mineralwasser, ungesüßt
· 100 g Rote Bete, frisch
· 60 ml Öl

FÜR DAS TOPPING:

· 250 ml vegane Sahne, aufschlagbar
· 50 g veganer Frischkäse
· 1 Prise Salz
· 1 EL Sahnesteif
· 1 Pck. Vanillezucker

FÜR DAS DEKOR:

· Zuckerstreusel

Mehl, Stärke, Kakao, Backpulver und Zucker mischen. Die Rote Bete schälen, grob hacken und mit dem Mineralwasser im Mixer zerkleinern. Gemeinsam mit dem Öl zur Mehlmischung geben und mit dem Schneebesen glattrühren. Alternativ kann auch mit 2 Esslöffeln Rote-Bete-Saft oder 1 Teelöffel Pulver gearbeitet werden.

Den Teig auf 12 Muffinförmchen aufteilen. Bei 160° Umluft ca. 20 Minuten backen. Anschließend auf dem Kuchengitter gut auskühlen lassen.

Die Sahne mit Salz und Sahnesteif vermengen und mit dem Rührgerät aufschlagen, dann den Vanillezucker einrieseln lassen und den Frischkäse mit dem Schneebesen unterheben. Wer keinen Frischkäse bekommt, kann 100 g Sojajoghurt über Nacht (ca. 6–8 Stunden) in einem Kaffeefilter abtropfen lassen. Diesen Soja-Quark dann mit ein paar Teelöffeln zerlassener Butter und 1 Prise Salz mischen, sowie mit 1 Spritzer Agavendicksaft verfeinern.

Das Topping mindestens 30 Minuten kalt stellen. Dann in einen Spritzbeutel mit gewünschter Tülle füllen und auf die Muffins spritzen. Abschließend mit Zuckerstreusel dekorieren.

Bienenstich-Cupcakes

"Der Klassiker als moderne Variante in mundgerechten Häppchen. So ist er noch viel einfacher zu genießen."

Ergibt 12 Stück.

FÜR DEN TEIG:

· 300 g Dinkelmehl Type 630
· 160 g Rohrohrzucker
· 1 Pck. Backpulver
· 1 Msp. Vanille
· 1 Prise Salz
· 75 ml Öl
· 100 ml Orangensaft
· 150 ml Mineralwasser, ungesüßt

Mehl, Zucker, Backpulver, Vanille und Salz mischen. Öl, Orangensaft und Mineralwasser dazugeben und mit dem Schneebesen glattrühren.

Den Teig auf 12 Muffinförmchen aufteilen. Dabei werden die Förmchen ganz gefüllt, damit später die Kuppel der Muffins abgeschnitten werden kann. Bei 160° ca. 25 Minuten backen. Anschließend auf dem Kuchengitter gut auskühlen lassen.

FÜR DIE SAHNECREME-FÜLLUNG:

· 100 ml vegane Sahne, aufschlagbar
· 1 EL Sahnesteif
· 150 ml Pflanzensahne
· ½ Pck. Vanillepuddingpulver
· 2–3 EL Zucker
· 70 g vegane Butter oder Margarine, zimmerwarm

Mit dem Rührgerät die Sahne mit dem Sahnesteif aufschlagen und mindestens 1 Stunde kalt stellen. Das Puddingpulver mit dem Zucker in ein paar Esslöffeln Sahne anrühren. Die übrige Sahne aufkochen, vom Herd nehmen und die Mischung mit dem Schneebesen einrühren. Erneut kurz aufkochen, bis der Pudding eindickt, dann zur Seite stellen. Mit Frischhaltefolie bedecken, damit sich keine Haut bildet, und auf Zimmertemperatur abkühlen lassen. Die Butter bei Zimmertemperatur mit dem Schneebesen schaumig rühren. Nach und nach den Pudding zugeben und glatt rühren. Vorsichtig die aufgeschlagene Sahne unterheben. Die Kuppel der Muffins abschneiden. Die Creme in einen Spritzbeutel mit großer Lochtülle füllen und auf die 12 Küchlein verteilen. Dann den Deckel aufsetzen.

FÜR DAS MANDEL-ORANGEN-KARAMELL:

· 60 g Zucker
· 1 EL vegane Butter oder Margarine
· 1 Prise Zimt
· 3 EL Orangensaft
· 120 g Mandelblättchen

Zucker, Butter, Zimt und Orangensaft in einem Topf erhitzen, bis der Zucker karamellisiert. Dann die Mandelblättchen unterheben und das Karamell auf die 12 Cupcakes verteilen.

Erdnussbutter-Cupcakes

MIT NOUGAT

· ·

„Crunchy Nussteig mit einem Topping von zartschmelzendem Nougat.
Für Erdmännchen, Streifenhörnchen und jeden, der im Herzen ein Eichhörnchen ist. "

Ergibt 12 Stück.

FÜR DEN RÜHRTEIG:

· 230 g Dinkelmehl Type 630
· 120 g Rohrohrzucker
· ¾ Pck. Backpulver
· 1 Msp. Vanille
· 1 Prise Salz
· 80 g Erdnussbutter, crunchy
· 40 ml Öl
· 220 ml Mineralwasser, ungesüßt

Mehl, Zucker, Backpulver, Vanille und Salz mischen. Erdnussbutter, Öl und Mineralwasser dazugeben und mit dem Schneebesen glatt rühren.
Den Teig auf 12 Muffinförmchen aufteilen. Bei 160° ca. 25 Minuten backen. Anschließend auf einem Kuchengitter gut auskühlen lassen.

FÜR DAS TOPPING:

· 200 ml vegane Sahne, aufschlagbar
· 2 EL Sahnesteif
· 1 Prise Salz
· 100 g Nougat, dunkel

FÜR DAS DEKOR:

· 12 Erdnüsse
· 50 g Kuvertüre, geschmolzen

Mit dem Rührgerät die Sahne mit Sahnesteif und Salz aufschlagen. Das Nougat vorsichtig im Wasserbad schmelzen und mit dem Schneebesen unterheben. Die Sahne mindestens 2 Stunden kühlen. Anschließend in einen Spritzbeutel mit Sterntülle füllen und die kleinen Küchlein damit krönen. Mit einer Erdnuss und geschmolzener Kuvertüre dekorieren.

Kleingebäck

. . . .

Cranberry-Streusel-Bars | Joghurt-Madeleines mit Schokoladen-
tropfen | Chocolatechip Scones | Brioches mit Pflaumenmus |
Nusszöpfchen | Zucchini-Gugel | Mini-Schoko-Rotwein-Gugel |
Schokoladen-Croissants | Amarena-Kugeln

Cranberry-Streusel-Bars

....

,,Fruchtige Cranberries vereint mit zimtigen Butterstreuseln. Was gibt es besseres zum Tee? Die Streusel-Bars können, in einer Dose gut verschlossen, einige Tage aufbewahrt werden. Vorausgesetzt natürlich, es bleiben noch welche zum Aufbewahren übrig."

Ergibt ½ Blech = 16 Bars.

FÜR DEN BODEN:
· 230 g Weizenmehl Type 550
· 45 g Rohrohrzucker
· 1 TL Backpulver
· Schale ½ Zitrone
· 130 g Sojajoghurt
· 40 ml Öl
· 340 g Cranberrymarmelade (1 Glas) oder
  rote Johannisbeermarmelade

Mehl, Zucker, Backpulver und abgeriebene Zitronenschale mischen. Mit Joghurt und Öl zu einem glatten Teig kneten. Auf einer bemehlten Arbeitsfläche den Teig auf die Größe eines halben Backblechs ausrollen, dann auf ein mit Backpapier ausgelegtes Backblech legen und gleichmäßig mit Cranberry-Marmelade bestreichen.

FÜR DIE STREUSEL:
· 200 g Dinkelmehl Type 630
· 70 g Rohrohrzucker
· 1 Prise Salz
· 1 Prise Zimt
· 120 g vegane Butter oder Margarine,
  zimmerwarm

Für die Streusel Mehl, Zucker, Salz und Zimt mischen. Die Butter zugeben und mit einer Gabel zu Bröseln verarbeiten. Wenn der Teig zu fest ist, sodass sich die Butter nicht mit dem gesamten Mehl verbindet, die Butter leicht anwärmen. Wenn die Brösel zu einem Teig werden, weil die Butter zu weich ist,

die Masse 20 Minuten in den Kühlschrank stellen. Anschließend die Streusel über dem Kuchen verteilen.

Den Kuchen bei 180° Ober-/Unterhitze ca. 25 Minuten backen. 10 Minuten abkühlen lassen und mit einem scharfen Messer einmal längs und siebenmal quer einschneiden, sodass sich 16 Riegel ergeben.

Um die Riegel länger aufzubewahren, sollten sie vollständig ausgekühlt sein. In Alufolie einzeln verpackt (beispielsweise zum Verschenken) oder in einer Metalldose aufbewahrt, halten die Stückchen bis zu 5 Tage frisch.

Joghurt-Madeleines
MIT SCHOKOLADENTROPFEN

• •

,, Mini-Madeleines sind eine fabelhafte Erfindung. Gerade groß genug und mundgerecht, lassen sie sich wunderschön vielseitig genießen. Diese Variation ist besonders leicht und saftig. "

Ergibt 40 Mini-Madeleines oder 24 große.

FÜR DEN RÜHRTEIG:

· 80 g vegane Butter oder Margarine, zimmerwarm
· 90 g Sojajoghurt, natur
· 1 Prise Salz
· 100 g Zucker
· 170 g Weizenmehl Type 405
· 1 EL Stärke
· 1 TL Backpulver
· 1 Tropfen Bittermandelöl
· 160 kleine Schokoladentropfen (etwa 100 g vegane Milchschokolade)

Butter, Joghurt, Salz und Zucker mit dem Schneebesen schaumig rühren. Dann mit einem Holzlöffel Stärke, Mehl, Backpulver und das Bittermandelöl in den Teig arbeiten. Da der Teig recht dick ist, eignet sich ein Holzlöffel besser als ein Schneebesen. Den Teig auf die Madeleines-Förmchen aufteilen und jeweils 4 kleine Schokoladentropfen in den Teig drücken. 4–6 Stunden in den Kühlschrank stellen.

Dann die Förmchen auf den Backrost stellen und zunächst bei 220° Ober-/Unterhitze 3 Minuten und anschließend bei 180° weitere 3–6 Minuten backen. Für größere Formen die Backzeit bitte anpassen. Wenn ihr keine Madeleines-Formen habt, so könnt ihr den Teig auch auf einem mit Backpapier ausgelegten Backblech oder auf Macarons-Formen verteilen und ausbacken.

Madeleines sind recht klein und trocknen somit schnell aus. In einem Glasbehälter lassen sie sich 1–2 Tage aufbewahren. Am besten schmecken sie aber ofenfrisch.

VARIANTE:
„MADELEINES AU CITRON"
Anstelle der Schokoladentropfen die abgeriebene Schale einer unbehandelten Zitrone mit in den Teig rühren. So entstehen leckere Zitronen-Madeleines, ganz klassisch französisch.

Chocolatechip Scones

„Frisch aus dem Ofen mit etwas Quark und Marmelade oder einfach so ... hm, lecker!"

Ergibt 6 Stück.

FÜR DEN TEIG:

· 250 g Weizenmehl Type 550
· 150 ml Soja-Reis-Drink
· 40 g vegane Butter oder Margarine, zimmerwarm
· 2 EL Rohrohrzucker
· ½ TL Salz
· 1 TL Backpulver
· ½ TL Natron
· 50 g Schokoladentropfen, zartbitter
· etwas Pflanzensahne zum Bestreichen

Mehl, Zucker, Salz, Backpulver und Natron in einer Schüssel mischen 1. Die zimmerwarme Butter in Würfel schneiden und mit dem Pflanzendrink zum Mehl geben 2. Zu einem glatten Teig kneten 3. Zuletzt die Schokoladentropfen einarbeiten 4. In Folie gewickelt 30 Minuten kalt stellen.

Den Teig auf einer bemehlten Arbeitsfläche 2–3 cm dick ausrollen. Mit einem Ausstecher (8 cm Durchmesser) kreisförmige Scones ausstechen 5. Die Teiglinge auf ein mit Backpapier ausgelegtes Backblech legen und 10 Minuten ruhen lassen. Dann mit Pflanzensahne bestreichen und bei 200° Ober-/Unterhitze 10–15 Minuten backen.

Die Scones warm oder kalt verschmausen. Sie halten sich in einer Dose oder einem Frischhaltebeutel gut frisch, können aber auch noch leicht trocken mit einer heißen Schokolade genossen werden.

Brioches mit Pflaumenmus

. . . .

,, Die Brioche ist ein traditionelles, französisches Hefegebäck.
Durch mehrfaches Gehen des Teiges wird die Brioche saftig, locker und samtig.
Verfeinert mit Marmelade, Schokolade oder Hagelzucker ist sie auf jeder
Frühstückstafel ein willkommener Gast. Mit nur der halben Menge Zucker im
Teig schmeckt das Gebäck auch zu herzhaftem Belag. ``

Ergibt 6 mittelgroße Brioches.

FÜR DEN HEFETEIG:

· 150 g Weizenmehl Type 405
· 250 g Weizenmehl Type 550
· 60 g Zucker
· 1 Prise Salz
· 150 g vegane Butter oder Margarine,
   zimmerwarm
· 150 ml Soja-Reis-Drink, lauwarm
· 30 g Hefe, frisch
· 3 EL Pflaumenmus
· Etwas Pflanzensahne zum Bestreichen
· 2 EL Weizenmehl Type 550 für die
   Arbeitsfläche

Die Hefe im Soja-Reis-Drink auflösen. Das Mehl in eine Rührschüssel geben. Zucker und Salz auf die eine Seite legen, die Hefe-Drink-Mischung auf die andere. Mit dem Rührgerät kneten, bis der Teig sich vom Schüsselrand löst. Die Butter in Flöckchen zum Teig geben und 1–2 Minuten weiter kneten, bis die Butter gleichmäßig im Teig verteilt ist. Die Arbeitsfläche mit Mehl bestreuen. Den Teig aus der Rührschüssel nehmen und darauf legen. Mit den Händen den Teig solange kneten, bis er weich und geschmeidig ist. Anschließend mehrmals zur Mitte hin einschlagen, sodass der Teig etwas Spannung erhält. Mit Mehl bestäubt in eine große Schüssel legen und zugedeckt an einem warmen Ort (nicht in der Sonne) 2½ Stunden gehen lassen. Wenn der Teig sein Volumen etwa verdoppelt hat, mehrmals zur Mitte hin falten. Dabei schrumpft sein Volumen wieder auf die ursprüngliche Größe. Mit Mehl bestreut zurück in die Schüssel legen und zugedeckt an einem warmen Ort weitere 2 Stunden gehen lassen.

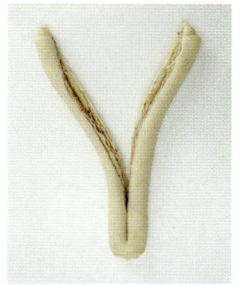

Den Teig in 8 gleich große Stücke schneiden. Jeweils einen Teigling auf eine Größe von 15 x 20 cm ausrollen. 1–2 EL der Füllung darauf verstreichen 1 und den Teig zur langen Seite einrollen 2. Die Rolle von unten her einschneiden und oben etwa 2 cm frei lassen 3. Den Strang so drehen, als sei er nie geteilt worden, und in sich zwirbeln 4. Die Zöpfe auf ein mit Backpapier belegtes Backblech legen und in der geflochtenen Form nochmals mindestens 30 Minuten gehen lassen 5. Anschließend mit etwas Pflanzensahne bestreichen und bei 180° Ober-/Unterhitze ca. 30 Minuten backen. Dabei das Backblech nach der halben Zeit drehen, damit der Teig gleichmäßig bräunt. Tendenziell immer etwas weniger lang backen – der Zopf gart noch nach, wenn er aus dem Ofen kommt – sonst wird er zu trocken.

VARIANTE: MOHN-ZÖPFCHEN

Anstelle der Nussfüllung schmeckt Mohn auch wunderbar im Hefezopf. Dazu 100 ml Pflanzenmilch mit 100 g gemahlenem Mohn bei mittlerer Hitze aufkochen. 1 EL Stärke und 45 g Zucker in 50 ml Pflanzensahne einrühren und zugeben. 1 Päckchen Vanillezucker und 30 g Weichweizengrieß zugeben, umrühren und vom Herd nehmen. 10 Minuten quellen lassen und anschließend wie im Rezept beschrieben weiter verfahren.

Zucchini-Gugel

＂ Mini-Gugel machen auf jeder Kuchentafel etwas her.
Als Mini-Häppchen sind sie ein wunderbares Fingerfood.
Diese Zucchini-Gugel erfrischen mit Zitrone und sind super saftig. ＂

Ergibt 8 Stück.

FÜR DEN RÜHRTEIG:

· 140 g Dinkelmehl Type 630
· 50 g Zucker
· 1 gestr. TL Backpulver
· Schale ½ Zitrone, unbehandelt
· 1 Tropfen Bittermandelöl
· 30 ml Öl
· 120 ml Mineralwasser, ungesüßt
· 100 g Zucchini
· Etwas vegane Butter für die Formen

Mehl, Zucker, Backpulver und abgeriebene Zitronenschale in einer Rührschüssel mischen. Öl, Bittermandelöl und Mineralwasser dazugeben und mit dem Schneebesen glattrühren. Die Zucchini fein reiben und mit einem Löffel unterheben.

8 Mini-Gugel-Formen reichlich ausfetten. Den Teig auf die Mini-Gugel-Formen aufteilen und bei 160° Ober-/Unterhitze ca. 20 Minuten backen. Die Stäbchenprobe machen und die Gugel in der Form auskühlen lassen. Wenn sie erkaltet sind, können sie vorsichtig gestürzt werden.

FÜR DAS DEKOR:

· Einige Minzeblätter
· 1 Zitrone, unbehandelt

Mit einem Zestenschneider oder Sparschäler dünne Streifen der Zitrone (Zitronenzesten) abschneiden und gemeinsam mit der Minze auf die Gugel verteilen.

Da die Gugel so klein sind, sollten sie frisch verzehrt werden. In einem gut verschlossenen Gefäß lassen sie sich 1–2 Tage aufbewahren. Noch länger halten die kleinen Lieblinge, wenn sie von Schokoladen- oder Zuckerglasur umschlossen werden.

MINI-
Schoko-Rotwein-Gugel

Saftiger Rührkuchen mit einem guten Schuss Rotwein und einer köstlichen Glasur.

Ergibt 12 kleine Gugel.

FÜR DEN RÜHRTEIG:

· 150 g Dinkelmehl Type 630
· 80 g Haselnüsse, gemahlen
· 100 g Rohrohrzucker
· 2 EL Kakao
· 1 EL Pfeilwurzelstärke oder Sojamehl
· 1 TL Backpulver
· 1 Pck. Vanillezucker
· 50 ml Öl
· 150 ml Rotwein
· 70 ml Mineralwasser, ungesüßt
· 40 g vegane Butter oder Margarine
· Etwas vegane Butter für die Formen

Mehl, Nüsse, Zucker, Kakao, Pfeilwurzelstärke, Backpulver und Vanillezucker mischen. Öl, Rotwein und Mineralwasser dazugeben und mit dem Schneebesen glattrühren. Die Butter in einem kleinen Topf zerlassen und unterheben.

Auf 12 gut gefettete Gugelhupfformen aufteilen und bei 160° Umluft ca. 30 Minuten backen. Stäbchenprobe machen und in der Form auskühlen lassen.

FÜR DIE ROTWEINGLASUR:

· 120 g Puderzucker
· 20 ml Rotwein

Den Puderzucker in eine große Schüssel sieben und mit dem Rotwein verrühren. Die Kuchen vorsichtig stürzen und die Glasur mit einem Löffel gleichmäßig darüber verteilen.

VARIANTE: GROSSER GUGEL

FÜR DEN RÜHRTEIG:

180 g Dinkelmehl Type 630 | 100 g Haselnüsse, gemahlen | 120 g Rohrohrzucker | 2 EL Kakao | 1 EL Pfeilwurzelstärke oder Sojamehl | ½ Pck. Backpulver | 1 Pck. Vanillezucker | 60 ml Öl | 150 ml Rotwein | 90 ml Mineralwasser, ungesüßt | 40 g vegane Butter oder Margarine | Etwas vegane Butter für die Form

Für die Zubereitung von Teig und Glasur gilt die Anweisung der kleinen Gugel. Es ändert sich lediglich die Backzeit. Den Teig in eine gut gefettete Gugelhupfform geben und bei 160° Umluft 50–60 Minuten backen. Stäbchenprobe machen und in der Form auskühlen lassen.

Schokoladen-Croissants

· ·

„Traumhaft saftige Croissants mit einer Füllung aus Schokolade."

Ergibt 16 Croissants.

· 1000 g Plunderteig (Rezept S. 81)

FÜR DIE FÜLLUNG:

· 16 Schokoladenstäbchen (man kann auch
  Blockschokolade zurecht schneiden)
  oder 100 g vegane Nuss-Nougat Creme

Den Plunderteig halbieren und die Hälften jeweils zu einem Kreis mit 30 cm Durchmesser ausrollen und 8 Teiglinge mit einem Rollschneider abteilen. Das Teigstück am unteren Ende 2 cm einschneiden und soweit wie möglich auseinander ziehen, damit das Croissant später seine typisch runde Form erhält.

Die Füllung auf das breite Ende des Teiglings legen und von unten herauf rollen. Dabei den Teig in die Länge ziehen, um ihm damit etwas Spannung zu verleihen. Die Spitze fest unter dem Croissant andrücken, damit sie beim Backen nicht hochspringt.

Die Croissants (8 Stück) auf einem mit Backpapier ausgelegtem Backblech 2–3 Stunden gehen lassen, anschließend mit etwas Pflanzensahne bestreichen, damit sie goldbraun werden. Den Ofen auf 230° Ober-/Unterhitze vorheizen und sofort auf 190° herunterdrehen, sobald die Croissants darin sind. 15 Minuten backen, das Blech drehen und weitere 10–15 Minuten backen, bis sie rundherum gebräunt sind. Die Croissants vor dem Servieren mindestens 45 Minuten abkühlen lassen, damit sie den perfekt blättrigen Anschnitt bekommen.

FÜR DIE GLASUR:

· 100 g Halbbitterschokolade
· 20 g vegane Butter oder Margarine
· 40 g Mandelblättchen

Die Mandelblättchen ohne Öl goldbraun rösten und beiseite stellen.

Die Schokolade im Wasserbad schmelzen und die Butter mit dem Schneebesen einrühren. Die Glasur auf den Croissants verteilen und mit Mandelblättchen bestreuen.

Amarena-Kugeln

" Sündhaft saftiger Schokoladenrührteig mit Schokostückchen, gefüllt mit Amarenakirschen. Wer eine haben will, muss schnell sein. *"*

Ergibt 4 Stück.

FÜR DEN RÜHRTEIG:

- 120 g Weizenmehl Type 405
- 60 g Zucker
- 1 Pck. Vanillezucker
- 10 g Kakao
- 1 TL Backpulver
- 30 ml Öl
- 120 ml Mineralwasser, ungesüßt
- 30 g Raspelschokolade, zartbitter
- 12 Amarenakirschen

FÜR DIE GLASUR:

- 100 ml Hafercuisine oder andere Pflanzensahne
- 100 ml Wasser
- 2 EL Kakao
- 250 g Zucker
- 1 Pck. Agartine (10 g)
- 50 ml Glucosesirup

Mehl, Zucker, Vanillezucker, Kakao und Backpulver in einer Rührschüssel mischen. Mit Öl und Mineralwasser zu einem glatten Teig rühren, anschließend die Schokolade mit dem Schneebesen unterheben. Die Hälfte des Teiges auf 4 Halbkugel-Backformen aufteilen, jeweils 3 Amarenakirschen auf den Teig legen und mit dem verbliebenen Teig bedecken.

Bei 160° Umluft ca. 30 Minuten backen, Stäbchenprobe machen. Die Halbkugeln vollständig auskühlen lassen und vorsichtig aus der Form lösen.

Sahne und Wasser gemeinsam in einem kleinen Topf aufkochen. Kakao, Zucker und Agartine mischen und in die Sahnemischung rühren. Kurz köcheln lassen, dann die Glucose darin auflösen und vom Herd nehmen. Die Glasur unter Rühren auf Zimmertemperatur abkühlen lassen. Dann hat sie eine etwas zähflüssige Konsistenz und kann über die Kugeln gegossen werden.

Dazu die Halbkugeln auf ein Gitter setzen und die Glasur mit einem Löffel darüber geben. Abtropfen lassen und mit einer Palette auf den Tellern positionieren.

Kuchen und Tartes

· ·

Zebra-Käsekuchen | Polentakuchen mit Pinienkernen und Orange |
Donauwellen | Apfel-Mandeltarte | Süß-salzige Macadamia-Brow-
nies | Schoko-Haselnuss-Tarte mit Pflaumenfüllung | Geburtstags-
rührkuchen | Mandel-Butterkuchen | Saftiger Aprikosen-Streusel-
kuchen | Toffee-Mokka-Schnittchen | Gâteau au chocolat

Zebra-Käsekuchen

· ·

" Eine überraschende Variante des Klassikers mit lustigem Zebra-Muster. Sorgt garantiert für gute Laune auf dem Kuchen-Büffet. "

Ergibt eine 18 cm-Springform.

FÜR DEN MÜRBTEIG:
· 110 g Dinkelmehl Type 630
· 1 EL Rohrohrzucker
· 1 Prise Salz
· 50 g vegane Butter oder Margarine
· 1 EL Soja-Reis-Drink
· Etwas vegane Butter und Mehl für die Form

IN DER ZWISCHENZEIT DIE FÜLLUNG VORBEREITEN:
· 500 g Sojajoghurt
· 80 ml Soja-Reis-Drink
· 30 g Stärke
· 120 g Rohrohrzucker
· 120 g vegane Butter oder Margarine
· 1 Prise Salz

· 1 TL Zitronensaft
· Schale ¼ Zitrone, unbehandelt
· 1–2 EL Kakao
· 1 TL Rohrohrzucker
· 1 EL Hafercuisine oder andere Pflanzensahne

Mehl, Zucker und Salz mischen, Butter und Pflanzendrink dazugeben und mit einer Gabel zu einem Teig verarbeiten. Sobald er sich zu einer Kugel formen lässt, in eine gefettete und gemehlte Springform drücken, einen 3–4 cm hohen Rand bilden und mit einer Gabel mehrmals einstechen. Bei 160° Umluft für ca. 15 Minuten blindbacken.

Am Vortag 500 g Sojajoghurt in einem Kaffeefilter abtropfen lassen.
Mit dem Schneebesen die Butter mit dem Zucker schaumig rühren. Nach und nach abwechselnd den abgetropften Sojajoghurt und die Stärke einrühren, sodass keine Klümpchen entstehen. Die Füllung teilen. Die eine Hälfte mit Zitronensaft und abgeriebener Zitronenschale glattrühren – die zweite Hälfte mit Kakao, Zucker und Hafercuisine.

Die Füllung abwechselnd mit einer Suppenkelle in die Mitte des Mürbteiges auftragen, so entsteht das Zebra-Muster.

Bei 160° Umluft ca. 45 Minuten backen. Den Kuchen vor dem Anschneiden 1 Stunde abkühlen lassen, damit er sich setzen kann und die Füllung schnittfest wird.

Polentakuchen

MIT PINIENKERNEN UND ORANGE

· ·

„Die Polenta macht den Kuchen schön saftig und verleiht ihm eine goldgelbe Farbe, Pinienkerne und Orange sorgen für das feine Aroma. Einfach und schnell – ein Kuchen für jede Gelegenheit, wenn sich spontan Besuch ankündigt."

Ergibt eine 18 cm-Springform.

FÜR DEN TEIG:

· 40 g Pinienkerne
· 160 g Dinkelmehl Type 630
· 80 g Feinzucker
· ½ Pck. Backpulver
· 1 Prise Salz
· 25 g Polenta (Maisgrieß)
· Schale 1 Orange, unbehandelt
· Saft 1 Orange (40 ml)
· 50 g Sojajoghurt
· 40 ml Öl
· 110 ml Mineralwasser, ungesüßt
· Etwas vegane Butter für die Form

Die Pinienkerne ohne Öl kurz in der Pfanne rösten, abkühlen lassen und im Mixer zerkleinern oder fein hacken. Mit Mehl, Zucker, Backpulver, Salz und Polenta mischen. Abgeriebene Orangenschale und Saft sowie Joghurt, Öl und Mineralwasser zugeben und mit dem Schneebesen zu einem glatten Teig rühren. Die Springform fetten und den Teig hineingeben. Bei 160° Umluft ca. 45 Minuten backen. Stäbchenprobe machen.

Der Kuchen lässt sich von warm bis kalt genießen. Lecker sind eingemachte, heiße Kirschen und etwas Sahne dazu. Mit Puderzucker und Pinienkernen anrichten.

In einer Dose verschlossen oder mit Folie eingepackt hält sich der Kuchen gute 2–3 Tage frisch. Alternativ lässt er sich auch gut einfrieren. Somit kann der Kuchen ideal für ein Buffet vorbereitet werden. Einfach kurz vor dem Servieren mit Puderzucker bestreuen und geröstete Pinienkerne darüber verteilen.

Donauwellen

„Saftige Sauerkirschen in marmoriertem Rührteig, bedeckt von lockerer Buttercreme und überzogen von feinster Schokolade. Schon Hunger?"

Ergibt ein Blech mit ca. 35 Stücken.

FÜR DEN RÜHRTEIG:
· 500 g Weizenmehl Type 405
· 300 g Zucker
· 1 Pck. Backpulver
· 2 Pck. Vanillezucker
· 1 TL Natron
· 250 g vegane Butter oder Margarine
· 170 ml Soja-Reis-Drink
· 10 ml Soja-Reis-Drink
· 100 ml Mineralwasser, ungesüßt
· 3 EL Kakao
· Etwas vegane Butter und Mehl für die Form

· 2 Gläser Schattenmorellen

Mehl, Zucker, Vanillezucker, Backpulver und Natron in einer Rührschüssel mischen. Die Margarine und 170 ml Soja-Reis-Drink dazugeben und mit dem Schneebesen glattrühren, dabei langsam das Mineralwasser dazugeben. Wenn der Teig schön homogen ist, teilen und in die eine Hälfte die weiteren 10 ml Soja-Reis-Drink und den Kakao rühren.

Auf ein gefettetes und gemehltes Blech streichen – zuerst den hellen und darauf den dunklen Teig.

Die Kirschen in einem Sieb abtropfen lassen, auf dem dunklen Teig verteilen und mit einem Löffel leicht eindrücken.

Bei 160° Umluft ca. ½ Stunde backen. Anschließend gut auskühlen lassen.

FÜR DIE VANILLECREME:
· 300 ml Soja-Reis-Drink
· 1 Pck. Vanillepuddingpulver
· 100 g Zucker
· 1 TL Stärke
· 250 g vegane Butter oder Margarine,
  zimmerwarm

250 ml Soja-Reis-Drink aufkochen, das Puddingpulver in die verbleibenden 50 ml einrühren, bis keine Klümpchen mehr enthalten sind. Den Drink vom Herd nehmen, die Vanille-Mischung einrühren und abermals kurz aufkochen. Zur Seite stellen und auskühlen lassen. Mit dem Schneebesen die Butter mit dem Zucker schaumig rühren und den kalten Pudding unterheben. Die Vanillecreme mit einer Palette auf den Kuchen streichen und 2–3 Stunden kalt stellen.

· 200 g Kuvertüre, zartbitter
· 30 g vegane Butter oder Palmin soft

Das Kuchenblech rechtzeitig aus dem Kühlschrank holen, sodass beim Auftragen der Kuvertüre diese nicht sofort fest wird, die Buttercreme aber auch nicht zu weich wird und sich mit der Schokolade vermischt.
Die Kuvertüre mit der Butter schmelzen, mit dem Schneebesen glattrühren und gleichmäßig auf den Donauwellen verteilen. Mit einer Palette glattstreichen. Die Schokolade wird schnell fest und die Donauwellen können sogleich geschnitten und serviert werden.

Apfel-Mandeltarte

....

„ Französische Apfeltarte ist wenig aufwändig und beeindruckt jeden Gast
durch ihren feinen Geschmack. Man kann die Tarte einfach zu jedem Anlass essen:
Für ein ausgedehntes Frühstück, eine schöne Kaffeetafel oder als Dessert
schmeckt sie ganz fabelhaft. "

Ergibt 4 Tartelettes oder eine 24 cm-Tarte.

FÜR DEN MANDEL-MÜRBTEIG:

· 100 g vegane Butter oder Margarine
· 60 g Zucker
· 25 g Mandeln, gemahlen
· 1 Prise Salz
· 1 Msp. Vanille
· 170 g Weizenmehl Type 405
· 2 EL Soja-Reis-Drink
· Etwas vegane Butter für die Form

Die Butter mit dem Rührgerät aufschäumen. Zunächst den Zucker zugeben und wieder homogenisieren. Auf die gleiche Weise nach und nach alle weiteren Zutaten zugeben, bis sich ein glatter Teig formen lässt 1.

Die gewünschten Formen ausfetten 2. Den Mürbteig hinein legen, außen am Rand hochdrücken 3 und mit einer Gabel mehrmals einstechen.

FÜR DIE VANILLECREME:

· 70 g vegane Butter oder
  Margarine, zimmerwarm
· 50 g Zucker
· 30 g Stärke
· Schale ½ Zitrone, unbehandelt
· 1 Msp. Vanille
· 250 g Sojajoghurt
· 15 g Mandeln, gemahlen
· 1 Apfel

FÜR DIE BUTTERMANDELN:

· 1 EL vegane Butter oder
  Margarine
· 1 TL Zucker
· 2 EL Mandeln, blanchiert
  und gestiftet

Die Butter mit dem Schneebesen schaumig rühren. Nach und nach Zucker, Stärke, abgeriebene Zitronenschale und Vanille unterrühren. Mit dem Sojajoghurt glattrühren. Schließlich die Mandeln unterheben. Die Buttercreme auf dem Mürbteig verteilen 4.

Den Apfel gut waschen und entkernen. In sehr feine Scheiben schneiden und die Scheiben kreisförmig auf der Tarte verteilen 5. Die Apfeltarte bei 180° Ober-/Unterhitze 10 Minuten backen.

Die Butter mit dem Schneebesen schaumig rühren und den Zucker darin auflösen. Die Mandeln hineingeben und so lange rühren, bis sich die Zutaten gut verbunden haben. Die Mandeln auf der Apfeltarte verteilen und weitere 20 Minuten backen. Sollte die Tarte zu früh dunkel werden, einfach mit einem Stück Alufolie bedecken und weiter backen.

Die Tarte kann lauwarm mit Vanilleeis oder auch kalt serviert werden.

Macadamia - Brownies

· ·

„ Bei Brownies geht jedem Schoko-Fan das Herz auf. Diese Variante ist mit gesalzenen Macadamiakernen und einem Zitronen-Schoko-Topping. "

Ergibt eine 18 cm-Springform.

FÜR DIE MACADAMIA-BROWNIES:

· 120 g Weizenmehl Type 550
· 10 g Kakao
· 50 g Zucker
· 1 Pck. Vanillezucker
· ½ Pck. Backpulver
· 75 g Tofu, Natur
· 50 g Apfelmus
· 35 ml Öl
· 120 ml Mineralwasser, ungesüßt
· 30 g Raspelschokolade, zartbitter
· 70 g Macadamiakerne, gesalzen
· Etwas vegane Butter für die Form

Mehl, Kakao, Zucker, Vanillezucker und Backpulver in einer Rührschüssel mischen. Tofu, Apfelmus und Öl zusammen im Mixer fein pürieren und zur Trockenmischung geben. Mineralwasser dazugeben und mit dem Schneebesen zu einem glatten Teig rühren. Zuletzt die Nüsse grob hacken und mit der Raspelschokolade unterheben. Den Teig in eine gefettete Springform füllen und bei 160° Umluft ca. 25 Minuten backen. Die Brownies gut auskühlen lassen.

FÜR DAS ZITRONEN-SCHOKO-TOPPING:

· 100 ml vegane Sahne, aufschlagbar
· 1 TL Sahnesteif
· 1 EL Zucker
· 50 g Schokolade, halbbitter
· 50 g vegane Butter oder Margarine, zimmerwarm
· Schale ½ Zitrone, unbehandelt

FÜR DAS DEKOR:

· 40 g Macadamiakerne, gehackt

Mit dem Rührgerät die Sahne mit Sahnesteif und Zucker aufschlagen. Die Schokolade mit der Butter im Wasserbad schmelzen und etwas abkühlen lassen, bis die Konsistenz zähflüssig ist. Dann unter die Sahne mischen und schließlich die abgeriebene Zitronenschale in das Topping rühren.
Das Topping auf die ausgekühlten Brownies streichen und mit gehackten Nüssen dekorieren.

Schoko-Haselnusstarte

MIT PFLAUMENFÜLLUNG

· ·

„Diese Tarte schmeckt nach Winter. Knusprig mürber Haselnussteig mit einem Hauch Zimt. Das macht Lust auf besinnliche Kaminabende."

Ergibt eine 20 x 20 cm-Form.

FÜR DEN MÜRBTEIG:

· 170 g Haselnüsse, gemahlen
· 150 g Dinkelmehl Type 630
· 20 g Kakao
· 90 g Rohrohrzucker
· 160 g vegane Butter oder Margarine
· 3 EL Sojadrink
· 1 Msp. Zimt
· 1 Msp. Vanille

FÜR DIE FÜLLUNG:

· 300g Pflaumenmus

Haselnüsse, Mehl, Zucker und Kakao in einer Rührschüssel mischen. Die Butter in Flöckchen dazu geben und zusammen mit dem Sojadrink und den Gewürzen mit einer Gabel zu einem Teig kneten.

⅔ des Teiges in die Backform drücken. Dabei einen ½ cm hohen Rand formen, damit später das Mus nicht ausläuft. Mit einer Gabel mehrmals einstechen. Das Mus auf den Schokoladen-Mürbteig verteilen.

Den verbleibenden Teig mit 1 Esslöffel Mehl stärken, damit er ausgerollt werden kann. Beliebige Formen ausstechen und diese auf die Tarte legen.

Bei 180° Ober-/Unterhitze ca. 35 Minuten backen. Wenn der Schokorand dunkel wird, ist die Tarte fertig.

Geburtstagskuchen

. . . .

„Was gibt es Schöneres als ein glückliches Geburtstagskind? Dieser leckere Geburtstagskuchen vollendet die Geschenktafel und jeder hat etwas zum Naschen."

Ergibt eine 16 cm-Kastenform.

FÜR DEN KASTENKUCHEN:

· 240 g Dinkelmehl Type 630
· 1 EL Stärke
· 1 EL Pfeilwurzelstärke oder Tapiokastärke
· 100 g Zucker
· 1 Pck. Vanillezucker
· 2 TL Backpulver
· 1 Prise Salz
· 1 Msp. Muskatblüte
· 2 Tropfen Bittermandelöl
· Schale ½ Zitrone, unbehandelt
· 60 ml Öl
· 210 ml Mineralwasser, ungesüßt
· 40 g vegane Butter oder Margarine
· 50 g Schokoladentropfen, zartbitter
· 30 g vegane Schokoladentropfen, Milchschokolade

Mehl, Stärke, Zucker, Vanillezucker, Pfeilwurzelstärke, Backpulver, Salz und Muskatblüte in einer Rührschüssel mischen. Bittermandelöl, abgeriebene Zitronenschale, Öl und Mineralwasser zugeben und mit dem Schneebesen zu einem glatten Teig rühren. Die Butter in einem kleinen Topf zerlassen und unterrühren, dann die Schokotropfen unterheben.

Eine Kastenform mit Backpapier auslegen und den Teig hineingeben. Bei 160° Umluft ca. 60 Minuten backen.
Den Kuchen 15 Minuten in der Form kühlen lassen, dann aus der Form nehmen und vollständig auf dem Kuchengitter auskühlen lassen.

FÜR DIE GLASUR:

· 50 g vegane Milchschokolade
· 50 g Schokolade, zartbitter
· 1 EL Hafercuisine oder andere Pflanzensahne
· 1 EL vegane Butter oder Margarine

Schokolade im Wasserbad schmelzen, dann die zimmerwarme Pflanzensahne einrühren. Zuletzt die Butter in Flöckchen einrühren, bis die Glasur homogen ist. Die Glasur direkt über den Kuchen geben und mit der Palette glatt streichen.

Mandel-Butterkuchen

• •

„Feiner, buttriger Hefekuchen schmeckt am besten frisch aus dem Ofen. Wie Popcorn mit gebrannten Mandeln! Wer es fruchtig mag, kann diesen Kuchen mit Johannisbeeren, Äpfeln oder Pfirsichen backen."

Ergibt eine 20 x 20 cm-Form oder ein halbes Backblech.

FÜR DEN HEFETEIG:

· 250 g Weizenmehl Type 550
· 50 g Rohrohrzucker
· 1 Msp. Vanille
· 1 Prise Salz
· Schale ½ Zitrone, unbehandelt
· 130 ml Sojadrink
· ½ Pck. Trockenbackhefe
· 90 g vegane Butter oder Margarine, zimmerwarm
· Etwas vegane Butter für die Form

Mehl, Zucker, Vanille, Salz und abgeriebene Zitronenschale in einer Rührschüssel mischen. Sojadrink auf eine lauwarme Temperatur bringen und die Hefe darin auflösen. Die Mischung zu den anderen Zutaten in die Schüssel geben und mit den Händen zu einem festen Teig kneten. Dann 50 g zimmerwarme Butter in Flöckchen einarbeiten. Den zugedeckten Teig an einem warmen Ort 2 Stunden gehen lassen.

Das Backblech gut ausfetten 1 oder mit Backpapier auslegen. Den Teig fünfmal in sich selbst falten, um ihm Spannung zu verleihen. Dann auf die Größe des halben Backblechs ausrollen und in die Form drücken 2. Zugedeckt an einem warmen Ort nochmals

30 Minuten gehen lassen. Mit dem Finger in regelmäßigen Abständen kleine Löcher in den Teig drücken 3. Die übrige Butter (40 g) in einen Spritzbeutel mit Lochtülle füllen und in die Löcher spritzen 4.

Den Kuchen bei 180° Ober-/Unterhitze 10 Minuten backen, dann die Mandelkruste darauf geben 5.

FÜR DIE MANDELKRUSTE:

· 40 g vegane Butter
· 70 g Mandeln, gehobelt
· 50 g Rohrohrzucker

In einem Topf Butter, Mandeln und Zucker mischen und kurz unter Rühren aufkochen. Die Mischung auf dem Butterkuchen verteilen und weitere 20 Minuten backen. Sollte der Kuchen zu dunkel werden, einfach mit etwas Alufolie bedecken.

Aprikosen-Streuselkuchen

MIT MUSKATBLÜTE

....

„Traumhaft saftiger Rührteig mit Aprikosenhälften und einer Käseschicht. Und als sei das noch nicht genügend Luxus, gibt's noch Streusel obendrauf. Passend für jede Jahreszeit können frische Aprikosen oder solche aus der Dose verwendet werden."

Ergibt eine 18 cm-Springform.

FÜR DEN RÜHRTEIG:

· 120 g Dinkelmehl Type 630
· 50 g Rohrohrzucker
· 1 Pck. Vanillezucker
· ½ Pck. Backpulver
· 1 Msp. Muskatblüte
· 1 Prise Salz
· 30 ml Öl
· 120 ml Mineralwasser, ungesüßt
· 4 Aprikosen

Mehl, Zucker, Vanillezucker, Backpulver, Muskatblüte und Salz in einer Rührschüssel mischen. Öl und Mineralwasser dazugeben und mit dem Schneebesen zu einem glatten Teig rühren. Die Springform mit Backpapier auslegen oder einfetten. Den Teig in die Form geben 1. Frische Aprikosen waschen, halbieren und entkernen. Aprikosen aus der Dose gut in einem Sieb abtropfen lassen. Die Hälften in den Teig drücken 2.

Toffee-Mokka-Schnittchen

" Ein Boden aus Mokka-Brownies mit einer Karamellcreme und knackiger Schokolade. Der Wachmacher-Kuchen für Kaffee-Liebhaber. "

Ergibt eine 20 x 20 cm-Form.

FÜR DEN TEIG:

· 60 g Naturtofu
· 30 g Cashewnüsse, ungesalzen
· 120 g Dinkelmehl Type 630
· 60 g Rohrohrzucker
· 1 Pck. Vanillezucker
· 2 TL Instant Espressopulver
· 1 EL Kakao
· 30 ml Öl
· 120 ml Mineralwasser, ungesüßt

Tofu und Nüsse im Mixer pürieren. Mehl, Zucker, Vanillezucker, Espressopulver und Kakao in einer Rührschüssel mischen. Die Tofu-Mischung zugeben und mit Öl und Mineralwasser glatt rühren.
Bei 160° Umluft ca. 20 Minuten backen. Anschließend gut auskühlen lassen.

FÜR DIE KARAMELLCREME:

· 40 g Zucker
· 3 EL Orangensaft
· 200 ml Pflanzensahne
· 20 g Stärke
· 1 Msp. Vanille
· 50 g vegane Butter

Zucker mit dem Orangensaft in einem kleinen Topf aufkochen, bis er karamellisiert. Vom Herd nehmen und nach und nach 150 ml Pflanzensahne einrühren. Weiter rühren, bis das Karamell sich in der warmen Sahne vollständig aufgelöst hat. Eventuell dafür nochmals erhitzen.
Stärke und Vanille in der restlichen Sahne anrühren. Das Karamell nochmals aufkochen, vom Herd nehmen und die Stärke-Mischung einrühren. Nochmals aufkochen, bis die Stärke eindickt. In eine Schale füllen, mit Folie bedeckt zur Seite stellen und auf Zimmertemperatur kühlen lassen.
Die Butter mit dem Schneebesen aufschlagen. Esslöffelweise Karamellcreme unterheben. Die Creme auf dem Kuchen verteilen.

FÜR DIE GLASUR:

· 120 g vegane Milchschokolade
· 20 g vegane Butter oder Margarine
· 1 EL Pflanzensahne

Die Schokolade im Wasserbad schmelzen. Die Butter in Flöckchen mit dem Schneebesen unterheben und die Sahne einrühren. Die Glasur über dem Kuchen verteilen und mit der Palette glatt streichen.

Gâteau au chocolat

· ·

„Bien moelleux!', würde der Franzose sagen. Saftig, fluffig und weich nämlich. Französischer Schokoladenkuchen ist einfach ein Klassiker und überzeugt auch den letzten Noch-nicht-Veganer."

Ergibt eine 18 cm-Springform.

FÜR DIE SCHOKOLADENMASSE:

· 200 g Weizenmehl Type 405
· 110 g Zucker
· 1 Pck. Vanillezucker
· 1 TL Backpulver
· 1 EL Tapiokastärke (oder 1 EL Stärke)
· 1 EL Sojaeiweiß (optional)
· 1 EL Kakao
· 1 Prise Salz
· 1 EL Apfelessig
· 120 ml Sojadrink
· 200 g vegane Butter oder Margarine
· 100 g Schokolade, halbbitter
· Etwas vegane Butter für die Form

Mehl, Zucker, Vanillezucker, Backpulver, Stärke, Sojaeiweiß, Kakao und Salz in einer Rührschüssel mischen. Schokolade und Butter vorsichtig im Wasserbad schmelzen. Mit Sojadrink und Essig zur Mehl-Mischung geben und mit dem Schneebesen glattrühren. In eine gefettete Springform füllen und am Rand mit dem Löffel etwas höher drücken. So wird der Kuchen gleichmäßig hoch.

Bei 170° Ober-/Unterhitze 50–60 Minuten backen. Anschließend gut auskühlen lassen. Den Kuchen mit Puderzucker bestäuben und dazu frische Beeren servieren.

Torten und Törtchen

Schwarzwälder Kirschtorte | Schokoladenmousse-Törtchen mit Mango-coulis | Fruchtige Schokozauber-Torte | Polka Dot-Blaubeertorte | Passionsfruchttorte mit Kokos | Bestäubte Himbeer-Mandeltorte | Schoko-Minztorte | Frischetörtchen mit roten Beeren | Eierlikörtorte mit Himbeeren | Charlotte chocolat aux framboises

Schwarzwälder Kirschtorte

„Die Schwarzwälder – der absolute Klassiker darf natürlich auf keiner Kaffeetafel fehlen. Luftiges Schokoladenbiskuit, locker leichte Vanillesahne und fruchtige Kirschen auf einem knusprigen Nussboden. Wie soll man da erklären, dass diese Torte vegan ist?"

Das Rezept ist auf eine 18 cm-Springform ausgelegt.
Für eine 24/26 cm-Springform einfach die Mengenangaben verdoppeln.

TORTENAUFBAU VON OBEN NACH UNTEN:

Sahnecreme | Schokoladenbiskuit | Sahnecreme | Schokoladenbiskuit | Kirschkompott | Nussboden

FÜR DEN NUSSBODEN:
· 25 g Mandeln, gemahlen
· 25 g Haselnüsse, gemahlen
· 25 g Weizenmehl Type 550
· 25 g Rohrohrzucker
· 1 Pck. Vanillezucker
· 40 g vegane Butter oder Margarine, zimmerwarm
· Etwas vegane Butter für die Form

Mandeln, Haselnüsse, Mehl, Zucker und Vanillezucker mischen. Mit einer Gabel die Butter einarbeiten, bis sich ein weicher Teig ergibt. In eine gefettete Springform drücken und 15 Minuten kalt stellen. Dann bei 180° Ober-/Unterhitze ca. 15 Minuten backen.

FÜR DAS SCHOKOLADENBISKUIT:
· 150 g Weizenmehl Type 550
· 65 g Zucker
· 15 g Kakao
· ⅔ Pck. Backpulver
· 1 Prise Salz
· 1 Prise Zimt
· 40 ml Öl
· 150 ml Mineralwasser, ungesüßt

Mehl, Zucker, Kakao, Backpulver, Salz und Zimt in einer Rührschüssel mischen. Öl und Mineralwasser dazugeben und mit dem Schneebesen zu einem glatten Teig rühren. Auf zwei 18 cm-Formen aufteilen und bei 160° Umluft ca. 15 Minuten backen. Die Stäbchenprobe machen. Anschließend auskühlen lassen.

Wenn keine zwei Formen verfügbar sind, den gesamten Teig in einer Form bei 160° Umluft ca. 25 Minuten backen und nach dem Auskühlen einmal durchschneiden.

FÜR DAS KIRSCHKOMPOTT:
· 125 ml Kirschsaft
· ½ Glas Schattenmorellen
· 1 EL Zucker
· 2 EL Stärke

2 Esslöffel vom Kirschsaft abnehmen und Zucker und Stärke einrühren. Den restlichen Kirschsaft aufkochen, vom Herd nehmen und die Stärkemischung mit dem Schneebesen einrühren. Dann nochmals kurz aufkochen. Erneut vom Herd nehmen und unter Rühren etwas herunterkühlen lassen, bevor die Kirschen dazukommen.

FÜR DIE SAHNECREME:
· 500 ml vegane Sahne, aufschlagbar
· 45 g Zucker
· 1 Pck. Vanillezucker
· 1 Prise Salz
· 30 g Sahnesteif

Die Sahne, Salz und Sahnesteif mit dem Rührgerät aufschlagen. Langsam den Zucker einrieseln lassen. Die Creme vor der weiteren Verarbeitung mindestens 1 Stunde kalt stellen.

SO WIRD DIE TORTE ZUSAMMENGESETZT:

Den Nussboden auf eine Tortenplatte legen 1 – und wer mag, kann ihn mit einem Tortenring umschließen. Wer keinen Tortenring verwendet, sollte mit dem Kompott nicht zu nah am Rand arbeiten, damit es später nicht herunterläuft.

Das Kirschkompott auf dem Nussboden verteilen 2 und ein Schokoladenbiskuit darauf legen 3. Ein paar Esslöffel Sahnecreme darauf glattstreichen 4 und mit dem anderen Biskuit belegen 5. 2 Stunden kühlen, dann kann der Tortenring entfernt werden.
Die Torte rundherum mit Sahnecreme einkleiden 6 und mit einer Teigkarte gleichmäßig verstreichen. Die verbleibende Creme in einen Spritzbeutel mit gewünschter Tülle füllen und Dekor aufspritzen.

Schokoladenmousse – Törtchen

MIT MANGOCOULIS

· ·

„ Diese kleinen Feinschmecker-Stückchen bringen etwas
Südsee-Wärme in „schokoladensüchtige" Wintertage.
Wer die Augen schließt, kann die Palmen rauschen hören. "

Ergibt 10 Törtchen.

FÜR DIE MÜRBTEIGSCHÄLCHEN:

· 200 g Weizenmehl Type 550
· 15 g Kakao
· 60 g Feinzucker
· 140 g vegane Butter oder Margarine
· 3 EL Soja-Reis-Drink
· Etwas vegane Butter für die Form

Mehl, Kakao und Zucker mischen, Butter und Pflanzendrink dazugeben und mit der Gabel zu einem weichen Teig verarbeiten. Auf einer bemehlten Arbeitsfläche ausrollen und 10 ca. 8 cm große Kreise ausstechen 1. Der Teig ist sehr mürbe – daher vorsichtig vorgehen.

Ein Muffinblech umdrehen und die Erhöhungen einfetten. Die Kreise darauf legen und die überstehenden Ränder etwas herunterdrücken 2. Bei 180° Ober-/Unterhitze 10–15 Minuten backen. Anschließend gut auskühlen lassen und dann vorsichtig vom Blech lösen.

FÜR DIE MOUSSE AU CHOCOLAT:

· 150 g Schokolade, halbbitter oder
  Blockschokolade
· 300 ml vegane Sahne, aufschlagbar
· 2 EL Sahnesteif
· 2–3 EL Zucker

Die Schokolade im Wasserbad schmelzen. Jeweils 1 Teelöffel Schokolade in die Mürbteigschälchen geben 3.

Mit dem Rührgerät die Sahne mit dem Sahnesteif aufschlagen. Langsam den Zucker einrieseln lassen und die verbleibende Schokolade mit dem Schneebesen unterheben. Die Creme in einen Spritzbeutel mit großer Blumentülle füllen und großzügig auf die Schälchen verteilen 4.

FÜR DAS MANGOCOULIS:

· 200 ml Orangensaft
· ½ Mango, reif
· 1 Spritzer Zitronensaft
· 2 EL Zucker
· ½ Pck. Tortenguss, klar

Die Mango schälen, vom Kern lösen und fein würfeln. Zucker und Tortenguss mit 50 ml Orangensaft glattrühren. Den restlichen Orangensaft mit dem Zitronensaft aufkochen. Vom Herd nehmen, die Tortenguss-Mischung mit dem Schneebesen einrühren, nochmals aufkochen und zur Seite stellen. Die Mangowürfel einrühren und etwas herunterkühlen lassen. Bevor das Coulis geliert, auf die Törtchen verteilen.

Werden die Törtchen vorbereitet, so lassen sich Mürbteig und Creme am besten getrennt voneinander frisch halten. Das Coulis sollte frisch zubereitet werden, da es lauwarm auf die Törtchen verteilt wird.

1

2

3

4

FRUCHTIGE
Schokozauber-Torte

> *Ein pompöser Vollwertkuchen mit fruchtigen Johannisbeeren, einer weichen Schokoladenganache und sündhaftem Schokoladenmousse.*

Ergibt eine 18 cm-Springform.

TORTENAUFBAU VON OBEN NACH UNTEN:

Schokoladenmousse | Schokoladenganache | Johannisbeeren | Schoko-Vollkornkuchen

FÜR DEN RÜHRTEIG:

· 80 g Dinkelmehl Type 630
· 40 g Dinkelvollkornmehl
· 1 EL Kakao
· 60 g Rohrohrzucker
· ½ TL Backpulver
· 1 Pck. Vanillezucker
· 30 ml Öl
· 100 ml Mineralwasser, ungesüßt
· 80 g Johannisbeeren, frisch
· Etwas vegane Butter für die Form

Mehl, Zucker, Vanillezucker, Kakao und Backpulver in einer Rührschüssel mischen. Öl und Mineralwasser dazugeben und mit dem Schneebesen glattrühren. In eine gefettete Form füllen und die Johannisbeeren darauf verteilen 1. Bei 160° Umluft 30–40 Minuten backen. Den Kuchen gut auskühlen lassen.

FÜR DIE SCHOKOLADENGANACHE:

· 150 g Schokolade, zartbitter
· 90 ml Pflanzensahne

Die Sahne erhitzen (nicht kochen) und über die gehackte Schokolade geben. Rühren, bis die Schokolade vollständig geschmolzen ist. Die Hälfte der Ganache auf den Johannisbeerkuchen geben und mit der Palette glatt streichen 2. Dann mit einem Tortenring umschließen 3.

FÜR DIE
SCHOKOLADENMOUSSE:
· 200 ml vegane Sahne,
  aufschlagbar
· 2 EL Sahnesteif
· 1 Prise Salz

FÜR DAS DEKOR:
· Zuckerperlen, Zuckerglasur

Mit dem Rührgerät die Sahne mit Sahnesteif und Salz gut aufschlagen. Die restliche Hälfte Ganache zugeben und homogen rühren. Die Mousse auf die Ganache der Torte geben und die Oberfläche mit einer Palette glatt streichen 4. Über Nacht kühlen.

Am darauffolgenden Tag den Tortenring von innen mit einem dünnen Messer abfahren und den Tortenring vorsichtig lösen.

Die Torte auch nach dem Anschnitt gut gekühlt lagern.

Polka Dot-Blaubeertorte

· ·

„ Eine fröhliche Spätsommertorte mit einer Füllung von Blaubeere und Rotwein. "

Ergibt eine 18 cm-Springform.

TORTENAUFBAU VON OBEN NACH UNTEN:

Blaubeer-Sahnecreme | Anisbiskuit | Vanille-Buttercreme |
Blaubeer-Rotweinkompott | Anisbiskuit | Vanille-Buttercreme |
Blaubeer-Rotweinkompott | Anisbiskuit

FÜR DAS ANISBISKUIT:

· 230 g Weizenmehl Type 405
· 100 g Zucker
· 1 Pck. Vanillezucker
· ¾ Pck. Backpulver
· 1 Prise Salz
· ½ TL Sternanis, gemahlen
· 60 ml Öl
· 210 ml Mineralwasser, ungesüßt
· Etwas vegane Butter für die Form

Mehl, Zucker, Vanillezucker, Backpulver, Salz und Anis in einer Rührschüssel mischen. (Wer keinen gemahlenen Sternanis findet oder Anissterne zuhause hat, kann ¼ Stern im Mörser fein zerstoßen.) Öl und Mineralwasser dazugeben und mit dem Schneebesen zu einem glatten Teig rühren.
In einer gefetteten Springform bei 160° Umluft 30–40 Minuten backen. Stäbchenprobe machen. Auf einem Kuchengitter gut auskühlen lassen.

FÜR DAS BLAUBEER-ROTWEIN KOMPOTT:

· 200 g Heidelbeeren, frisch
· 85 ml Rotwein
· 30 g Rohrohrzucker
· Schale ½ Zitrone, unbehandelt
· 1 Msp. Vanille
· ½ Pck. Tortenguss, klar

Den Tortenguss in 2–3 EL Rotwein anrühren. Den restlichen Rotwein mit den Heidelbeeren, dem Zucker, der abgeriebenen Zitronenschale und der Vanille aufkochen. Dann den Tortenguss einrühren, nochmals aufkochen und zur Seite stellen.

Passionsfruchttorte

MIT KOKOS

· ·

„Genau das Richtige für heiße Sommertage ist diese erfrischende Torte. Einfach vor dem Servieren ½ Stunde in die Tiefkühltruhe stellen und eiskalt genießen."

Ergibt eine 18 cm-Springform.

TORTENAUFBAU VON OBEN NACH UNTEN:

Amaretto-Sahne | Mandelbiskuit | Marzipan | Kokoscreme | Maracujajus | Mandelbiskuit | Marzipan | Kokoscreme | Maracujajus | Mandelbiskuit

FÜR DAS MANDELBISKUIT:

· 190 g Dinkelmehl Type 630
· 50 g Mandeln, gemahlen
· 100 g Zucker
· 1 Pck. Vanillezucker
· ½ Pck. Backpulver
· 2 Tropfen Bittermandelöl
· Etwas Zitronenschale, unbehandelt
· 60 ml Öl
· 200 ml Mineralwasser, ungesüßt
· Etwas vegane Butter für die Form

Mehl, Mandeln, Zucker, Vanillezucker und Backpulver mischen. Öl, Zitronenschale und Mineralwasser zugeben und mit dem Schneebesen zu einem glatten Teig rühren. In eine gefettete Springform füllen (oder auf 3 Springformen aufteilen).
Bei 160° Umluft ca. 30 Minuten backen, anschließend gut auskühlen lassen (am besten über Nacht).

FÜR DEN MARACUJA-JUS:

- 2 Passionsfrüchte
- 50 ml Orangensaft
- 1 EL Gelierzucker

Die Passionsfrüchte halbieren und das Fruchtfleisch passieren, sodass nur der Saft abtropft. Diesen mit dem Orangensaft aufkochen und den Gelierzucker einrühren. Beiseite stellen und warten, bis der Jus leicht eindickt. Damit die 2 unteren Biskuitböden bestreichen.

FÜR DIE KOKOS-CREME:

- 250 g Hafercuisine oder andere Pflanzensahne
- 2 Pck. Vanillezucker
- 25 g Stärke
- 20 g Zucker
- 50 g Kokosflocken
- 70 g vegane Butter oder Margarine, zimmerwarm

Stärke und Vanillezucker in 50 ml Sahne einrühren. Die restliche Sahne aufkochen und die Zuckermischung mit dem Schneebesen einrühren. Noch einmal aufkochen und beiseite stellen. Wenn die Sahnemischung etwas heruntergekühlt ist, die Kokosflocken einrühren. Zuletzt die Butter mit dem Schneebesen schaumig rühren und die Kokoscreme unterheben. Die Masse bis zum Füllen der Torte kalt stellen.

FÜR DIE SAHNECREME:

- 150 ml vegane Sahne, aufschlagbar
- 1 EL Sahnesteif
- 1 Prise Salz
- 1 Pck. Vanillezucker
- 2 EL Amaretto

Mit dem Rührgerät die Sahne mit Salz und Sahnesteif aufschlagen. Nach und nach Zucker und Amaretto zugeben.

FÜR DIE MARZIPANSCHICHT:

- 150 g Marzipan
- etwas Puderzucker für die Arbeitsfläche

FÜR DAS DEKOR:

- 60 g Kokosflocken

Die Arbeitsfläche mit etwas Puderzucker bestäuben und das Marzipan darauf ausrollen. Zwei Kreise mit 16 cm Durchmesser ausschneiden.

SO WIRD DIE TORTE ZUSAMMENGESETZT:

Die Torte nach dem oben beschriebenen Aufbau zusammensetzen und rundherum mit Amaretto-Sahne bestreichen. Die verbleibende Creme in einen Spritzbeutel füllen und die Torte damit nach Belieben dekorieren. Als letzten Feinschliff ein paar Kokosflocken auf den Rand der Torte rieseln.

Himbeer–Mandeltorte

„Aromatische Mandeln mit süß-sauren Himbeeren. Eine einfache und dennoch eindrucksvolle Torte für Eilige, die sichergehen möchten, dass die Torte auch an warmen Tagen ihre Form behält."

Ergibt eine 18 cm-Springform.

TORTENAUFBAU VON OBEN NACH UNTEN:

Schoko-Mandelstaub | Ganache | Mandelbiskuit | Himbeer-marmelade | Mandelbiskuit

FÜR DEN RÜHRKUCHEN:

· 260 g Weizenmehl Type 405
· 50 g Mandeln, gemahlen
· 120 g Zucker
· 1 Pck. Vanillezucker
· 1 TL Backpulver
· ½ TL Natron
· 100 g vegane Butter oder Margarine, zimmerwarm
· 160 ml Pflanzendrink
· Etwas vegane Butter für die Form

Mehl, Mandeln, Zucker, Vanillezucker, Back-pulver und Natron in einer Rührschüssel mischen. Die Butter in einem kleinen Topf zerlassen und mit dem zimmerwarmen Pflan-zendrink zur Mehlmischung geben. Mit dem Schneebesen zu einem glatten Teig rühren. In eine ausreichend hohe, gefettete Spring-form geben. Bei Umluft 160° ca. 50 Minu-ten backen. Stäbchenprobe machen und in der Form auskühlen lassen. Anschließend auf eine Arbeitsplatte setzen 1.

Die Kuppel vom Kuchen abschneiden, damit er schön gerade ist 2. Dann einmal durch-schneiden, damit sich 2 Ebenen ergeben.

1

FÜR DIE FÜLLUNG:

· 150 g Himbeermarmelade

Den unteren Kuchen auf die gewünschte Platte setzten und mit der Himbeermarmelade bestreichen 3. Den zweiten Kuchen darauf setzen 4.

2

FÜR DIE GANACHE:

· 100 g Schokolade, zartbitter
· 30 g Hafercuisine oder andere
  Pflanzensahne

Die Schokolade hacken und in eine Schüssel geben. Die Sahne erhitzen (nicht kochen) und über die Schokolade gießen. Rühren, bis die gesamte Schokolade geschmolzen ist.
Die Ganache rund um die Torte verteilen und die obere Fläche damit ebnen.

3

FÜR DEN SCHOKO-MANDEL-STAUB:

· 2 TL Mandeln, gemahlen
· 2 TL Puderzucker
· 2 TL Kakao

Mandeln, Puderzucker und Kakao mischen. Durch ein Sieb auf der Torte verteilen 5.

4

5

Schoko-Minztorte

· ·

99 Saftiges Schokoladenbiskuit mit einer cremigen Minz-Füllung. Und beim Dekor kann man sich so richtig austoben. 66

Ergibt eine 18 cm-Springform.

TORTENAUFBAU VON OBEN NACH UNTEN:

Schokoladenganache | Schokoladenbiskuit | Minz-Buttercreme | Schokoladenbiskuit | Minz-Buttercreme | Schokoladenbiskuit | Minz-Buttercreme | Schokoladenbiskuit

FÜR DAS SCHOKOLADENBISKUIT:

· 320 g Weizenmehl Type 405
· 160 g Zucker
· 1 Pck. Vanillezucker
· 1 Prise Salz
· 1½ TL Backpulver
· 2 EL Kakao
· 80 ml Öl
· 300 ml Mineralwasser, ungesüßt
· Etwas vegane Butter für die Form

Mehl, Zucker, Vanillezucker, Salz, Backpulver und Kakao in einer Rührschüssel mischen. Öl und Mineralwasser dazugeben und mit dem Schneebesen zu einem glatten Teig rühren. Den Teig auf vier gefettete Springformen verteilen und bei 160° Umluft 15–20 Minuten backen.

Alternativ kann das Biskuit auch in einer Form gebacken und später in 4 Biskuits geteilt werden 1. Die Backzeit entsprechend anpassen (50–60 Minuten) und die Stäbchenprobe machen, um sicher zu stellen, dass das Biskuit auch wirklich fertig ist.

Das Biskuit in der Form gut auskühlen lassen.

FÜR DIE MINZ-BUTTERCREME:

· 200 g vegane Butter oder Margarine,
  zimmerwarm
· 110 g Puderzucker
· 3 Tropfen Minzöl

Die zimmerwarme Butter mit dem Schnee-besen schaumig schlagen. Den Puderzucker portionsweise dazusieben, das Minzöl dazu-geben und alles zu einer glatten Creme rüh-ren.

> **SO WIRD DIE TORTE ZUSAMMENGESETZT:**
>
> Das unterste Biskuit auf eine Tortenplatte legen und mit ⅓ der Minz-But-tercreme bedecken **2**. Mit einem Messer oder Spatel gleichmäßig glatt strei-chen. Das zweite Biskuit darauf setzen **3**, wieder Creme darauf streichen. So weiter verfahren, bis die gesamte Creme und die Biskuits aufeinander gesetzt wurden **4–7**.

FÜR DIE GANACHE:

· 150 g Schokolade, zartbitter
· 70 ml Hafercuisine oder andere Pflanzen-sahne

Die Schokolade hacken und in eine Schüssel geben. Die Sahne erhitzen (nicht kochen) und über die Schokolade gießen. Rühren, bis die gesamte Schokolade geschmolzen ist.
Die Ganache rund um die Torte verteilen und die obere Fläche damit ebnen **8**.

FÜR DAS DEKOR:

· 30–50 g Fondant
· 3 EL Zuckerguss

Etwas Zuckerguss in eine Spritztülle füllen und die Torte damit verzieren.

Frischetörtchen

MIT ROTEN BEEREN

· ·

„Diese frischen Joghurttörtchen machen Laune auf Sommer.
Mit tiefgefrorenen Beeren lassen sie sich auch im Winter genießen.
Und wird es im Sommer einmal zu heiß, stellt man die Törtchen
einfach 30 Minuten ins Eisfach und genießt sie als Eistörtchen."

Ergibt 6 Stück.

FÜR DAS ZITRONENBISKUIT:

· 230 g Dinkelmehl Type 630
· 120 g Rohrohrzucker
· 1 Pck. Vanillezucker
· 1 TL Backpulver
· 1 Prise Salz
· Saft ½ Zitrone
· 60 ml Öl
· 200 ml Wasser
· Etwas vegane Butter für die Form

Mehl, Zucker, Vanillezucker, Backpulver und Salz in einer Rührschüssel mischen. Zitronensaft, Öl und Wasser dazugeben und mit dem Schneebesen zu einem glatten Teig rühren.

In eine gefettete 20 x 20 cm-Backform geben, um daraus später 6 Böden für die Törtchen auszustechen. Bei 160° Umluft ca. 30 Minuten backen, bis der Kuchen goldbraun glänzt. Gut auskühlen lassen.

FÜR DIE BEEREN-CREME:

· 300 g Sojajoghurt
· 200 g vegane Sahne, aufschlagbar
· 1 Prise Salz
· 2 EL Sahnesteif
· 2 Pck. Vanillezucker

Den Sojajoghurt in einem Kaffeefilter über Nacht abtropfen lassen.
Mit dem Rührgerät die Sahne mit Salz und Sahnesteif aufschlagen, dann den Zucker einrieseln lassen. Den abgetropften Joghurt mit dem Schneebesen unter die Sahne heben. Etwas Creme kalt stellen, um später die Sahne-Verzierungen aufzuspritzen.

Eierlikörtorte

MIT HIMBEEREN

· · · · · · · · · · · · · · · · · · ·

„Die süße Säure von Rhabarber und Himbeeren mit einer sahnigen Creme aus Eierlikör. Hmmm ... Lecker! Einmal den Eierlikör in der Torte entdeckt, kann die Füllung auch aus Heidelbeeren bestehen."

Ergibt eine 18 cm-Springform.

TORTENAUFBAU VON OBEN NACH UNTEN:

Eierlikör-Sahne | Mandelbiskuit | Himbeer-Rhabarberkompott | Mandelbiskuit

FÜR DAS MANDEL-BISKUIT:

· 190 g Mehl Type 550
· 40 g Mandeln, gemahlen
· 110 g Rohrohrzucker
· 1 Pck. Vanillezucker
· 1½ TL Backpulver
· Schale ½ Zitrone, unbehandelt
· 55 ml Öl
· 175 ml Mineralwasser, ungesüßt
· Etwas vegane Butter für die Form

Mehl, Mandeln, Zucker, Vanillezucker, Backpulver und abgeriebene Zitronenschale in einer Rührschüssel mischen. Öl und Mineralwasser dazugeben und mit dem Schneebesen zu einem glatten Teig rühren.

In eine gefettete Springform füllen und bei 160° Umluft ca. 30 Minuten backen. Die Stäbchenprobe machen und gut auskühlen lassen.

Die Kontur des Kuchens mit einem dünnen Messer abfahren, um den Teig von der Springform zu lösen. Das Biskuit begradigen (die Kuppel abschneiden) und einmal in der Mitte durchschneiden.

FÜR DEN HIMBEER-EIERLIKÖR (250 ML):

· 150 ml Sojacuisine
· 2 TL Vanillepuddingpulver
· 100 g Puderzucker
· 60 ml Himbeergeist

Das Puddingpulver mit 2–3 EL der Pflanzensahne glatt rühren. Die verbleibende Sahne aufkochen. Vom Herd nehmen, die Puddingmischung einrühren und nochmals aufkochen, bis der Pudding eindickt. Den Puderzucker portionsweise in den Pudding sieben und einrühren. Den Himbeergeist esslöffelweise zugeben und glatt rühren. Vollständig abkühlen lassen.

Für dieses Tortenrezept werden nur 100 ml Himbeer-Eierlikör benötigt. Den Rest einfach in ein kleines, heiß ausgewaschenes Fläschchen füllen.
Dieser Himbeer-Eierlikör ist aufs Backen ausgerichtet und hat eine sehr cremige Konsistenz. Möchtest du ihn trinken, verwende doppelt so viel Himbeergeist, wie im Rezept angegeben (120 ml).

FÜR DIE HIMBEER-EIERLIKÖR-SAHNE:

· 150 ml vegane Sahne, aufschlagbar
· 1 EL Sahnesteif
· 1 Prise Salz
· 100 g veganen Himbeer-Eierlikör

Mit dem Rührgerät die Sahne mit Sahnesteif und Salz gut aufschlagen. Nach und nach den Himbeer-Eierlikör zugeben und einrühren.
Wer möchte, kann noch etwas nachsüßen. Die Sahne wird einen süßen Kontrast zum säuerlichen Kompott bilden.
Die Creme für mindestens 2 Stunden kalt stellen, bevor sie weiter verarbeitet wird.

FÜR DAS HIMBEER-
RHABARBERKOMPOTT:

· 500 g Rhabarber, rot
· 50 g Himbeeren
· 50 g Zucker
· 1 Pck. Vanillezucker
· 1 Pck. Tortenguss, klar

· 1 EL Mandeln, gemahlen

FÜR DAS DEKOR:

· Himbeeren
· Zuckerperlen

Die Enden vom Rhabarber abschneiden und (falls nötig) schälen. In kleine Stücke schneiden und mit den Himbeeren auf halber Hitze köcheln lassen. Wenn Wasser aus dem Rhabarber tritt, kann die Hitze etwas erhöht werden.

Zucker und Tortengusspulver mischen. Wenn Rhabarber und Himbeeren zerfallen, die Zuckermischung einrühren. Ein paar Minuten köcheln lassen, bis der Guss eindickt. Dann beiseite stellen und unter Rühren ca. 20 Minuten abkühlen lassen.

SO WIRD DIE TORTE ZUSAMMENGESETZT:

Das untere Biskuit auf die liebste Tortenplatte setzen **1** und mit einem Tortenring umschließen **2**. Mit einem Esslöffel Mandeln bestreuen, damit das Kompott das Biskuit nicht aufweicht. Das Kompott auf dem Biskuit verteilen **3** und mit dem zweiten Biskuit bedecken **4**.

Die Eierlikörcreme in einen Spritzbeutel mit großer Lochtülle füllen und auf das Biskuit spritzen **5**.

Die Torte über Nacht kühlen.
Am darauf folgenden Tag mit einem dünnen Messer den Rand der Torte umfahren und den Ring vorsichtig lösen.

Charlotte chocolat aux framboises

· ·

99 Charlotte besteht aus einem fluffigen Biskuitboden und einer Sahnecreme mit fruchtigen Beeren. Traditionell wird sie mit Biskuits rundherum verziert. Als Variante mit Schokolade und Himbeeren ist sie auch zur Winterzeit beliebt. 66

Ergibt 4 kleine Charlottes oder eine 18 cm-Charlotte.

FÜR DIE SCHOKOLADENFINGER:

· 80 g vegane Butter oder Margarine, zimmerwarm
· 80 g Sojajoghurt
· 80 g Zucker
· 150 g Weizenmehl Type 405
· 1 EL Stärke
· 1 TL Backpulver
· 1 EL Kakao

· 3 EL Feinzucker zum Bestreuen

Die zimmerwarme Butter mit dem Schneebesen aufschlagen. Joghurt und Zucker einrühren, dann nach und nach Mehl, Stärke, Backpulver und Kakao unterheben.

Den Teig in einen Spritzbeutel füllen und 4–5 cm lange Finger auf ein mit Backpapier ausgelegtes Backblech spritzen 1. So entstehen rund 32 Kekse.
Bei 210° Ober-/Unterhitze 10–12 Minuten backen. Das Blech nach der halben Zeit einmal drehen, damit die Kekse gleichmäßig hochbacken.
Das Blech aus dem Ofen holen und die Finger sofort mit etwas Zucker bestreuen 2.

FÜR DEN BISKUITBODEN:

· 130 g Dinkelmehl Type 630
· 60 g Zucker
· 1 EL Kakao
· 1 TL Backpulver
· 1 Msp. Vanille
· 30 ml Öl
· 110 ml Mineralwasser, ungesüßt
· Etwas vegane Butter für die Form

Mehl, Zucker, Kakao, Backpulver und Vanille in einer Rührschüssel mischen. Öl und Mineralwasser dazugeben und mit dem Schneebesen glattrühren. Den Teig in eine gefettete 20 cm-Springform geben **3**. Aus dem Teig sollen später 4 gleich große Kreise für die Charlottes ausgestochen werden. Bei 160° Umluft 15–20 Minuten backen. Anschließend gut auskühlen lassen. Das Biskuit – wenn nötig – begradigen **4** und 4 Kreise (6–7 cm Durchmesser) ausstechen **5**. Die Biskuits auf einer Tortenplatte platzieren **6** und Dessertringe darum setzen.

FÜR DIE SAHNECREME:

· 400 ml vegane Sahne, aufschlagbar
· 1 Prise Salz
· 1 EL Zucker
· 2 EL Himbeermark (oder 3–4 EL passierte Himbeermarmelade)
· 1 EL Sahnesteif
· 2 EL Himbeergeist

Mit dem Rührgerät die Sahne mit Salz, Zucker und Sahnesteif aufschlagen. Die Sahnecreme auf drei Portionen aufteilen: Die eine Hälfte wird mit etwas Himbeermark mittelrosa gefärbt und mit Himbeergeist aromatisiert, ein Viertel wird mit noch mehr Himbeermark dunkelrosa gefärbt und ein Viertel bleibt weiß.

Die mittelrosa gefärbte Creme auf die 4 Ringe verteilen **7** und mit der dunklen Creme krönen **8**. Für 2–3 Stunden kalt stellen.

FÜR DAS DEKOR:

· 4 Himbeeren

SO WIRD DIE CHARLOTTE ZUSAMMENGESETZT:

Den Dessertring mit einem dünnen Messer vorsichtig abfahren und das Törtchen aus dem Ring lösen. Die weiße Sahnecreme nochmals kurz aufschlagen, damit sie geschmeidig ist. Die eine Hälfte kegelförmig rund um die Törtchen verteilen **9**, die andere in einen Spritzbeutel mit Sterntülle füllen.

Die Biskuit-Finger rund um die Törtchen platzieren und leicht andrücken **10**. Es benötigt etwas 8 Stück pro Charlotte. Die verbleibende Creme darauf spritzen **11** und 1 Himbeere obenauf setzen.

Wenn du die Charlotte vorbereiten möchtest, die Törtchen getrennt von den Keksen im Kühlschrank aufbewahren. Die Kekse in einer luftdicht verschlossenen Dose lagern. Die Kekse erst kurz vor dem Servieren frisch um die Charlotte setzen.

Pralinen
&
Konfekt

· ·

Knabberherzen am Stiel | Dunkle Kokospralinen | Winterschokolade | Petit Fours mit Orange und Johannisbeere | Safrantrüffel | Palet d'Or | Knusperschokolade mit Cornflakes und karamellisierten Mandeln | Mousse-Pralinen | Chai-Trüffel | Pandan-Lamingtons

Knabberherzen am Stiel

,, Cake Pops sind nicht nur für Kinder ein toller Knabberspaß. Eine schöne Idee zum Mitbringen oder für das Kuchenbüffet. ''

Ergibt ca. 20 Stück.

FÜR DAS BISKUIT (18 CM):

· 200 g Weizenmehl Type 405
· 60 g Haselnüsse, gemahlen
· 100 g Zucker
· 1 EL Kakao
· 1 TL Backpulver
· 1 Prise Salz
· 2 Tropfen Bittermandelöl
· 40 ml Öl
· 20 g vegane Butter oder Margarine, zimmerwarm
· 180 ml Mineralwasser, ungesüßt
· 30 ml Espresso

FÜR DIE GANACHE:

· 200 g Zartbitterschokolade
· 100 g Hafercuisine oder andere Pflanzensahne

FÜR DEN ÜBERZUG:

· 200 g Kuvertüre, zartbitter
· Bunte Zuckerperlen
· Etwas Zuckerglasur

SO WERDEN DIE CAKE POPS GEMACHT:

Das Biskuit in eine Schüssel krümeln **1**. Die Ganache kurz anwärmen, sodass sie flüssig ist, und mit dem Biskuit verrühren **2**.
Den Teig portionsweise zu Kugeln formen oder mit verschiedenförmigen Cake Pop Formen als Herz oder Kugel pressen **3**.

Die Cake Pops auf einen Lollistiel setzen und mit geschmolzener Kuvertüre überziehen **4**. Nach Belieben mit bunten Streuseln oder Zuckerglasur dekorieren.

Dunkle Kokospralinen

....

99 Die Kokospralinen sind aus zartschmelzender Schokolade und haben im Kern eine blanchierte Mandel. 66

Ergibt ca. 35 Stück.

FÜR DIE PRALINENMASSE:

· 80 g Mandeln
· 120 ml Pflanzensahne
· 40 g Pflanzenfett (z. B. Palmin)
· 50 g Zucker
· 1 Pck. Vanillezucker
· 130 g Kokosraspeln
· 2 EL Orangenlikör
· 150 g Blockschokolade

Die Mandeln mit heißem Wasser übergießen, 3–5 Minuten ziehen lassen, Wasser abschütten und die Mandeln von der Schale befreien. Anschließend im Ofen bei 120° ca. 30 Minuten trocknen. Immer wieder wenden, damit die Mandeln nicht braun werden. Gut abkühlen lassen.

Die Sahne mit dem Fett und Zucker in einem kleinen Topf erwärmen. Wenn die Masse homogen ist, die Kokosraspeln mit einem Löffel einrühren. Die Blockschokolade grob hacken und mit dem Orangenlikör in die Kokosmischung einrühren.
Die Pralinenmasse über Nacht im Kühlschrank abkühlen lassen.

AUSSERDEM:

· Kokosraspel zum Bestreuen

Mit einem Teelöffel eine kleine Menge der Kokos-Trüffelmasse entnehmen, eine Mandel einschließen und zu einer Kugel formen. Die Praline in Kokosraspeln wälzen.

Rühr mich!

Winterschokolade

· ·

„Eine heiße Schokolade zum Selbstanrühren oder Verschenken.
Da wird jeder trübe Abend schön."

Ergibt 8–10 Stück.

FÜR DIE PRALINEN AM STIEL:
· 100 g Schokolade, halbbitter
· 2 TL Kakaopulver
· 1 TL essbare Blüten, getrocknet

Die Schokolade im Wasserbad schmelzen und temperieren. Die geschmolzene Schokolade auf 8–10 Pralinenformen aufteilen und jeweils einen Lollistiel hineinstecken. Mit Kakao und Blüten bestreuen und erkalten lassen.

Die Schoko-Pralinen in eine Tasse mit 250 ml warmen Pflanzendrink einrühren und genießen.

ALTERNATIVE: WACHMACHER UND FRISCHEKICK

Diese feine Rührschokolade lässt sich nach Wunsch und Jahreszeit beliebig verfeinern. Für die kleine Wachmacher-Schokolade 2 TL gemahlene Kaffeebohnen in die Schokopralinen gießen. Für den Frischekick an verführerischen Sommerabenden die Schale einer halben Zitrone und 1 TL kandierte Ingwerwürfel unter die Schokolade mischen.

Petit Fours

MIT ORANGE UND JOHANNISBEERE

· ·

Petit Fours sind klein, süß und sündhaft lecker. Etwas Zeit darf man gerne mitbringen, denn die kleinen Verführungen lassen sich gerne mit allen erdenklichen Details dekorieren. Weg sind sie allesamt immer schnell.

Ergibt eine 20 x 20 cm-Springform (ca. 16 Stück).

FÜR DEN TEIG:

· 260 g Weizenmehl Type 405
· 120 g Zucker
· 1 TL Backpulver
· ¼ TL Natron
· 1 Pck. Vanillezucker
· 2 EL Mandeln, blanchiert und gemahlen
· Schale 1 Orange, unbehandelt
· 100 g vegane Butter oder Margarine, zimmerwarm
· 120 ml Soja-Reis-Drink
· 40 ml Orangensaft
· Etwas vegane Butter für die Form

Butter, Zucker und Vanillezucker mit einem Schneebesen schaumig rühren. Mehl, Backpulver, Natron, Mandeln und Orangenschale zugeben und langsam den Soja-Reis-Drink einrühren. Sollte der Teig noch zu fest erscheinen, esslöffelweise Milch nachgeben. Der Teig muss in der Konsistenz aber schön fest sein.

In eine gefettete, quadratische 20 x 20 cm-Backform füllen und bei 160° Umluft 20–30 Minuten backen. Stäbchenprobe machen.

Zur Seite stellen und (am besten über Nacht mit einem Tuch bedeckt) auskühlen lassen. Am Tag darauf den Kuchen begradigen 1 und einmal durchschneiden 2.

FÜR DIE FÜLLUNG:

· 4 EL Johannisbeergelee

Die Hälfte des Johannisbeergelees auf der unteren Ebene verteilen 3. Den zweiten gebackenen Teig darauf legen 4 und abermals mit Gelee bestreichen 5. Dabei darauf achten, dass das Gelee schön gleichmäßig verteilt ist. Zum Verstreichen eignet sich eine Palette oder ein Teigschaber mit gerader Kante.

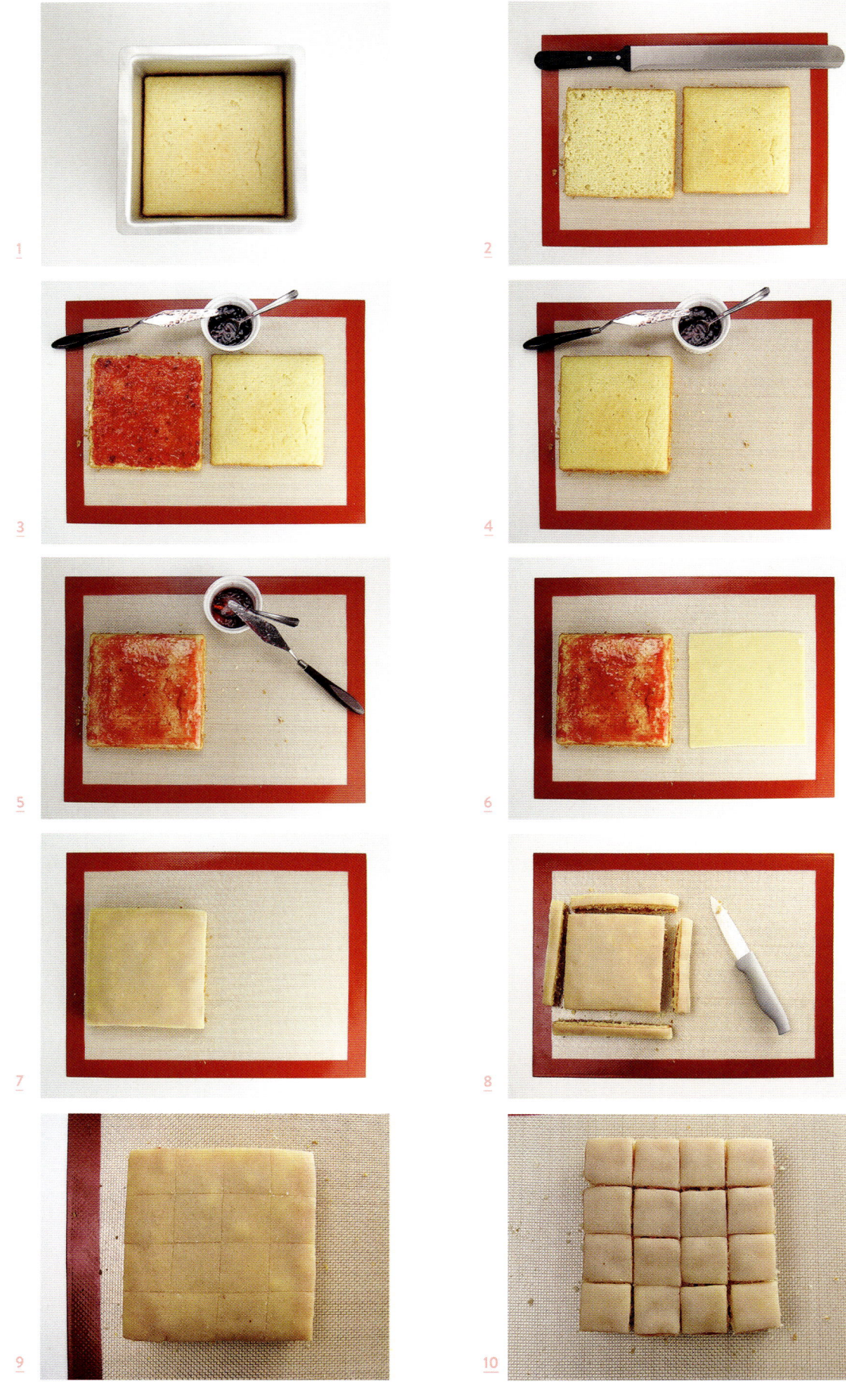

FÜR DEN ÜBERZUG:

· 120 g Marzipanrohmasse
· 50 g Puderzucker
· Etwas Puderzucker für die Arbeitsfläche

Das Marzipan mit dem Puderzucker gut durchkneten. Etwas Puderzucker auf die Arbeitsfläche und das Marzipan sieben und gleichmäßig auf 16 x 16 cm ausrollen. Ein genaues Quadrat abmessen und ausschneiden 6. Das Marzipan auf die vorbereiteten Petit Fours legen 7.

Da der Kuchen beim Backen etwas aufgeht, wird er nun von den Seiten auf 16 x 16 cm zugeschnitten 8. Anschließend im Abstand von 4 cm mit dem Messer Rillen in das Marzipan zeichnen 9 und die Petit Fours voneinander trennen 10. Dabei darauf achten, für jeden Schnitt wieder ein sauberes Messer zu verwenden. So bröselt der Teig weniger und die Schnittkante bleibt gleichmäßig. Die Petit Fours auf ein Pralinengitter über ein Backpapier stellen.

FÜR DIE GLÄNZENDE GLASUR:

· 500 g Feinzucker
· 110 ml Wasser
· 60 g (2 EL) Glucose
· 1 Msp. Xanthan (optional)
· event. Aroma, Fruchtpulver oder Lebensmittelfarbe

Zucker, Wasser und Glucose im Topf aufkochen, damit der Zucker sich auflöst. Dabei darauf achten, dass der Zucker nicht karamellisiert. Vom Herd nehmen und das Xanthan, die gewünschten Aromen (etwas Johannisbeergelee) sowie Fruchtpulver oder Lebensmittelfarbe einrühren.

Auf 60 °C abkühlen lassen. Dann im Mixer weiter herunterkühlen. In einem Plastikbeutel luftdicht verschlossen aufbewahren.

Den fertigen Fondant im Wasserbad auf 35–40 °C halten. Das Wasser wechseln, wenn der Fondant dickflüssiger wird. Den Fondant rühren, um ihn wieder homogen zu bekommen.

Das Feingebäck mit der Zuckerglasur löffelweise übergießen und abtropfen lassen. Abschließend nach Belieben mit Zuckerguss, Blümchen oder Dekorschokolade verzieren.

TIPP:
Dies ist ein Rezept für flüssigen Fondant. Wem das zu aufwändig ist, kann die Petit Fours auch mit Zuckergussglasur oder geschmolzener Schokolade überziehen.

Safrantrüffel

. . . .

„ Mit dem teuersten Gewürz verfeinert, sind die Pralinen wahrhaftig etwas besonderes! Dunkle Schokolade mit einer zartschmelzenden Sahnefüllung mit Safran. Und dabei ganz leicht selbst gemacht. "

Ergibt ca. 30 Stück.

FÜR DIE SCHOKOLADENHÜLLE:

· 200 g Schokolade, zartbitter

Die Schokolade temperieren und mit einem Pinsel Boden und Ränder der Pralinenförmchen auskleiden 1. Der Rand sollte dick genug sein, damit die Füllung später nicht durchscheint und die Schokolade eine stabile Form bildet. Wer keine Pralinenförmchen hat, kann auch die kleinen metallenen Pralinenhütchen aus dem Fachhandel verwenden. Diese lassen sich später lösen und zurück bleibt eine schöne Form. Die Förmchen 1 Stunde abkühlen lassen, bis die Schokolade fest ist.

FÜR DIE SAFRAN-CREME:

· 40 g Hafercuisine oder andere Pflanzensahne
· 25 g Pflanzenfett (z. B. Palmin)
· 50 g vegane Schokolade, weiß
· 1 TL Zucker
· Schale ½ Zitrone, unbehandelt
· ½ Briefchen Safranfäden (etwa eine Messerspitze)

Das Fett in einem Topf bei kleiner Hitze mit der Sahne erwärmen und darin schmelzen. Den Safran im Mörser fein mahlen. Safran, Zucker und abgeriebene Zitronenschale in die Sahne geben. Die Schokolade in Form von Chips oder gehackt in eine Schüssel geben und mit der Safran-Sahne übergießen. So lange rühren, bis die Schokolade vollständig geschmolzen ist. Unter Rühren andicken lassen. Die Füllung in einen Spritzbeutel geben und auf die mit Schokolade ausgekleideten Förmchen verteilen 2. Alternativ einfach einen Teelöffel fürs Portionieren verwenden. Die Förmchen mitsamt Füllung 30 Minuten in den Kühlschrank stellen. Anschließend die übrige Schokolade nochmals temperieren und auf den Förmchen glatt streichen 3. 1 Stunde kalt stellen.
Die Pralinen vorsichtig aus der Form lösen und nach Belieben dekorieren.

Palet d'Or

· · · · · · · · · · · · ·

„Außen knackig, innen zartschmelzende Butterganache. Ein Gedicht."

Ergibt ca. 30 Stück.

FÜR DIE SCHOKOLADENHÜLLE:

· 100 g Schokolade, zartbitter

Die Schokolade temperieren. Die Förmchen mit der Zartbitterschokolade auspinseln 1. Mindestens 30 Minuten abkühlen lassen. Dann – gegebenenfalls – erneut einpinseln, damit die Form stabil ist 2.

FÜR DIE FÜLLUNG:

· 50 g Schokolade, halbbitter
· 10 g vegane Butter
· 10 ml Pflanzensahne

Die Schokolade im Wasserbad schmelzen. Die Butter in Flöckchen zugeben und mit der Sahne unter die Schokolade rühren. Mit einem Teelöffel die Füllung in die Förmchen geben 3. Nach oben noch etwas Platz lassen, um die Pralinen mit Schokolade abzuschließen.

Die zartbittere Schokolade erneut temperieren und über den Pralinen verteilen 4.

Knusperschokolade
MIT CORNFLAKES UND KARAMELLISIERTEN MANDELN

〞Jeder hat seine ganz persönliche Lieblingsschokolade. Mit ein paar eigenen Formen lässt sich diese ganz einfach zu Hause herstellen. Schokolade mit Mandeln, Cornflakes und einer Note Karamell ist knusprig, zartschmelzend und einfach lecker!〞

Ergibt 3 x 100 g-Tafeln.

FÜR DIE SCHOKOLADE:

· 200 g vegane Milchschokolade
· 100 g Schokolade, halbbitter
· 30 g Cornflakes, ungesüßt
· 30 g Mandeln, blanchiert und gehackt
· 1 EL Rohrohrzucker

Das Temperieren der Schokolade ist nicht ganz einfach, aber mit etwas Geduld bekommt ihr es sicher bald hin. Die Schokolade schmeckt am Ende auch mit weißen Schlieren sehr lecker.

Zum Temperieren die Schokolade im Wasserbad bei ca. 43 °C schmelzen, anschließend auf 28 °C herunterkühlen und wieder auf 30 °C Arbeitstemperatur erwärmen. So hat die Schokolade die schönsten Eigenschaften, und einem zartschmelzenden und zugleich knackigen Genuss steht nichts mehr im Wege.

Die Mandeln in eine Pfanne geben und bei mittlerer Hitze rösten. Wenn sie einen goldenen Ton annehmen, den Zucker zugeben und rühren, bis er karamellisiert. Dann die Cornflakes zugeben, umrühren und zur Seite stellen.

Die Halbbitterschokolade temperieren und den Boden der Tafelformen damit bestreichen. Ein paarmal aufklopfen, damit die Luftblasen aus der Schokolade schwinden und die Struktur der Tafel später makellos ist. Die Cornflakes-Mischung auf die 3 Tafeln aufteilen und etwas in die darunterliegende Schokolade drücken.

Die Milchschokolade temperieren und auf die 3 Formen verteilen. Gut darauf achten, dass die Schokolade keine Luftblasen einschließt.

Die fertigen Tafeln noch ein paar Minuten in den Kühlschrank stellen, dann können sie vernascht werden.

Mousse-Pralinen

ZUM DAHINSCHMELZEN

· ·

Ergibt 12 Stück.

FÜR DIE PRALINEN

· 300 g Kuvertüre, zartbitter
· 100 ml vegane Sahne, aufschlagbar

Die Kuvertüre im Wasserbad schmelzen und temperieren. Die Pralinenförmchen am Boden und am Rand mit Schokolade bedecken. Dazu 1 Teelöffel Schokolade in das Förmchen geben und schwenken.

Die Sahne aufschlagen und 100 g der geschmolzenen Schokolade einrühren. Die Mousse in einen Spritzbeutel mit mittelgroßer Lochtülle füllen und die Mousse mittig bis knapp unter den Rand der Förmchen einfüllen.

Die Pralinen 15–20 Minuten ins Eisfach stellen, damit die Mousse vollständig erkaltet. Die übrige Kuvertüre nochmals temperieren und die Förmchen damit abschließen. Bei Zimmertemperatur erkalten lassen, zur Aufbewahrung kühl lagern.

TIPP:

Noch schneller gehen diese leckeren Mousse-Pralinen mit fertig gekauften Pralinenhohlkörpern. Diese mit der Mousse füllen und mit etwas temperierter Schokolade verschließen. Mit einer bunten Blüte verziert oder in Kakao gewendet, verschönern sie jedes Mitbringsel.

Chai-Trüffel

" Pralinen wie aus 1001 Nacht.
Zarte Buttertrüffel mit einem Hauch sinnlicher Gewürze. "

Ergibt 16 Stück.

FÜR DIE TRÜFFELFÜLLUNG:

· 120 g Kuvertüre, zartbitter
· 40 ml Hafercuisine
· 30 g vegane Butter
· ½–1 TL Chai-Gewürz oder jeweils
  1 Prise Ceylon-Zimt, Piment,
  Kardamom, Ingwer, Nelken und
  essbare Gewürzblüten

Die Kuvertüre im Wasserbad schmelzen. Die Sahne und die Butter zugeben und mit einem Löffel glatt rühren, bis sich eine homogene Masse ergibt. Mit Chai-Gewürzen verfeinern.

Eine Form mit 11 x 11 x 2,5 cm ausschneiden und zusammenkleben. Die Form mit Alufolie auskleiden 1. Die Trüffelfüllung in die Form gießen 2 und 2–3 Stunden kalt stellen.

Anschließend die Trüffelfüllung mit der Alufolie aus der Form nehmen. Mit einem scharfen Messer den Rand gerade schneiden 3, sodass sich ein Quadrat mit 10 x 10 cm ergibt. Aus diesem Quadrat 16 2½ x 2½ cm große Pralinen schneiden.

FÜR DEN ÜBERZUG:

· 200 g vegane Schokoladentropfen, weiß
· Vegane Dekorfolie

Einen Teller vorbereiten und mit Alufolie bedecken. Die weiße Schokolade im Wasserbad schmelzen 4, dabei gelegentlich mit einem Löffel umrühren. Die Trüffelfüllungen auf eine Pralinengabel legen, einmal kurz in die weiße

Schokolade eintauchen und mit weiterer Schokolade übergießen. Kurz abtropfen lassen und auf die Alufolie legen. Ein Stück Dekorfolie darauf legen 5. Dabei recht zügig vorgehen, da die Schokolade bei Verarbeitungstemperatur recht nah am Aushärten liegt. Die Pralinen 30 Minuten kalt stellen, dann die Folien abziehen und die Ränder gerade schneiden.

Pikantes Gebäck

· ·

Kräuter-Käsestangen | Schnelle Spinatquiche | Tomaten-Hackpie |
Kartoffelstrudel | Croissants à la tomate | Gebackene Olivenknoten
Paprika-Mais-Cupcakes mit Dilltopping | Zwiebeltartelettes | Salat-
körbchen | Kalamata-Cookies mit Fleur de sel

Schnelle Spinatquiche

· ·

99 Diese Quiche ist wunderbar saftig durch den Spinat; veganer Käse und Räuchertofu verleihen ihr Würze. Sie kann wunderbar für ein Buffet vorbereitet oder schnell mal in den Ofen geschoben werden, wenn unangemeldeter Besuch vor der Tür steht. 66

Ergibt eine 24 cm-Quiche oder 4 kleine Quiches.

FÜR DEN TEIG:
· 300 g Blätterteig (siehe Rezept, S. 84)

FÜR DIE FÜLLUNG:
· 250 g Blattspinat, frisch
· 1 Bund Basilikum
· 200 g Naturtofu
· 100 g Räuchertofu
· 50 g veganer Käse, rezent
· 1 Zwiebel
· 1 Knoblauchzehe
· 50 g Sojajoghurt
· 1 EL Hefeflocken
· 1 EL Stärke
· 1 TL Agavendicksaft
· Meersalz, weißer Pfeffer
· Muskat, Koriander, Ingwer
· Etwas vegane Butter für die Form

Den Blattspinat und das Basilikum grob zupfen.

Naturtofu und Räuchertofu im Mixer zerkleinern, den gewürfelten Käse dazu geben und alles mit einem Holzlöffel mischen. Die Zwiebel und den Knoblauch fein hacken und zugeben. Sojajoghurt, Hefeflocken, Stärke und Agavendicksaft einrühren und kräftig würzen. Spinat und Basilikum unterheben.

Den Blätterteig auf 25 x 35 cm ausrollen und einen oder mehr Kreise für die Quiche-Form(en) ausstechen. Den Teig in gefettete Formen geben, leicht festdrücken und die Füllung hinein geben.

Bei 180° Ober/Unterhitze Mini-Quiches etwa 25 Minuten, große Quiche eher 30 Minuten backen.

Tomaten-Hackpie

,, Diese Pie ist wunderbar saftig und durch den Rotwein
fein aromatisch. Sie kann beliebig mit etwas Zucchini oder
Kräuterseitlingen variiert werden. "

Ergibt 4 10 cm-Mini-Pies oder 1 große 24 cm-Pie.

FÜR DEN TEIG:

· 300 g Weizenmehl Type 550
· 220 g vegane Butter oder Margarine
· 1 TL Salz
· ½ TL Zucker
· 100 ml Wasser, kalt

Mehl, Butter, Salz, Zucker und Wasser mischen, bis ein gleichmäßiger Teig sich zur Kugel formen lässt. In Klarsichtfolie hüllen und
1 Stunde kühlen.

Croissants à la tomate

· ·

„Croissants einmal herzhaft mit Tomaten und Salbei.
Lecker schmecken diese Häppchen auch mit einer Füllung
aus Räuchertofu und Nusskäse.“

Ergibt 16 Croissants.

FÜR DEN TEIG:
· 1000 g Plunderteig (siehe Rezept, S. 81)
· Etwas Pflanzensahne zum Bestreichen

FÜR DIE FÜLLUNG:
· 2 Tomaten
· 5 Tomaten, getrocknet
· 2 EL Tomaten, passiert
· 1 TL Tomatenmark
· 1 Knoblauchzehe
· 1 gestr. EL Stärke
· 1 Handvoll Basilikum
· Einige Salbeiblätter
· Salz, Pfeffer, Paprikapulver

Die Tomaten in feine Würfel schneiden. Knoblauch und Kräuter fein hacken und mit der Stärke zu den Tomaten geben. Gut würzen. Tomatenmark und passierte Tomaten unterrühren.

Den Plunderteig halbieren und die Hälften jeweils zu einem Kreis mit 30 cm Durchmesser ausrollen und 8 Teiglinge mit einem Rollschneider abteilen. Jedes Teigstück am

In den Hefeteig 2 EL Tomatenmark geben. Nur 20 g Zucker verwenden, dafür 2 TL Salz.

unteren Ende 2 cm einschneiden und soweit möglich auseinander ziehen, damit es später seine typisch runde Form erhält. Das Croissant von unten herauf aufrollen. Dabei den Teig in die Länge ziehen und ihm damit etwas Spannung verleihen. Die Spitze fest unter dem Croissant andrücken, damit sie beim Backen nicht hochspringt.

Die Croissants auf einem mit Backpapier ausgelegtem Backblech 2–3 Stunden gehen lassen, anschließend mit etwas Pflanzensahne bestreichen, damit sie goldbraun werden. Den Ofen auf 230° Ober-/Unterhitze vorheizen und sofort auf 190° reduzieren, sobald die Croissants darin sind. 15 Minuten backen, das Blech drehen und weitere 10–15 Minuten backen, bis sie rundherum gebräunt sind. Die Croissants vor dem Servieren mindestens 45 Minuten abkühlen lassen, damit sie den perfekt blättrigen Anschnitt bekommen.

Zwiebeltartelettes

> Zwiebelkuchen ist besonders im Herbst zu regionalem Weißwein lecker. Traditionell wird er mit Hefeteig als Boden gebacken, Mürbteig hat hingegen mehr Biss und ein buttriges Aroma. Ein weicher Kontrast zu den aromatischen Zwiebeln.

Ergibt 4 Tartelettes oder eine 24 cm-Tarte.

FÜR DEN MÜRBTEIG:

· 200 g Dinkelmehl Type 630
· 1 Prise Zucker
· ½ TL Salz
· 100 g vegane Butter oder Margarine
· 2 EL Soja-Reis-Drink
· Etwas vegane Butter für die Form

Die trockenen Zutaten in eine Schüssel geben und mischen. Die kalte Butter in Würfel schneiden und zum Mehl geben 1. Bei kleinen Mengen mit der Gabel mischen, bei größeren ist ein Rührgerät mit Knethaken hilfreich. Die Mischung solange bearbeiten, bis gleichmäßige Brösel entstehen.

Eine Kuhle formen und den Pflanzendrink hinein geben 2. Weiter mit der Gabel bearbeiten und schließlich mit den Händen einmal durchkneten und eine Kugel formen 3. In Folie gewickelt eine Stunde kalt stellen 4.

Die Tarteform fetten 5. Den Teig ausrollen, auf die Tarteform legen und in der Form festdrücken 6. Überschüssigen Teig abschneiden 7 und mit einer Gabel ein paar Mal einstechen 8. Die Förmchen kalt stellen und in der Zwischenzeit die Füllung vorbereiten.

Verpacken
&
Aufbewahren

. . . .

Haltbarkeit von Backwaren | Schokoriegel verpacken | Pralinenschachteln
selber machen | Vorlagen

Haltbarkeit von Backwaren

„Was mit so viel Liebe gebacken wurde, möchte natürlich auch sorgfältig aufbewahrt werden. Damit man sich nach Belieben bedienen kann ...„

Alle Backwaren sollten trocken und kühl gelagert werden. Luftdicht verschlossen in einer Metall-, Glas- oder Plastikdose. Leckereien aus frischen Zutaten (wie z. B. Sahne, Butter usw.) sollten im Kühlschrank aufbewahrt werden.

Kekse und Teegebäck: Das mürbe Gebäck wird am besten in einer Metalldose an einem (für Kinder nicht erreichbaren) kühlen Ort gelagert. Dort hält es mehrere Wochen frisch.

Cupcakes: Wer Cupcakes vorbereiten möchte, sollte den Kuchen getrennt von der Creme luftdicht verschlossen an einem kühlen Ort aufbewahren. Erst kurz vor dem Servieren die Creme auf den Muffin geben und verzieren. So schmeckt alles frisch. Muffins sollten immer frisch gebacken werden, damit ihre Konsistenz locker und saftig ist. Aufbewahren lassen sie sich maximal 2 Tage, dann leidet der Geschmack.

Kleingebäck und Kuchen: Kleingebäck lässt sich in einer Metalldose ca. 5–6 Tage aufbewahren. Kuchen hält prima in einer Kuchentransportbox bis zu 4 Tage frisch.

Torten und Pralinen: Frisches Konfekt sollte im Kühlschrank gelagert werden und hält sich bis zu 5 Tage. Der Anteil an Frucht und Sahne ist dabei entscheidend.

Teige und Cremes: Sollte einmal ein Stück Mürbteig oder Croissantteig übrig sein, lässt es sich – in Folie gewickelt – im Kühlschrank aufbewahren. Teige mit Backtriebmittel sollten nach der Gehzeit bzw. umgehend verarbeitet werden und eignen sich nicht zur Aufbewahrung. Cremes können in einem gut verschlossenen Behälter bis zur Weiterverarbeitung im Kühlschrank aufbewahrt werden. Auch hier gilt: Je frischer die Zutaten (Sahne, Butter, frische Früchte ...), umso schneller sollte die Creme gegessen werden.

Schokoriegel verpacken

· ·

,,Schokolade bekommt jeder gerne geschenkt. Und auch wenn die Zeit nicht immer ausreicht, sie selbst zu machen, so sieht schön verpackte Schokolade immer toll und persönlich aus. So wird aus einer einfachen Schokoladentafel im Handumdrehen ein hübsches Präsent. ''

1

2

3

DU BRAUCHST:

· Schere
· Papier
· Kleber

SO GEHT'S:

Die Schokolade in Alufolie einwickeln und auf der Rückseite sauber umklappen 1.
Das Papier und die Etiketten auf die gewünschte Größe schneiden 2 und auf die Schokolade kleben 3.

Pralinenschachteln

SELBER MACHEN

· ·

„Selbstgemachte Pralinenschachteln sind das i-Tüpfelchen, wenn man selbst hergestellte Pralinen verschenken möchte. Sie lassen sich wunderschön jedem Anlass anpassen, und so hat man garantiert das passende Geschenk für seine Liebsten."

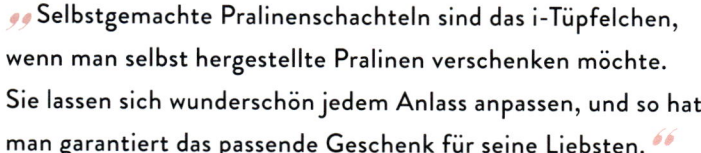

DU BRAUCHST:

· farbigen A4-Karton
· Dekotape
· Aufkleber
· Schere
· Klebestift

SO GEHT'S:

Das Template für die Pralinenschachteln auf einen Karton mit mindestens 120 g/m² übertragen und ausschneiden 1.
Die gestrichelten Linien einschneiden, alle anderen knicken 2. Die Laschen festkleben und trocknen lassen 3. Buntes Deko-Tape und Aufkleber nach Belieben auf die Schachtel kleben 4. Wer möchte, kann sie zusätzlich mit Schleifchen und Blümchen verzieren 5.

CUPCAKE-STÄNDER UND PRALINENSCHACHTEL

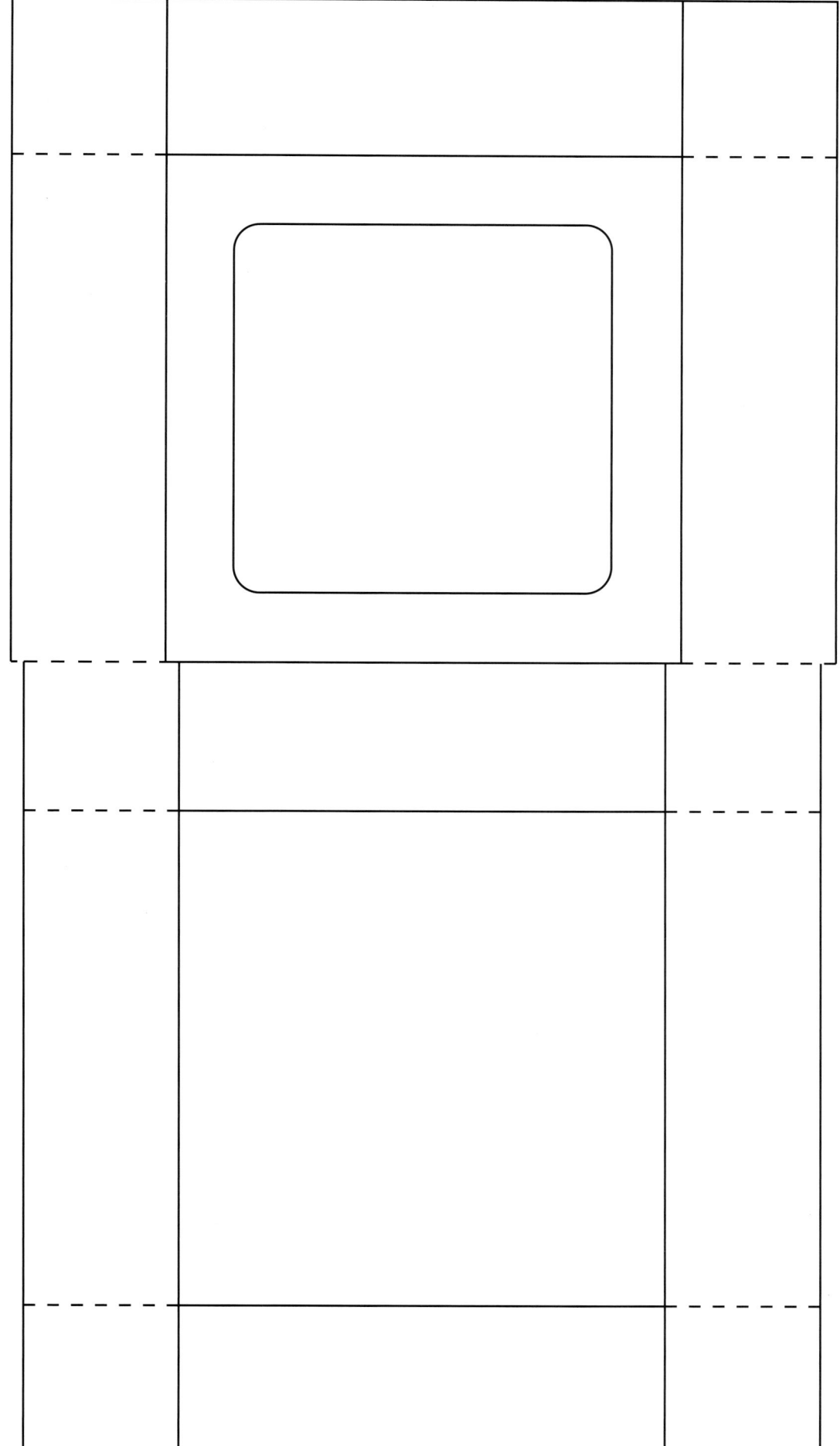

Anhang

. . . .

Über die Küchenfee | Shopping-Links | Abkürzungen | Glossar | Register |
Impressum

Über die Küchenfee

Stina Spiegelberg

Seit jeher war der Bestimmungsort von Stina Spiegelberg die Backstube. Schon in ihrer frühen Kindheit zog es die Küchenfee in die Boulangerie ihres französischen Heimatdorfes. Beim benachbarten Pâtissier steckte sie die Nase in Rührschüsseln und knabberte an Krokant und Eclairs. Im Restaurant konnte sie nicht still sitzen und verschwand sogleich an den Herd, bis ihre Eltern nach Stunden ein überglückliches Kind aus der Küche trugen. Lange Vegetarierin, beschloss sie 2008 – nach weiteren Recherchen über die konventionelle Lebensmittelindustrie – ihre Lebensweise konsequent auf vegan umzustellen. Damit war sie zunächst in eine ganz andere Welt versetzt. Sie begann erstmals zu realisieren, in wie vielen herkömmlichen Produkten tierische Bestandteile enthalten sind, und dass frische und gesunde Lebensmittel eher im Bioladen als im Supermarkt zu finden sind. Begeistert vom neuen Variantenreichtum, begann die Küchenfee schnell, ihre eigenen Rezepte zu zaubern.

Familie, Freunden und Kollegen war die neue Ernährungsform „vegan" fremd, und so begann Stina damit, gesellige Anlässe mit veganen Bäckereien zu verschönern. Aus dem Wunsch heraus, ihren Mitmenschen zu zeigen, dass vegan ansprechend, verlockend, ästhetisch und umwerfend lecker sein kann, gestaltete sie ihren veganen Rezepteblog http://veganpassion.blogspot.de/ mit bebilderten Rezepten. Zur freudigen Überraschung fand der Blog so großen Anklang, dass Veganer und Nicht-Veganer, Backmuffel, Backinteressierte und Profis inzwischen durch farbenfrohe Leckereien stöbern.

Mittlerweile ist Stina mit Veganpassion in die Spitze der veganen Backkunst aufgestiegen und verblüfft ihre Leser immer wieder mit neuen, ausgefeilten Geschmackskompositionen. Cafés und Restaurants im gesamten deutschsprachigen Raum lassen sich von den Schöpfungen der Küchenfee inspirieren und machen auf diese Weise den veganen Gedanken gesellschaftsfähig. Nicht umsonst würdigte sie der Tierschutzbund PETA mit dem Progress Award 2012 für Jungunternehmer und die UNESCO mit einem Hauptpreis in der Kampagne „Ideen. Initiative. Zukunft".

Ihre Liebe fürs Detail zeigt Stina insbesondere in der Pâtissierie, wo sie auf Kundenwünsche zugeschnittene Hochzeitstorten anbietet. Dort lässt sie ihrer Kreativität freien Lauf und erschafft immer wieder aufs Neue zauberhafte Meisterwerke. Das überragende Interesse an ihrer veganen Koch- und Backkunst bewog sie dazu, Backkurse und Vorträge zu halten, die Privatpersonen, Unternehmen und Schülern mit Spaß an eine gesunde Ernährung heranführen.

Auch ihre eBooks mit Themenrezepten erfreuen sich großer Beliebtheit. Doch der große Traum war es, ihr eigenes Backbuch in Händen halten zu können. Um endlich Backvergnügten ein Stück vegane Backkunst für jeden Tag in die Küche zaubern zu können, gestaltete sie nun ein umfangreiches Backbuch mit süßen und herzhaften Ideen. „Veganpassion – Vegane Lieblingsrezepte zum Backen" bietet für Backneuling bis Backkünstler Rezepte, Anregungen und Anleitungen für das nächste Backvergnügen.

Shopping Links

> Stöbern, finden, nach Hause liefern lassen. Hier eine Liste mit anspruchsvollen Shops, die vegane Zutaten, Zubehör und Dekor anbieten.

KEIMLING

http://www.keimling.de

Keimling ist ein sympathischer Webshop mit einer großen Auswahl an leckeren veganen Zutaten in Rohkost-Qualität. Getrocknete Früchte, Körner und Kakaoprodukte können pur genossen oder in Cremes und Torten verarbeitet werden. Darüber hinaus bietet Keimling Profi-Küchengeräte für die anspruchsvolle Küchenfee. Ob Super-Mixer oder Saftpresse, hier kann keiner wiederstehen.

TORTEN-BOUTIQUE

www.torten-boutique.de

Ein wunderschön gestalteter Internethandel für Dekoratives rund um Motivtorten. Förmchen, Torten- und Cupcakeständer, traumhafte Verpackungen und außergewöhnliche Ausstecher. Vieles wird direkt aus England bezogen. Ein hübscher Laden zum Stöbern und die Seele baumeln lassen.

BACKFUN

http://www.alleszumbacken.de

Backfun bietet ein unglaubliches Sortiment für Hobbybäcker und Profis. Backformen, Ausstecher und Werkzeug rund ums Verzieren von Torten und Keksen. Unter vielen anderen Zutaten findest du vegane Lebensmittelfarben, Rollfondant und Marzipan sowie einen Mietservice für Etageren.

ALLES VEGETARISCH

http://www.alles-vegetarisch.de
Der Online-Shop für vegane Köstlichkeiten – wohin das Auge reicht. Weiße Schokolade und Gummibärchen, genau wie Tofu, Joghurt und Käse auf Nussmilch-Basis. Und ist einmal eine Frage offen, so kann man die hilfsbereiten Mitarbeiter des Shops auch telefonisch erreichen.

PATI-VERSAND

http://www.pati-versand.de
Online-Fachhandel für den Hobbypâtissier. Der Pati-Versand bietet ein großes Sortiment an Zutaten und Zubehör. Kuvertüre in Bio-Qualität, Hohlkugeln und Glasuren, veganer Fondant und Fruchtpulver bieten alles, was man sich zum Backen wünscht. Mit diesen Schüsseln, Pinseln, Thermometern und Ausstechern gelingt jede Torte.

Abkürzungen

Pck.	Packung
EL	Esslöffel
TL	Teelöffel
Msp.	Messerspitze
geh.	gehäuft(er)
gestr.	gestrichen(er)
g	Gramm
ml	Milliliter
cm	Zentimeter
mm	Millimeter

Glossar

Abrollen: Den Teig auf die gewünschte Form legen und mit dem Nudelholz darüber rollen, sodass der überschüssige Teig außerhalb der Form abgetrennt wird.

Abtropfen lassen: Den Joghurt in einem Kaffeefilter auf einem tiefen Teller oder einer Rührschüssel positionieren und das im Joghurt enthaltene Wasser abtropfen lassen. Dabei sollte der Joghurt bei Möglichkeit nicht in der abgelassenen Flüssigkeit stehen.

Abziehen: Die braun gefärbte Haut der Mandeln vorsichtig mit einem Messer enfernen. Dazu die Mandelspitze einritzen und die Haut vorsichtig abziehen.

Anfeuchten: Einen Pinsel in Wasser oder Pflanzendrink tauchen und auf einem Küchentuch zwei Punkte malen, sodass der Pinsel nicht mehr tropft. Dann die Backware damit befeuchten.

Anrühren: Geliermittel sollten vor dem Aufkochen mit Zucker und 1–2 Esslöffel Flüssigkeit mit einem Schneebesen gerührt und von Klümpchen befreit werden.

Anwärmen: Butter kann in der Mikrowelle oder bei geringer Hitze im Kochtopf angewärmt werden. Ziel ist es, die Konsistenz von zimmerwarmer Butter zu erreichen.

Anwirken: Die Marzipanmasse wird vor der weiteren Verwendung mit Puderzucker verknetet.

Arbeitsfläche: Eine Arbeitsfläche kann ein großes Holzbrett oder eine bemehlte Marmorplatte sein. Wichtig ist, dass der Teig daran nicht haftet und sie ausreichend Arbeitsraum bietet.

Aufgehen: siehe gehen lassen

Aufklopfen: Damit die Schokolade beim Erkalten keine Luftblasen einschließt, wird sie im warmen Zustand mehrmals leicht auf die Arbeitsfläche geklopft.

Aufkochen: Bei mittlerer Hitze Sahne oder Pflanzendrink bis zur Blasenbildung aufkochen. Anschließend von der Herdplatte nehmen, da sie sonst überkocht.

Aufschlagen: Cremes und Massen mit einem Schneebesen, Rührgerät oder einer Küchenmaschine schlagen, bis sie luftig sind und sich ihr Volumen vergrößert hat.

Aufspritzen: Creme oder Zuckerglasur in einen Spritzbeutel mit gewünschter Tülle füllen und – durch sanften Druck auf die Füllung zur Spritzbeutelspitze hin – das Dekor auf dem Gebäck anbringen.

Auskleiden: Bei Pralinenförmchen die gesamte Form nahtlos mit Schokolade bedecken.

Auskühlen lassen: Das Gebäck bei Zimmertemperatur beiseite stellen, bis es vollständig erkaltet ist.

Ausrollen: Den Teig auf eine bemehlte Arbeitsfläche legen und mit dem Nudelholz flach rollen. Die Dicke hängt vom Teig und der Verwendungsform ab.

Begradigen: Die Kuppel abtrennen, sodass sich ein an allen Stellen gleich hohes Biskuit ergibt.

Bemehlen: Die Arbeitsfläche oder Backformen mit einer Prise Mehl bestäuben.

Bestreichen: Mit einem Pinsel Gelee, Marmelade, Schokolade oder Creme auftragen.

Bestäuben: Den Puderzucker in ein Sieb geben und mit einem Löffel auf das Gebäck rieseln.

Bestreuen: Die gewünschte Zutat zwischen Daumen und Zeigefinger halten und in der Backform oder auf dem Gebäck verteilen.

Beträufeln: Saft oder Alkohol tropfenweise mit einem kleinen Löffel zugeben.

Blanchieren: Mandeln in einem Topf mit heißem Wasser übergießen, um sie später leichter von der Haut zu befreien.

Blindbacken: Mürbteig wird ohne Belag vorgebacken. Dazu Hülsenfrüchte auf einem Stück Backpapier hineinlegen.

Buttern: Für eine Springform eine Messerspitze Butter auf ein Stück Backpapier legen und damit die Springform einreiben.

Einarbeiten: Zutaten in den Teig kneten.

Einfetten: siehe Buttern

Einrieseln lassen: Zucker teelöffelweise zugeben, damit er gleichmäßig in den Teig oder die Creme eingearbeitet wird.

Einrühren: Die Zutaten zugeben und mit einem Schneebesen unterheben.

Einstechen: Den Teig mit einer Gabel mehrmals einstechen, damit sich keine Luftblasen darunter bilden und er gleichmäßig gart.

Fondant: bezeichnet eine reinweiße Zuckermasse in fester oder flüssiger Konsistenz. Damit werden Torten, Cupcakes und Petit Fours überzogen.

Ganache: oder Canache bezeichnet eine zartschmelzende Tortenfüllung aus Schokolade und Sahne.

Gehen lassen: Der Hefeteig geht mit einem Tuch bedeckt an einem warmen Ort am besten. Der Teig vergrößert sein Volumen durch die von der Hefe ausgelöste Gärung.

Glasieren: Gebäck, Obst oder Gemüse mit einem Überzug aus Schokolade, Sirup oder Zuckerglasur versehen.

Glattrühren: Den Teig solange mit einem Schneebesen, einem Kochlöffel oder einer Gabel (das Werkzeug ist abhängig von der Teigart) mischen, bis er homogen ist und keine Klümpchen mehr enthält.

Hacken: Schokolade mit einem Chefmesser, Kräuter mit einem Wiegemesser hacken. Je feiner die Schokolade gehackt wird, umso gleichmäßiger verhält sie sich beim Schmelzen.

Herunterkühlen: siehe Auskühlen

Kalt stellen: In den Kühlschrank oder im Winter auf die kalte Fensterbank stellen.

Karamellisieren: Den Zucker schmelzen, bis er eine hellgelbe bis braune Farbe annimmt.

Kneten: Mürbteig wird mit den Händen oder einer Gabel geknetet.

Kuvertüre: Diese Schokolade enthält mehr Fett als Tafelschokolade. Sie eignet sich besonders zum Überziehen von Gebäck, da sie beim Erkalten einen schönen Glanz zeigt.

Krümeln: Mit den Fingern zu fein rieselnden Krümeln zerteilen.

Quellen lassen: Bindemittel lösen sich in warmem Wasser besonders gut und bilden eine gallertartige Struktur.

Palette: Werkzeug zum Glattstreichen von Teigen, Cremes und Massen. Beliebt ist die Winkelpalette.

Passieren: Mit einem Löffel die Masse durch ein Sieb streichen, sodass feste oder grobkörnige Bestandteile entfernt werden.

Pürieren: Mit dem Rührgerät oder einem Pürierstab bearbeiten, bis sich eine glatte Masse ergibt.

Rösten: Nüsse bei geringer Hitze in der Pfanne ohne Öl braten, bis sie goldgelb sind und aromatisch duften.

Schaumig rühren: siehe Aufschlagen

Sieben: Insbesondere Puderzucker sollte vor der Verarbeitung gesiebt werden, damit er keine Klümpchen bildet und sich gleichmäßig auflöst.

Streichen, durch ein Sieb: siehe Passieren

Stürzen: Den erkalteten Kuchen am Springformrand mit einem dünnen Messer abfahren. Dann den Kuchen umdrehen und ca. 5 cm über der Arbeitsfläche halten. Mit leichtem Klopfen den Kuchen aus der Form lösen.

Temperieren: Das Temperieren bezeichnet das Schmelzen, Abkühlen und wieder Aufwärmen von Schokolade auf die geeignete Verarbeitungstemperatur.

Tourieren: Tourierte Teige, wie Blätterteig und Plunderteig, werden mehrmals gefaltet, damit die Butterschichten in den Teig eingearbeitet werden.

Überziehen: Mit einem Löffel die Glasur über das Gebäck geben und zu allen Seiten abtropfen lassen.

Unterheben: Die Zutaten vorsichtig mit einem Kochlöffel oder Schneebesen vermischen, damit die luftige Beschaffenheit der Masse erhalten bleibt.

Vorgaren: Das Gemüse bei mittlerer Temperatur köcheln lassen. Wenn man mit einem scharfen Messer hineinsticht, sollte man im Kern noch auf Widerstand stoßen.

Viskos: zähflüssig (z. B. Teig)

Zerlassen: Die Butter in Flöckchen in einen Topf geben und bei mittlerer Hitze erwärmen, bis sie schmilzt. Dabei gelegentlich rühren. Sie soll nicht braun werden.

Zerstoßen: Im Mörser Körner und Gewürze zerstoßen/zermahlen.

Ziehbutter: Mit Mehl verknetetes Fett, das eine höhere Schmelztemperatur als Butter hat und zum Tourieren von Teigen verwendet wird.

Ziehen: Damit der Strudelteig noch dünner wird, kann er auf die Unterarme gelegt und leicht gezogen werden.

Impressum

Neun Zehn Verlag
Walter Unterweger
Kreuzstr. 21
13187 Berlin

www.neunzehn-verlag.de

2. Auflage Printed 2014

ISBN: 978–3942491334

Ruth Keenan

ZU GAST BEI MOSES

Rezepte für biblische Köstlichkeiten

Müller
Rüschlikon

INHALTSVERZEICHNIS

VORWORT

Ich hatte das Glück, im Land der Bibel geboren zu werden und zu leben und von Kindheit an ihre Geschichten und Lehren aufzunehmen. Deshalb fiel es mir verhältnismäßig leicht, mich in die Geschmäcke und Düfte, die fast jeder Seite dieses altehrwürdigen Buches entströmen, zu vertiefen. Die Gerüche sind diejenigen der Erde Israels, und die Geschmäcke diejenigen, die dessen Bewohner der Tier- und Pflanzenwelt entlockten. Heute wie vor mehr als zweitausend Jahren sind es das angenehme und manchmal grausame Klima, die fruchtbaren und dürren Felder, der Überfluß und die Not, die das Leben der Leute bestimmen und sich in ihrer Küche widerspiegeln.

Die Bibel ist vielleicht vor allem ein Buch, das historische Tatsachen erzählt. Dennoch sind in diesen Ereignissen, die das Leben des Volkes und aller Leute aus dieser Gegend geprägt haben, viele einzelne Geschichten enthalten, die den einfachen Alltag beschreiben. Und darin spielt, wie auch bei besonderen Geschehnissen, das Essen eine wichtige Rolle.

Als Geschichtsbuch ist das Alte Testament eines der wichtigsten Zeugnisse seiner Epoche. Es ist aber auch eines der bedeutendsten Literaturwerke der Menschheit. Seine Geschichten lassen ein komplexes Bild menschlicher Gefühle, Schwächen und mutiger Taten, von Verzweiflungen und hohen Freuden mit einer häufig gewollten poetischen Nüchternheit entstehen. Im selben Stil wird das Nächstliegende, das grundlegende Bedürfnis des Menschen nach Nahrung, behandelt.

Die Bibel schildert in fast jeder ihrer Geschichten eine Mahlzeit. Manchmal beschreibt der Erzähler die ganze Speisenfolge, die bei besonderen Gelegenheiten serviert wurde. Fast nie läßt er sich über die Zubereitung eines Gerichts aus: die Bibel enthält keine Rezepte. Aber als ich den Köstlichkeiten nachging, die bei verschiedenen Gelegenheiten aufgetischt wurden, habe ich mich nicht mit ein paar nackten, seelenlosen Elementen begnügt. Ich habe versucht, die Wirklichkeit und die innere Welt der Geschichte zu entdecken, selbst wenn sie nur mit ein paar Zeilen angedeutet wurde.

Alle Gerichte in diesem Buch sind von den dazu erzählten Geschichten inspiriert. Keinesfalls habe ich aber versucht, echte biblische Mahlzeiten nachzubauen. Mir schien es sinnlos, am Ende des zwanzigsten Jahrhunderts unter den Umständen und mit den Einschränkungen der biblischen Zeit zu kochen. Ein Menu ergab sich manchmal aus konkreten, im Text erhaltenen Tatsachen und manchmal nur aus meiner Phantasie. Die Rezepte in diesem Buch wollen absolut nicht authentisch sein. Es sind moderne Rezepte für Mahlzeiten von heute; in allen Küchen und von allen Köchen lassen sie sich nachvollziehen.

Nachdem ich die außerordentliche Geschichtensammlung, die man kurzweg mit "Altem Testament" bezeichnet, wieder und wieder gelesen habe, scheint mir, daß alle von mir geschilderten Mahlzeiten wirklich stattgefunden haben, selbst diejenigen, die in der Bibel nicht beschrieben sind. Und außerdem haben mich die Lektüre und die historischen Recherchen, die für dieses Buch nötig waren, belehrt, daß der Abstand zwischen dem Essen jener Zeiten und unserer Küche nicht so groß ist, wie man erwarten könnte. Der größte Unterschied zwischen den Menschen, die vor dreitausend Jahren lebten, besteht in der Erhältlichkeit von Produkten und den raffinierten Geräten, deren wir uns bedienen. Gemeinsam sind uns aber in Wahrheit die kulinarischen Vorbereitungen, das Anrichten der Speisen, das Würzen und die Freude, die das Kochen bereitet.

Die Nahrung war immer mit Freude verbunden und wird es immer sein, einer uranfänglichen und körperlichen Freude, die persönlich und kreativ ist. Es gab schon immer Menschen, die es verstanden, das Kochen, die Vorbereitung und die Darbietung der Mahlzeiten zu einem besonderen Ereignis zu machen, einem ursprünglichen und ausdrucksstarken Werk, das einem Kunstwerk glich. Allen, die die Küche und Düfte aller Zeiten lieben, ist dieses Buch gewidmet.

Ruth Keenan, 1995

EINLEITUNG

Die Genesis sagt uns, drei Tage der Schöpfung seien der Erschaffung von Pflanzen und Tieren gewidmet gewesen, die später die Menschen ernährten.

Aus diesem Gesichtswinkel ist die Erbsünde die Geschichte einer Verführung durch ein Nahrungsmittel. Adam und Eva konnten der Frucht des Baumes der Erkenntnis nicht widerstehen. Und die Strafe, die Adam traf, spricht wiederum von Nahrung: "Im Schweiße deines Angesichts sollst du dein Brot essen". (Genesis III, 19)

Im Paradies, in dem Adam und Eva vor ihrer Vertreibung lebten, gab es alle Baumarten, die Gott geschaffen hatte, Wasser in Fülle und alle Tiere der Welt, die Adam zur Verfügung standen. Die verschiedenen Überlieferungen halten das antike Mesopotamien, nördlich des fruchtbaren Halbmonds, für den Ort des Paradieses. Dort spielten sich die ersten Ereignisse des Alten Testaments ab.

Für die Geschichtsforscher ist es besonders interessant, aber auch sehr schwierig, den Alltag alter Zeiten zu rekonstruieren. Sie ziehen archäologische Entdeckungen und Schriftstücke herbei. Aber auch die Traditionen und die generationenalten Bräuche bestimmter Gegenden, die botanischen und geologischen Forschungen und die Mutmaßungen und Meinungen der Forscher helfen ihnen dabei sehr.

Viele Forscher haben lange nachgedacht, um herauszufinden, wie der Alltag in der Antike aussah, und viele fesselnde Bücher wurden darüber geschrieben.

Es ist äußerst schwierig herauszufinden, was die Leute aßen zu einer Zeit, da schriftliche Dokumente rar waren. Die Nahrung verdirbt, deswegen gibt es sehr wenig archäologische Beweise, welche Lebensmittel verwendet wurden. Eigentliche Kochbücher sind erst aus der römischen Zeit erhalten. Es gibt ältere griechische Texte, die Lebensmittel erwähnen, und Ägyptologen können einige "Rezepte" aus jener Zeit vorweisen.

Ja, man hat sogar kürzlich noch ältere, mesopotamische Schreibtafeln entdeckt, die kulinarische Vorbereitungen erwähnen. Das sind eigentlich richtige Kochbücher, denn sie beschreiben in Einzelheiten die Produkte, die es für ein Gericht braucht, sowie die Küchengeräte, die Zubereitung und Darreichungsform. Frappant ist dabei, daß diese Schilderungen aus mehr als zweitausendfünfhundert Jahren alten Dokumenten sehr unserer heutigen Kochkunst gleichen. Erinnert man sich daran, daß diese Periode genau derjenigen der biblischen Patriarchen entsprach, die selbst aus Mesopotamien stammten, so kann man davon ableiten, wie die Menschen des alttestamentarischen Zeitalters sich ernährten.

Opferszenen. Votivtafel aus der Gegend des Dijala (3. Jahrtausend v. Chr.). Bagdad, Museum des Irak.

Historisch betrachtet, kann man das Alte Testament, das sich über einen Zeitraum von ungefähr dreitausend Jahren erstreckt (angefangen mit Noah über die Zeit der Patriarchen bis zur Zerstörung des Tempels etwa vierhundert Jahre vor Christus), nicht als einen Block betrachten. Im Verlauf der erzählten Ereignisse haben sich die Zivilisationen gewandelt, wichtige Entdeckungen wurden gemacht, und dank ihnen änderten sich die Lebensmittel und die Ernährungsgewohnheiten. Die Bibel selbst verbreitet sich nicht über das Kochen. Obschon sie an jedem Ort und beinahe in jeder Geschichte das Essen erwähnt, erklärt sie kaum je, was man aß, wie man die Gerichte kochte und anrichtete.Wenn auch lange Kapitel der Nahrung gewidmet sind, so handeln sie doch vor allem von verbotenen und erlaubten Lebensmitteln und von rituellen Opfern. Sie erörtert deren Anbau, die hygienischen und medizinischen Aspekte der Nahrung und die Bräuche, die mit der Zubereitung verbunden sind, aber die praktische Seite der Küche kommt nicht zur Sprache. Sie erwähnt die Ernährung in Zusammenhang mit religiösen Vorschriften und geht über die kulinarische oder gastronomische Ebene hinweg.

Eine genauere Idee über die Ernährung läßt sich aus Entdeckungen bei den Ausgrabungen in biblischen Gegenden (inbegriffen der Fruchtbare Halbmond, Ägypten und sogar das alte Persien) gewinnen. Diese Entdeckungen haben nicht immer direkten Bezug auf Lebensmittel, aber bestimmte Gegenstände und Zeichnungen geben Aufschluß über die Gebräuche der jeweiligen Epoche.

Reichhaltigere Informationen stammen aus jüngerer Zeit, aus Chroniken, die von Historikern studiert werden, und aus der Sammlung und Neufassung der Bücher des Alten Testaments, die von jüdischen Gelehrten unternommen wurde. Diese Dokumente, deren wichtigste von Josephus Flavius und der Mischna (einem alten jüdischen Gesetzbuch) stammen, vermitteln uns viel über die damals und früher geläufigen Lebensmittel; sie entstammen den ersten christlichen Jahrhunderten.

Man kann zum Beispiel aus den Aufzählungen der Mischna entnehmen, welche Lebensmittel im alten Israel

Krug, gefunden in Tell Sabi Abyad (5050 v. Chr.) Syrien, Museum von Rakka.

angebaut und welche Gerichte und Brote häufig zubereitet wurden. Aber die Suche nach den Essensgewohnheiten jener Generationen birgt eine weitere Falle: die der verschiedenen Übersetzungen des Alten Testaments. Sie folgen nicht immer getreu der hebräischen Vorlage, obschon auch diese nicht immer Einzelheiten über gewisse Lebensmittel enthält. Manche Gemüsenamen wurden zum Beispiel verstümmelt und andere geändert, weil sie heutzutage ein anderes Gemüse bezeichnen als das in der Bibel gemeinte. Die Beschaffenheit von Gerichten, die nur mit Namen genannt werden, läßt sich nur vermuten.

WAS ES GAB UND WAS NICHT. Wer heutzutage Kochen und Essen liebt, versteht vielleicht nicht, wie die Antike kochte und aß, die die Grundnahrungsmittel aller modernen Küchen wie Reis, Kartoffeln, Tomaten, Zucker und … Kaffee nicht kannte. Die Gelehrten wissen wohl, daß es diese Lebensmittel in den Gegenden, von denen die Bibel erzählt, damals nicht gab. Eine große Anzahl von uns geläufigen Gemüsen war damals unbekannt oder wurde als nicht eßbar betrachtet (Pfefferschoten, Mohrrüben, bestimmte Zucchini-Arten, Auberginen). Früchte, die Israel und seine Nachbargegenden heute im Überfluß anbauen und die von sehr weit her in den Nahen Osten gekommen sind - aus Afrika, Amerika und Asien - waren noch unbekannt (Bananen, Ananas, Orangen). Ebenso gewisse Gewürze, Getreidesorten und Getränke (Mais, Tee, Kakao).

Manche Lebensmittel, die zur Zeit der Bibel existierten, wurden von den Helden der Geschichten nicht verzehrt, weil die Religion sie verbot. Nach der jüdischen Tradition durften die Menschen erst von Noahs Zeit an Fleisch essen; Adam, Eva und ihre Kinder ernährten sich ausschließlich von den Früchten der Erde, waren also Vegetarier. Noah und seine Söhne durften Fleisch essen, nicht aber das darin enhaltene Blut. Nachdem Moses den Kindern Israels Gesetze übergeben hatte, durften sie auch bestimmte Tiere nicht essen, vor allem das Schwein, die meisten Meeresfrüchte, das Wild wie etwa Hasen, Geflügel und Greifvögel. Mose Gesetzwerk schrieb auch genau vor, wie Schlachtvieh zu töten war. Es wurde zur Grundlage der jüdischen rituellen Speisegesetze über koschere Nahrung.

Und trotz Kargheit, religiöser Verbote und technischer Einschränkungen verfügte das biblische Zeitalter über eine reiche und vielfältige Küche, die es verstand, aus dem Vorhandenen nicht nur Ernährung, sondern auch Wohlgeschmack zu zaubern. Dank den biblischen Texten und den archäologischen Funden weiß man mit Sicherheit, was es gab und was zum Kochen verwendet wurde. Das Alte Testament liefert uns auch Angaben über die Küchengeräte und die Kocharten. Die nicht erwähnten erscheinen in der Mischna. Gemüse, das sicher in jedem Haus vorhanden war und in der Bibel erwähnt wird, war die tägliche Nahrung des einfachen Volkes. Die von der Bibel erwähnten Früchte sind zahlreich. Die wichtigste Nahrung war das Brot, das die antiken Bäcker aus Weizen- und Gerstenmehl in verschiedenen Feinheiten und Qualitäten buken. Auch gewisse Gemüsesorten dienten, getrocknet und gemahlen, zur Brotherstellung. Das biblische Brot war flach und ungesäuert oder mit Sauerteig gemacht, einer Technik die die alten Ägypter entdeckt hatten. Da es sowohl als Speise wie auch als Symbol große Bedeutung hatte, ist ihm ein eigenes Kapitel gewidmet (siehe Seite 171). Als Fleischnahrung war bestimmt das Schaf am weitesten verbreitet. Rind- und Kalbfleisch wurden allerdings höher geschätzt. Die Tiere wurden auch als Opfer verwendet, darum schreibt die Bibel genau vor, wie sie zuzubereiten sind. Man aß viele Vögel, die man jagte (Tauben, Wachteln, Rebhuhn), und man züchtete und stopfte Gänse und Enten.

Das Alte Testament erwähnt Fische nicht. Zweifellos erlaubten aber die Küsten des Mittelmeers einen reichlichen Fischkonsum. Möglicherweise konnte man in den ältesten Zeiten Fische nicht genug haltbar machen, um sie ins Land hineinzubringen, so daß nur die Küstenbewohner sie essen konnten. Es wurde aber auch in den großen Flüssen wie dem Jordan und in den Seen des Nordens gefischt. Über Ägypten sagt die Bibel, Fische würden im Nil gefangen und in den großen

Zuchtteichen, welche die Bauern angelegt hatten. Heute kann man in Jerusalem, im Gemäuer der Altstadt, die Fischpforte sehen, wo sicherlich in den späteren Zeiten der Mischna der Fischhandel stattfand.

Die biblischen Köche hatten eine große Auswahl von Kräutern. Manche davon wurden, frisch gepflückt, als Speise und als Würze verwendet; andere wurden getrocknet und später gebraucht. Die am meisten verbreiteten Kräuter umfaßten Ysop (Oregano oder Majoran), Koriander, Kümmel, Dill, Minze, Senf, Anis, Echten Kümmel, Thymian, Salbei, Selleriesamen. Die Bibel schildert die Karawanen, die Kräuter und Duftstoffe aus fernen Ländern wie Indien und Arabien herbeibrachten, außerdem Zimt, Ingwer, Gewürznelken, Pfeffer und Safran. Und vor allem gab es mehr als genug Salz, mit dem man den Geschmack der Speisen verbesserte und Lebensmittel haltbar machte.

Man kann aus diesen Aufzählungen leicht ersehen, welche Produkte die biblische Küche außerdem bestimmten: getrocknete Gemüse, nahrhaft und leicht zu konservieren; Gemüse in Salzlake, die sich lange über die Saison hinaus hielten. Man stellte Süßigkeiten wie Honig aus Datteln, Feigen und Johannisbrot her. Die Trauben lieferten Wein und Essig und die Olive Öl. Aus bestimmten Kornarten bereitete man Bier zu, das schon die Mesopotamier kannten. Ziegen, Schafe und Kühe gaben Milch, aus der man frische und trockene Käse machte und in Salz einlegte, und Sahne und Butter. Sauermilch wurde als Getränk genossen. Die Hühner lieferten Eier, die sich für alle möglichen Gerichte eigneten.

Der Mensch des zwanzigsten Jahrhunderts kann sich schwer vorstellen, wie eine Küche der biblischen Zeit ohne Kühlschrank, ohne Tiefgefriertruhe, ohne Backofen in Reichweite, ja ohne Herd, ohne all die Apparate, die wir heute in der Küche haben, aussah. Es stimmt, daß der Koch oder die Hausfrau jener Zeit nicht viele raffinierten Geräte hatten. Es scheint auch, daß nicht alle Häuser der Küche eine spezielle Nische reserviert hatten. Man kochte im Freien, im Hof oder direkt neben dem Zelt. Verschiedene Orte im

Juden mit Gepäck und Kamelen auf dem Weg ins Exil. Detail aus einem Flachrelief des Palasts des Sanherib, das die Schlacht von Lakisch (8. Jh. v. Chr.) zeigt. London, British Museum.

Haus wurden als Vorratskammer genutzt, wo Getreide, Mehl, Öl, Honig in großen Tonkrügen aufbewahrt wurden. Nur bei den Reichen und in den jüngsten biblischen Zeiten enthielten die Häuser einen Raum, der der Ernährung reserviert war.

Die Bibel spricht von Geschirr vor allem in Zusammenhang mit den Opfern im Tempel. Töpfe, Pfannen, große Gabeln und andere Geräte, die die Priester verwendeten, fanden sich vielleicht auch in den Familienküchen. Gewisse archäologische Entdeckungen zeigten die Existenz von Mahl- und Siebgeräten für das Mehl, von solchen für das Auspressen von Oliven und Früchten, von Butterfässern und von Geräten zum Kochen und Aufbewahren der Lebensmittel. Man fand auch Brotöfen, aber man kann sich leicht andere Formen des Backens vorstellen: auf Holzfeuern, auf Glut und auf glühendheißen Backsteinen.

WIE ASSEN SIE? Enorme Veränderungen der Gesellschaftsstruktur und der Zivilisation vollzogen sich während der vielen Epochen, von denen das Alte Testament erzählt. Seßhafte Kulturen lösten die Sippenoberhäupter und die nomadisierenden Stämme ab, und die ersten Städte entstanden. Patriarchalische Ordnungen wurden durch Monarchien ersetzt, und die heidnischen Religionen wichen dem Monotheismus, in dessen Schoß die Bibel und ihre Moral entstanden. All diese Wandlungen beeinflußten den Alltag der Menschen und natürlich auch deren Ernährung.

Die ersten Bibelgeschichten erzählen von Leuten, die im Familienverband lebten. Sie wohnten in Zelten und waren jeden Augenblick bereit, ihre Habe einzupacken und anderswohin zu gehen. Einer der wichtigsten Anstöße für einen Umzug war die Notwendigkeit, Mittel zum Überleben und Nahrung zu finden. Sie jagten in der Umgebung und pflückten wilde Pflanzen und ließen ihre Tiere weiden. Die Schafe gaben ihnen Milch und Milchprodukte, und auch Wolle und Leder, aus denen sie Kleider und Alltagsgegenstände verfertigten.

Jedesmal, wenn das Klima oder eine Naturkatastrophe ihre Versorgungsquellen bedrohte, mußten sie andere ausfindig machen. Dürre und Hun-

gersnot zwangen Abraham, Isaak und die Söhne Jakobs (Israel genannt) zum Umherirren; schließlich trafen sie und ihre Nachkommen in Ägypten ein, wo sie vierhundert Jahre lang blieben. Israels Söhne stießen dort auf eine andere Zivilisation, die auf perfekt organisierten städtischen und ländlichen Strukturen beruhte und im Interesse des ganzen Landes regiert wurde. Die Flucht in die Wüste stürzte sie ins Nomadentum, in die Schwierigkeiten des Klimas und der Dürre zurück. Einen ihrer härtesten Kämpfe bescherte ihnen die Erinnerung an Ägypten, an dessen im Vergleich zur mageren und eintönigen Nahrung der Wüste reiches und mannigfaltiges Essen.

Die späteren Erzählungen des Alten Testaments, von der Eroberung und Bevölkerung Kanaans durch Israel an, schildern eine andere Lebensweise, eine produktive, bäuerliche Gesellschaft, die sich von ihren Ernten ernährte. Es gab auch Städte, in denen lebhafter Handel mit Landprodukten oder aus fernen Ländern und anderen Kontinenten eingeführten Lebensmitteln getrieben wurde. Die Ernährung war abwechslungsreicher geworden und mit Eßwaren bereichert, die die Selbstversorger nicht kannten. Das ganze Jahr richteten sich die Feste, die Feiertage, die Tage des Fastens und der Unruhe nach dem Kreislauf der Natur und den landwirtschaftlichen Erntezeiten.

Die Lebensweise diktierte nicht nur, was man aß, sondern auch, wie die Nahrungmittel zuzubereiten und zu präsentieren waren. Die Nomadenstämme waren gewohnt gewesen, das Fleisch am Feuer oder auf der Glut zu braten, ungesäuertes Brot herzustellen, Trockengemüse zu essen und Gemüse und wilde Kräuter zu sammeln; die Ernährung Seßhafter aber war viel reichhaltiger; sie hatten im Ofen gebackenes Sauerteigbrot, wie es scheint auch Kuchen, geschmortes oder in Fett gebratenes Fleisch, gezüchtetes Gemüse und zahme Hühner. Sie konnten Lebensmittel in Tonkrügen und an geeigneten Orten aufbewahren und eine Ecke ihres Hauses der Küche und den Mahlzeiten reservieren. Die Zeltbewohner aßen sicherlich auf die Erde gekauert. Deshalb beginnt die Erzählung von der Mahlzeit, die Abraham den Engeln ser-

Opferträger. Detail am Thron des Salmanassar III (9. Jh. v. Chr.). Bagdad, Museum des Irak.

vierte, mit einer Fußwaschung direkt vor dem Essen (Genesis XVIII,4). Das Brot war nicht nur eine Mahlzeit; es diente auch dazu, das Essen zum Mund zu bringen. Den Rest nahm man von Hand; wahrscheinlich gab es kein Eßbesteck. Zur Zeit der Könige beschreibt die Bibel Mahlzeiten, die um einen Tisch herum eingenommen wurden, wo der Platz eines jeden seine Bedeutung hatte, wie bei der Mahlzeit, die Samuel zu Ehren Sauls ausrichtete (Samuel I, IX, 22) und derjenigen, bei der David fehlte (Samuel 1, XX, 27). Wenn man wichtige Leute bewirtete, sorgte man für bequeme Sitze, Sofas und weiche Kissen. Ein Zeugnis

davon gibt das Festmahl, das drei ehrenwerte Männer für David veranstalteten (Samuel II, XVII, 28-29). Dafür brauchte man auch schönes Geschirr, in dem die Speisen David und seinen Männern aufgetragen wurden. Die Leute des Volks aßen oft auf den Feldern am Arbeitsort und legten alle Nahrung zusammen, wie im Buch Rut erzählt wird: ähnlich wie bei unseren Picknicks.

Es ist schwierig, heute aus den Schilderungen des Alten Testaments herauszulesen, wie oft man im Tag aß und in welcher Reihenfolge. Es scheint, daß die Hauptmahlzeit am Mittag oder anfangs des Nachmittags stattfand, wenn noch Tageslicht herrschte. Man genoß eine leichte Mahlzeit am Morgen vor der Arbeit (Moses 2, XVI, 12). Besondere Mahlzeiten wurden bei Verlobungen, Heiraten, Beschneidungen und Vertragsunterzeichnungen ausgerichtet. Sie dauerten offenbar bis tief in die Nacht.

Was das Volk, die Armen aßen, unterschied sich drastisch von den Mahlzeiten der Reichen und der Könige.

Die Mannigfaltigkeit und die Menge der Lebensmittel, die jeden Tag in die Küchen des Königs Salomo gebracht wurden, verblüffen uns noch heute. Dagegen darf man annehmen, daß die tägliche Nahrung der Erntearbeiter, die mit Rut der Moabiterin werkten, nicht mehr enthielten, als was die Geschichte beschreibt: hauptsächlich Brot und Essig. Das Menu der Massen umfaßte nur Brot, Gemüse, Trockengemüse, Öl, Essig, Milchprodukte, frisches oder gedörrtes Obst; Fleisch gab es nur an Feiertagen. Die Reichen aßen öfters

Fleisch. Sie erfreuten sich an raffinierteren Gerichten und an selteneren Lebensmitteln wie etwa Gewürzen, deren Preis horrend war, oder Rindfleisch und Hähnchen von ausgezeichneter Qualität.

Was die Reihenfolge der Speisen angeht, so wurden sehr wahrscheinlich alle gleichzeitig auf den Tisch gestellt. Die Essenden konnten sich frei bedienen. Oft bestand das Essen aus Brot und einem einzigen Gericht, wie die Linsensuppe Jakobs und Esaus (Genesis XXV, 34), oder aus mehreren Gerichten. Das Essen wurde von Wein, vielleicht auch Bier und wahrscheinlich meist von Sauermilch begleitet. Man trank auch häufig mit Wasser verdünnten Essig.

IM ANFANG WAR DER APFEL. Welche Frucht haben Adam und Eva gegessen? Es gibt verschiedene Meinungen. Die Mehrheit der Gelehrten glauben, es habe sich um eine Aprikose gehandelt, andere denken an einen Apfel. Apfelbäume werden in der Bibel mit ihrem hebräischen Namen mehrmals genannt; wahrscheinlich wuchsen sie in Israel zur Zeit der Könige (rund tausend Jahre v.Chr.).

Die Bücher des Josephus Flavius, eines Geschichtsschreibers aus dem 1. Jahrhundert n. Chr., schildern das Land Israel, ehe es in die Hände Roms fiel, als ein fruchtbares Paradies, das alle möglichen und denkbaren Früchte hervorbrachte. Nach dem Eindringen der Römer, sagt er, war das Land nicht wiederzuerkennen: alle Bäume waren verbrannt und die Äcker wüstengleich. Fünf der wichtigsten Obstbäume, die in Israel wuchsen, sind in den "sieben Arten" enthalten, die Gott dem Land geschenkt hatte: Die Rebe, der Feigenbaum, der Granatapfelbaum, die Dattelpalme und der Olivenbaum. Man kann den Mandelbaum hinzufügen, den Johannisbrotbaum, die Melone, Zitrusfrüchte (wahrscheinlich die Zitronatzitrone), Nußbäume, Pistazienbäume, den Maulbeerfeigenbaum: sie alle werden im Alten Testament genannt. Pfirsich und Birne erscheinen in der Mischna.

Manche Früchte wurden sonnengetrocknet genossen, anderen wurde der Saft ausgepreßt. Die Weintrau-

Befestigtes Heerlager mit vier Szenen aus dem Alltag. Flachrelief aus Nimrud (865 – 860 v. Chr.). London, British Museum.

ben lieferten Wein und Essig, die Feigen, Datteln und das Johannisbrot den Honig. Manche Früchte wurden zum Färben oder zur Parfümherstellung verwendet. Die verschiedenen Nüsse hatten den Vorteil guter Haltbarkeit und hohen Nährwerts, und die Oliven gaben das Öl. Obst wie das Johannisbrot und die Maulbeerfeige wurde auch Schafen und Rindern gefüttert; mit Feigen wurden nach alter ägyptischer Tradition anscheinend Gänse gestopft, und tatsächlich hat man heute festgestellt, daß von so gemästeten Gänsen eine saftigere Gänseleber gewonnen wird.

ein nahrhaftes und sättigendes Essen. Manche wurden zu Mehl verarbeitet, aus dem man Suppen, Brot und Kuchen machte. Wir wissen von der Mischna, daß viele Gemüse, die in Israel im Überfluß wuchsen, als eßbar betrachtet wurden, darunter mehrere Pilzarten, Artischocken und Spargeln. Die Mischna führt auch eine Reihe in Salzlake konservierter Gemüse an wie Kapern, Kürbisse und Gurken. Das Einmachen in Salzlake erlaubte die Konservierung von Saisongemüse, das sonst rasch verdarb.

DER BIBLISCHE KÜCHENGARTEN

Feines Mehl, gemästete Rinder, seltenes Geflügel werden in der täglichen Speiseliste des Königs Salomo ausdrücklich aufgeführt. Hingegen ist kein einzges Gemüse erwähnt, zweifellos, weil man es als Nahrung der Armen ansah. Man darf annehmen, daß sie stets aufgetragen wurden und nichts zum Reichtum und Luxus der Palastküche beitrugen noch ihr abträglich waren.

In der ältesten Zeit sammelte man die Gemüse in der Natur. Erst später begann man, Gemüsegärten anzulegen, deren Produkte sich auf dem Markt verkaufen ließen. Die längste Aufzählung von Gemüsen findet sich in der Liste der Lebensmittel, nach denen die Kinder Israels auf der Flucht aus Ägypten gelüstete: Gurken (oder vielleicht Zucchini), Knoblauch, Zwiebeln und Lauch, denen man sicherlich eßbare Wurzeln wie Rettich und Beten sowie Kohl und Erbsen und alle Arten von Kürbissen, die in Israel gediehen, hinzufügen kann. Auf den Feldern konnte man auch viele eßbare Kräuter und Würzkräuter sammeln, zweifellos die berühmten "bitteren Kräuter" der Bibel, die unseren Salaten glichen. Trokkengemüse wie die Linsen, aus denen Jakob für seinen Bruder Esau eine Suppe bereitete, und die Bohnen, die David und seinen Männern auf das Schlachtfeld gebracht wurden, nahmen in der biblischen Küche einen Ehrenplatz ein. Sie waren stets verfügbar und hielten lange, ließen sich leicht lagern und ergaben

GEWÜRZE UND GEWÜRZKRÄUTER

Der unendliche Reichtum an Gewürzen und Kräutern kennzeichnet die biblische Küche: Kräuter wuchsen reichlich auf dem fruchtbaren Boden der Gegend, Gewürze aber wurden aus fremden und fernen Ländern eingeführt. Zahlreiche archäologische und biblische Zeugnisse erzählen von Kamelkarawanen, die das Land Israel in allen Richtungen durchquerten, beladen mit Gewürzen und Duftstoffen.

Das Salz, das wichtigste Gewürz aller Zeiten, war schon zur Zeit des Alten Testaments reichlich vorhanden. Archäologische Grabungen zeigen, daß es aus dem Wasser des Toten Meers und des Mittelmeers gewonnen wurde und daß der Handel damit eine der wichtigsten Tätigkeiten der Bewohner dieser Gegend war. Es diente nicht nur zum Würzen, sondern auch zum Einmachen von Fleisch, Fischen, Gemüsen, Oliven und Kapern. Und angesichts seiner Bedeutung als Grundprodukt wurde es auch in religiösen Zeremonien verwendet.

Ob an den galiläischen Berghängen, auf den Hügeln Judäas und Samarias, im Jordantal oder auf der Küstenebene: die aromatischen Wildpflanzen Dill, Petersilie, Basilikum, Koriander, Anis, Lorbeer, Fenchel, Senf, Kümmel, Wiesenkümmel, Majoran, Thymian, Salbei und Oregano waren gebräuchlich in Salaten, Getränken und gekochten Gerichten. Von einigen aß man nur die Blätter, von anderen die Körner, und von wieder anderen die

Die Mahlzeit. Detail aus einem Relief des Assurbanipal-Palasts in Ninive (7. Jh. v. Chr.). Paris, Louvre.

ganze Pflanze. Es gibt wenigstens zwei biblische Geschichten, die mit vielen Details vom lebhaften Handel und dem großen Wert anderer Gewürze sprechen: Joseph wurde von seinen Brüdern an eine Karawane verkauft, die aus dem Norden nach Ägypten wanderte und Satteltaschen voll wertvoller Gewürze und Parfüms mitführte; und die Königin von Saba überbrachte dem König Geschenke von unschätzbarem Wert: Gewürze, Gold und Edelsteine. Die kostbaren Gewürze, die aus Asien und Afrika stammten, waren nur den Wohlhabenden zugänglich, die sie sich leisten konnten. Allein ihr Vorhandensein in den Gerichten zeugte vom Reichtum des Hausherrn. Dieser antike Handel mit Afrika und Asien wurde durch Ausgrabungen nachgewiesen, als man Elfenbeinfiguren fand, die viertausend Jahre vor der christlichen Zeitrechnung entstanden waren.

Unter den Gewürzen, die die Menschen der Bibel kannten, gab es Zimt, Safran, Sesamkörner, Muskatnuß, grauen Pfeffer, Gewürznelken und vielleicht auch Ingwer. Sie dienten vor allem der Bereicherung der Mahlzeiten wohlhabender Leute, aber man verwendete sie auch zur Herstellung kostbarer Parfüms.

"DAS LAND, IN DEM MILCH UND HONIG FLOSS". Die häufige Bezeichnung Israels als "Land, in dem Milch und Honig fließt" unterstreicht die Bedeutung dieser beiden biblischen Lebensmittel. Die Milch, die von im ganzen Land gehaltenen Schaf- und Ziegenherden stammte, welche das Wüstenklima gut vertrugen, war sowohl ein Grundnahrungsmittel als auch eine wichtige Quelle tierischen Proteins für einfache Leute. Die reichen Leute, in deren Herden sich auch Rinder befanden, verfügten zweifellos auch über Kuhmilch. Die Milch der Kamele, nicht koscherer Tiere, durfte natürlich nicht getrunken werden. Der Honig, der anscheinend vor allem aus Früchten wie Datteln, Feigen und Johannisbrot gewonnen wurde, diente zum Süßen der Speisen.

Tonwaren und Geschirr, gefunden in Tell-es Safi (10. – 7. Jh. v. Chr.). Jerusalem, Israel-Museum.

Die Forscher sind sich einig, daß es die frische, flüssige Milch, die wir heute kennen, damals nicht gab und daß man Sauermilch trank, die unserem heutigen Joghurt ähnelt. Wahrscheinlich ließ das heiße Klima die Milch rasch nach dem Melken gerinnen. Außerdem wurde sie in Lederschläuchen aufbewahrt, deren Bakterien sie sofort flockig werden ließen. Die Milch ergab zahlreiche Milchprodukte. Die Butterfässer, die archäologische Forscher zutage förderten, beweisen, daß man frische Sahne und Butter herstellte. Die Butter wurde erhitzt, man nahm die Sahne ab und erhielt so ein festes Fett, eine gereinigte Butter, die sich lange hielt und mit der man kochte oder Speisen anbriet. Die frische Milch ergab frischen, säuerlichen Käse, der in Olivenöl eingelegt wurde. Hartkäse, der sich länger hält, wurde erzielt, indem man die Milch direkt in die Bäuche junger Kälber, Ziegen oder Lämmer goß; dort befindet sich ein Enzym, das man heute noch benutzt, um Hartkäse herzustellen. Später galten die jüdischen Speiseregeln, und man verwendete statt dessen Essig und vergorenen Fruchtsaft. Das Käsen glich stark dem heutigen Verfahren und enthielt das Sieden, das Abtropfenlassen und die Konservierung im Salzwasser.

Den Bienenhonig kannten die Menschen der Bibel, wie aus der Geschichte von Simson hervorgeht, der im Aas eines von ihm vor Tagen erlegten Löwen Bienen und Honig fand. Der Honig wurde da geerntet, wo es wilde Bienen gab, aber Bienenstöcke kannte man nicht. Am häufigsten war der Fruchthonig, der reichlich aus Datteln, Feigen, Johannisbrot, Trauben und gewiß auch aus anderen einheimischen Früchten zubereitet wurde, indem man den Obstsaft sott, bis er eindickte. Es war das am weitesten verbreitete und billigste Mittel, um Speisen und Kuchen zu süßen.

FLEISCH, GEFLÜGEL UND FISCH. Als Noah und seine Söhne die Arche verließen, segnete Gott sie und gab ihnen die Erlaubnis, Fleisch, Geflügel und Fische zu essen. Aber anscheinend aßen die einfachen Leute zur Zeit der Bibel nur sehr selten Fleisch, vor allem an Festtagen und zur Feier wichtiger Ereignisse. Das Fleischessen war in religiösen Zeremonien von hoher Bedeutung, und wer sich erlauben konnte, an gewöhnlichen Tagen Fleisch zu essen, galt als reich. Als die Regeln der Thora Geltung erlangten, wurde der Genuß des Fleisches verschiedener Tiere und gewissen Geflügels verboten, auch die Eier nichtkoscheren Geflügels fielen unter das Verbot, und alle Fische ohne Schuppen und Gräte, also alle Meeresfrüchte. Diese Regeln schrieben auch vor, wie die Tiere zu schlachten seien, damit sie so wenig als möglich litten, und wie man das Blut weitgehend aus dem Fleisch entfernte, ehe man es zubereitete. Gewiß war Wild das Fleisch, das zu Beginn der Bibel am meisten genossen wurde. Später aber kannte man vor allem Ziegen- und Schaffleisch. Wohlhabende Leute hielten auch Rinder und mästeten sie, um ein nahrhafteres Fleisch zu erhalten, nach einer allgemein bekannten Methode. Das Fleisch wurde auf verschiedene Arten gekocht: in Bier, Wein oder Wasser gesotten, gebraten oder auf einem Holzfeuer grilliert, oder auf der Glut gegart. Obwohl die Bibel nur selten den Genuß von Geflügel erwähnt, unterliegt keinem Zweifel, daß er bedeutend war. Vor der Epoche der Könige waren dies hauptsächlich in der Natur erlegte wilde Vögel. Unter ihnen kennt man die Wachteln, die die Söhne Israels in der Wüste aßen. Die Tauben werden im Hohenlied "in den Felsklüften, im Versteck wohnend" genannt; hier handelt es sich gewiß um einen Jagdausflug, der mit einer Mahlzeit endete. Auch das Rebhuhn wird genannt, ein Wüstenvogel, der wahrscheinlich zur Zeit der Könige genossen wurde. König Salomos Köche bereiteten Enten und Gänse zu, die vorher gestopft wurden, wohl nach einer in Ägypten gelernten Methode. Hähnchen wurden von den Hebräern erst nach ihrer Rückkehr aus Babylon gegessen. Die Bibel erwähnt Fische nur in der Aufzählung der ägyptischen Speisen, nach welchen die Söhne Israels sich auf der Flucht durch die Wüste sehnten. Aber die Tatsache, daß alle Arten von Fisch in der Thora aufgeführt werden, beweist, daß man sie

früher verzehrt hatte. Israel liegt am Meer und besitzt Flüsse, Quellen und große Seen im Norden, die sicherlich sehr fischreich waren. Fisch wurde wahrscheinlich nicht als unentbehrlicher Bestandteil der täglichen Kost betrachtet, weswegen er selten erscheint. Archäologische Zeugnisse beweisen aber, daß er oft gegessen wurde und daß man schon damals, dreitausend Jahre vor Christus, in Mesopotamien die Süßwasserfische in Salz aufbewahrte. Die Eier erscheinen im Alten Testament wie die Fische selten als Nahrung. Aber das Verbot von Eiern nicht koscheren Geflügels beweist, daß sie vorher als Nahrung und Zutat in der Küche und beim Backen gedient hatten. Die Mischna verbreitet sich lange über ihre Verwendung, enthält verschiedene Methoden der Zubereitung und lobt ihren hohen Nährwert.

WEIN, BIER UND ANDERE GETRÄNKE. Der Wein ist in der Bibel ein wichtiges Getränk; sie weiht seiner erstmaligen Kultur eine ganze Geschichte - diejenige vom Weinberg Noahs und seiner Trunkenheit. Die Verwandlung des Traubensafts in Wein ist eines der ältesten Verfahren, die wir kennen; vor ihr gab es allerdings die Herstellung von Bier aus Weizen, die schon in Mesopotamien und im alten Ägypten bekannt war.
Die zur Zeit des Alten Testament am weitesten verbreiteten Getränke waren zweifellos das Bier, der Wein, die Sauermilch ... und der Essig, den man täglich mit Wasser verdünnt trank. Man darf die Fruchtsäfte hinzufügen, die rein oder mit Wasser und Honig getrunken wurden.

SYMBOLE UND RÄTSEL. Die Symbolsprache der Bibel ist voller Bilder und Allegorien aus dem Gebiet der Ernährung. Da sie eines der Grundbedürfnisse jedes menschlichen Wesens ist, ist es natürlich, daß ihre Verwendung als Metapher den Text für jedermann verständlich machen sollte. Die Gleichnisse und Symbole, die mit der Nahrung zu tun haben, erscheinen deshalb oft in der Rede Gottes und seiner Propheten, die

Mörser aus Basalt, gefunden in Tell Kannas (ca. 2000 v. Chr.).
Syrien, Museum von Aleppo.

bestrebt waren, die göttliche Sprache zu vereinfachen und jedem klarzumachen. Der Prophet Ezechiel wollte seinen Zuhörern am Tag, da die Belagerung Jerusalems erklärt wurde, verständlich machen, wie die Stadt von ihren Sünden gereinigt würde, und zog zum Vergleich einen großen Kochtopf heran, in dem eine ... Suppe kochte. Erst wenn sie ganz verbrannt ist, wird die Stadt gerettet sein: "Setze einen Topf auf, setz ihn auf und gieß Wasser hinein. Tu Fleisch hinein, lauter gute Stücke, Lenden und Schultern, und fülle ihn mit den besten Knochen. Nimm das Beste von der Herde und schichte Holzscheite darunter und laß die Stücke tüchtig sieden und auch die Knochen darin gut kochen. Darum spricht Gott der Herr: 'Wehe der Stadt voller Blutschuld, die einem Topf gleicht, an dem Rost sitzt und nicht abgehen will'" (Ezechiel XXIV, 3-6).

Diese genaue Beschreibung, vielleicht das einzige Rezept der Bibel, war den Leuten jener Zeit vertraut, und es fiel ihnen nicht schwer, die Botschaft des Propheten zu verstehen.

Das Hohelied, das Salomo zugeschrieben wird, enthält eine Fülle von Beschreibungen, die die Liebe zwischen Mann und Frau der Nahrung gleichsetzen. Die Früchte, die Gerichte und selbst der Akt des Essens sind voller erotischer Anspielungen. "Wie ein Apfelbaum unter den wilden Bäumen, so ist mein Freund unter den Jünglingen. Unter seinem Schatten zu sitzen begehre ich, und die Liebe ist sein Zeichen über mir." (Hoheslied II, 3-4). "Wie schön ist deine Liebe, meine Schwester, liebe Braut. Deine Liebe ist lieblicher als der Wein, und der Geruch deiner Salben übertrifft alle Gewürze. Von deinen Lippen, meine Braut, träufelt Honigsein. Honig und Milch sind unter deiner Zunge ..." (IV, 10-11). "Dein Wuchs ist hoch wie ein Palmbaum, und deine Brüste gleichen Weintrauben. Ich sprach: ich will auf den Palmbaum steigen und seine Zweige ergreifen. Laß deine Brüste sein wie Trauben am Weinstock und den Duft deines Atems wie Äpfel." (VII, 8-9). Die biblische Sprache, die viele Erwähnungen des Essens und küchentechnische Ausdrücke umfaßt, ist vor allem bestrebt, den Text menschen- und alltagsnah zu halten. Aber es bleiben trotzdem

einige Fragen übrig. Viele in der Bibel aufgeführten Lebensmittel sind uns unbekannt, und wir können den Ursprung mehrerer Bezeichnungen für Früchte, Gemüse und andere Nahrung nur erraten. Eines der großen Geheimnisse ist das Manna, welches die Hebräer auf der Flucht aus Ägypten aßen. Man hat zwar viele Vermutungen und Hypothesen über diese Nahrung aufgestellt, aber keine blieb unangefochten.

Vielleicht liegt hier die Größe dieses Werks, das bei allen Suchern nach der Wahrheit wie auch bei Künstlern, die Inspiration suchen, stets als unversiegliche Quelle gilt. Außer den historischen Details, die eine mehr als dreitausend Jahre alte Geschichte erleuchten, außer dem philosophischen und moralischen Wert und der poetischen Schönheit und außer den biblischen Geschichten überläßt sie noch vieles der Auslegung und der Phantasie.

Einfangen eines Ochsen. Gemälde aus dem Grab von Iti in Gebelên (gegen 2000 v. Chr.). Turin, Ägyptisches Museum.

DAS PARADIES: DIE ERSTEN KÖSTLICHKEITEN

„UND GOTT pflanzte einen Garten Eden gegen Osten hin und setzte den Menschen hinein, den er gemacht hatte. Und Gott ließ aufwachsen aus der Erde allerlei Bäume, verlockend anzusehen und gut zu essen, und den Baum des Lebens mitten im Garten und den Baum der Erkenntnis des Guten und Bösen."

Genesis II, 8–9

"Und es ging aus von Eden ein Strom,
den Garten zu bewässern." (Genesis 2, 10)
Wasserfälle von Saar, Israel.

Vorausgehende Doppelseite, links:
"Und das Weib sah, daß von dem Baum
gut zu essen wäre … Sie nahm von der
Frucht und gab ihrem Mann, der bei ihr
war, auch davon, und er aß".
(Genesis 3, 6). *Les très riches heures du duc
de Berry*. Chantilly, Musée Condé.

Vorausgehende Doppelseite, rechts:
A. Switzer, *Le Paradis terrestre*. Titelseite
des botanischen Werks von John
Parkinson, London 1629.
Paris, Bibliothèque de l'ancienne
Faculté de médecine.

Der riesige Feigenbaum entfaltet seine Zweige und umfängt damit den blühenden Apfelbaum an seiner Seite. Die Zweige biegen sich unter dem Gewicht der reifen Früchte, denen ein Duft von Nektar entströmt, der die ganze Umgebung erfüllt. Die prächtigen Blätter gleichen großen Händen, die ihren wohltuenden Schatten über die grün leuchtenden Weiden legen. Daneben erheben sich stolz, die grünen Zweige gegen den Himmel gereckt, die Palmen; gelbe und schwarze Datteltrauben scheinen aus ihren Achseln zu sprießen. Um ihre Stämme windet sich die Passionsblume, deren gelbe, grün gesprenkelte Früchte einen berauschenden Duft von sich geben. Die orangefarbenen Papaya-Früchte häufen sich golden am Boden. Nicht weit davon kreuzen sich Reihen von Bäumen, beladen mit Äpfeln und Birnen, Pfirsichen und Mandeln, Pflaumen und Aprikosen.

Dichtbelaubte Olivenbäume mit knorrig verschlungenen Stämmen klammern sich an den Hang eines kahlen Hügels. Ihre Blätter funkeln silbern in der voll erstrahlenden Sonne. Das Feld, das sich am Horizont ausbreitet, leuchtet im tiefen Gold reifen Weizens, der sich in einer milden, leichten Brise wiegt. Die Zweige der Granatäpfelbäume neigen sich fast bis zum Boden; ihr Diadem aus schwellenden Früchten mit durchsichtigen Kernen ist von rötlichem Licht umflutet. Die riesigen Johannisbrotbäume, die so trau-

20

rig aussehen, lassen ihre schwarzen Finger hängen, aus denen sich Honig auf eine durstige Wiese ergießt. Entlang der Baumalleen liegen auf der Erde alle möglichen Obstsorten: Äpfel, Wassermelonen, überreife, aufgeplatzte Melonen; Gold und Rubinrot färben ihr Äußeres, und ihr Saft verbreitet sich auf der fruchtbaren Erde. Unweit eines ruhig fließenden Flusses mit blauem Wasser stehen Himbeer- und Stachelbeersträucher. Auf dem Hang des Hügels, der sich zum Fluß senkt, wächst eine fruchtbare Rebe, behangen mit grünen und blauen Trauben; ihre lockigen Zweige beben im lauen Wind. Die mächtigen Blätter des Bananenbaums verstecken Büschel gelber und gefleckter Früchte. Unter dem Kirschbaum, zwischen dessen Laub sich viele Paare roter Früchte verbergen, befinden sich ein junger Mann und ein Mädchen; beide sind nackt. Sie halten sich bei der Hand und treten das grüne Gras nieder. Der junge Mann pflückt ein paar Kirschen. Er bietet dem Mädchen davon an. Mit ihren weißen Zähnen beißt sie in die reife Frucht, deren Saft ihre Lippen wunderbar rötet. Vor den Orangenbäumen pflückt sie einen goldenen Apfel und hält ihrem Gefährten Schnitze hin.

"Und er trieb den Menschen hinaus und ließ lagern vor dem Garten Eden die Cherubim mit dem flammenden, blitzenden Schwert, zu bewachen den Weg zu dem Baum des Lebens." (Genesis 3, 24). Miniatur (15. Jh.) aus *De casibus virorum illustrium* von Boccacio. Paris, Bibliothèque Mazarine.

"Wer hat dir gesagt, daß du nackt bist? Hast du nicht gegessen von dem Baum, von dem ich dir gebot, du solltest nicht davon essen?" (Genesis 3, 11). Lukas Cranach der Ältere (1472 – 1553).

Oben: "Und Gott der Herr machte aus Erde alle die Tiere auf dem Felde und alle die Vögel unter dem Himmel!" (Genesis 2, 19). Die Erschaffung der Vögel und der Fische. Miniatur aus einem franziskanischen Meßbuch. Paris, Bibliothèque nationale.

Unten: "Und Gott der Herr baute ein Weib aus der Rippe, die er von dem Menschen nahm, und brachte sie zu ihm". (Genesis 2, 22). Lateinische Bibel aus der Abtei Saint-Amand (16. Jh.) Valenciennes, Bibliothèque municipale.

Sie genießen das saftige Fleisch und lachen fröhlich. Ihre Augen glänzen, ihre Haut ist samten und gebräunt, ihre nackten Füße plätschern im kühlen Wasser. Der Junge knackt zwei Nüsse, indem er sie gegeneinander preßt. Sie genießen die krümelige Nahrung und lassen die Schalen als Schiffchen ins Wasser gleiten. Bunte Fische mustern sie durch das klare Wasser; mit blitzschnellem Schwanzschlag entschwinden sie fröhlich. Träge Krokodile wärmen sich an der Sonne, ihre Leiber ruhen teils im Wasser, teils am Ufer. Ein graziles Rehkitz kommt zum Fluß und trinkt bedächtig daraus unter den zärtlichen Augen seiner Mutter. Prächtige Schmetterlinge entfalten ihre vielfarbig geschmückten Flügel. Sie ruhen einen Augenblick auf der Schulter des Mannes und dann auf dem Schenkel des Mädchens.

Gegenüber, am anderen Ufer und etwas entfernt von all dem dichten Pflanzengewucher, stehen zwei Bäume allein. Sie sind von einem Lichtschein umgeben, und ihre Früchte sind flammendrot. Durch das grüne, dichte Laub dieser Bäume sind zwei gelbe Augen auf das junge Paar gerichtet und verfolgen deren Gesten und Blicke. Eine vollreife Frucht, flammend und von bläulichem Licht umgeben, funkelt wie ein Leuchtfeuer aus einem der Bäume auf der anderen Flußseite. Die Schlange überlegt sich die Intrige, die den jungen Mann und das Mädchen, Adam und Eva, aus dem Paradies in die Grausamkeit der Außenwelt vertreiben soll. Die verbotene Frucht erwartet die Hand, die sie pflücken wird, und den Mund, der sich nach ihrem Geschmack sehnt.

Menu
(für 6 Personen)

❧

GESALZENE APFELSCHEIBEN

❧

SÜSSE APFELSCHEIBEN

❧

GEFÜLLTE FEIGEN

❧

WASSERMELONEN MIT FETA

❧

GEFÜLLTE DATTELN UND APRIKOSEN

❧

ERDBEEREN MIT QUARK UND SCHNITTLAUCH

❧

NEKTAR AUS TROPISCHEN FRÜCHTEN

Die Geschichte vom Paradies ist das Vorspiel der Bibel, es dreht sich dabei um ein ganz einfaches Lebensmittel, den Apfel. Das biblische Paradies ist ein utopisches Land, wo es nicht nur im Überfluß, sondern sogar in Reichweite Essen und Trinken gibt. Wir haben dafür eine Auswahl von Appetithappen und Hors-d'oeuvres vorgesehen, die hauptsächlich aus frischem Obst bestehen und die wenig Vorbereitung und Kochen erfordern. Jedes dieser Appetithäppchen kann als Hors-d'oeuvre zu jeder Mahlzeit in diesem Buch verwendet werden. Vereint bilden sie ein perfektes Buffet von Snacks.

ᴢᴜᴛᴀᴛᴇɴ:

- **120 ml Wasser**
- **100 g Zucker**
- **3 mittelgroße Äpfel**
- **Selleriesalz**
- **Schwarzer Pfeffer, frisch gemahlen**
- **100 g Saint-Moret**
- **30 g Roquefort**
- **30 ml Sahne**
- **1 Zweig Basilikum**

GESALZENE APFELSCHEIBEN

Wasser und Zucker bei mäßiger Hitze sieden, bis ein durchsichtiger Sirup entsteht. Vom Herd nehmen und erkalten lassen. Ganze Äpfel samt Kernen der Breite nach in äußerst feine Scheiben zerteilen (etwa fünfzehn pro Frucht). Die Scheiben einzeln in den Sirup tauchen und auf ein gut geöltes Gitter mit Abtropfschale legen. Die Apfelscheiben leicht mit Selleriesalz und Pfeffer bestreuen. Backofen auf 90–100° vorheizen und die Apfelscheiben während fünf Stunden darin trocknen. Aus dem Ofen nehmen, erkalten lassen. Die knusprigen Scheiben lassen sich in einem luftdicht verschlossenen Gefäß aufbewahren. – Käse und Sahne mit etwas Salz und Pfeffer würzen. Eine dünne Schicht dieser Mischung auf eine Apfelscheibe legen. Darauf eine weitere mit der Käsemischung bestrichene Scheibe geben und so fortfahren bis zu fünf Scheiben. Die letzte nicht würzen, sondern mit einem Basilikumblatt garnieren. Sofort servieren.

SÜSSE APFELSCHEIBEN

ZUTATEN:
- 120 ml Wasser
- 100 g Zucker
- 3 mittelgroße Äpfel
- Zimtpulver
- Gewürznelkenpulver
- 50 g Mandeln, grob gemahlen
- 50 g gehackte Rosinen
- 1 Apfel, geraspelt, oder 25 g Apfelmus
- 1 KL Zitronensaft
- 80 ml flüssiger Honig (am besten Akazienhonig)
- 1 Zweig frische Minze

Wasser und Zucker bei mittlerer Hitze sieden, bis sie zu einem durchsichtigen Sirup eingekocht sind. Vom Herd nehmen und abkühlen lassen. Äpfel mitsamt den Kernen quer in sehr feine Scheiben schneiden (etwa fünfzehn pro Apfel). Scheiben eine nach der anderen in den Sirup tauchen und auf ein gut geöltes Gitter mit Abfluß-Schale legen. Leicht mit Zimt und Nelkenpulver bestäuben.
Ofen auf 80-100° vorheizen, Apfelscheiben fünf Stunden lang trocknen. Aus dem Backofen nehmen und kaltwerden lassen. Die knusprigen Scheiben lassen sich in einem luftdicht verschlossenen Gefäß aufbewahren. – Mandeln, Rosinen, geraspelten Apfel, Zitronensaft und zwei EL Honig vermengen. Etwas Zimt und Gewürznelken darauf geben. Eine dünne Schicht dieser Mischung auf eine Apfelscheibe streichen. Mit einer weiteren bestrichenen Scheibe decken und fortfahren, bis fünf Scheiben aufeinanderliegen. Die letzte wird nicht bestrichen, sondern mit einem Minzenblatt garniert. Ein wenig des restlichen flüssigen Honigs auf jedes Apfelhäufchen gießen, damit er über die Seiten hinunterfließt. Sofort servieren.

GEFÜLLTE FEIGEN

ZUTATEN:
- 12 kleine Feigen
- 100 g Bulgur (gekochter, getrockneter, geschälter Weizen)
- 50 g Rosinen
- 10 schwarze Oliven, entkernt und grob gehackt
- 1 Büschel Koriander
- ¼ KL Zimt
- 1 Prise Nelkenpulver
- 1 EL Zitronensaft
- 1 EL Olivenöl

Bulgur etwa 20 Minuten in Wasser einlegen, dann gut abtropfen lassen. Koriander hacken und zusammen mit den Rosinen, den Oliven, den Gewürzen, dem Zitronensaft und dem Olivenöl zum Bulgur geben. Das Ganze gründlich vermengen und mindestens eine Stunde kühlstellen. Feigen waschen und kreuzweise fast durchschneiden. Feigen in Vierteln auseinanderlegen. Jede Frucht mit einem Kaffeelöffel der Mischung füllen. Das Gericht mit Korianderblättern dekorieren.

ZUTATEN:

- **2 dicke Schnitten sehr kalter Wassermelone**
- **100 g feste, kalte Feta**
- **Ein paar Minzenblätter**

WASSERMELONENWÜRFEL MIT FETA

❧ Alle Kerne der Wassermelone entfernen und sie in Würfel von 2 cm Kantenlänge schneiden. Die Feta in Würfel von l,5 cm schneiden. Auf jeden Wassermelonenwürfel ein Würfelchen Feta legen und mit einem Zahnstocher befestigen. Auf einer Platte mit dazwischengestreuten Minzenblättern servieren.

ZUTATEN:

- **10 Aprikosen, frisch und trocken**
- **20 große Datteln, frisch und trocken**
- **20 Baumnußkerne**
- **20 erlesene Mandeln, geräuchert**

GEFÜLLTE DATTELN UND APRIKOSEN

❧ Die Aprikosen und die Datteln einschneiden und Kerne entfernen. In jede Dattel eine Baumnuß und in jede Aprikosenhälfte eine Mandel stecken. Die Früchte abwechselnd auf eine Platte legen.

ERDBEEREN MIT KÄSE UND SCHNITTLAUCH

ZUTATEN:
- 20 Erdbeeren
- 120 g frischer Ziegenkäse
- 1 Bündel Schnittlauch
- Salz und Pfeffer

❋ Die Erdbeeren entstielen und sie von oben her fast ganz durchschneiden. Käse würzen und ein wenig davon in jede Erdbeere legen. Den Schnittlauch hacken und über Käse und Erdbeeren streuen.

NEKTAR AUS TROPISCHEN FRÜCHTEN

ZUTATEN:
- 1 Mango
- 1 Ananas
- 1 Büchse Kokosmilch
- 4 EL Honig

❋ Mango und Ananas schälen und in Würfel schneiden. Alle Zutaten in einen Mixer geben, eine homogene Mischung herstellen. Den gekühlten Nektar in großen Gläsern servieren, eventuell mit Kokosnußschnitzeln garnieren, indem man die Gläser zuerst in etwas Wasser taucht.

NOAHS WEINSELIGKEIT

„Noah aber, der Ackermann, pflanzte als erster einen Weinberg. Und da er von dem Wein trank, ward er trunken und lag im Zelt aufgedeckt. Als nun Ham, Kanaans Vater, seines Vaters Blöße sah, sagte er's seinen Brüdern draußen. Da nahmen Sem und Jafet ein Kleid und legten es auf ihrer beider Schultern und gingen rückwärts hinzu und deckten ihres Vaters Blöße zu, und ihr Angesicht war abgewandt, damit sie ihres Vaters Blöße nicht sähen."

Genesis IX, 20-23

Oben: „Die Taube kam zu ihm in der Abendzeit, und siehe, ein
Ölblatt hatte sie abgebrochen und trug's in ihrem Schnabel."
(Genesis 8, 11). Illustration aus dem Manuskript des Beatus,
Abtes von Saint-Martin-de-Liebano (10. Jh.)
Bibliothek der Kathedrale von Gerona, Spanien.

EIN BLAUER HIMMEL dehnt sich von einem Horizont
zum andern, unendlich, rein. Eine laue Brise streichelt
die Glieder des völlig nackten Mannes, der auf dem Rücken liegt
und dessen Blick sich in der Azurbläue verliert. Ein zufriedenes
Lächeln schwebt auf seinen Lippen; sein Blick ist vage und die
schweren Lider sind schon halb geschlossen.

Noah, ein Mann im besten Alter, streicht über seinen nackten Bauch
und läßt hie und da einen Rülpser fahren. Im Geist segnet er seine
Diener, die für die Herstellung köstlicher Speisen so begabt sind. Sein
Gaumen erinnert sich noch an den Geschmack des Ragouts in Weinsauce. Er ruft sich die zarten Fleischstücke zurück, und sein ent-
spannter Geist füllt sich mit Freude. Aber vor allem vergißt er nicht
den Wein, den er während der ganzen Mahlzeit getrunken hat, diesen auserlesenen Wein, die Frucht der Rebe in seinem Garten, auf
den er so stolz ist, diesen Wein, dessen erste Wirkung fühlbar wird
und der mit unendlicher Sanftheit Körper und Seele einzulullen beginnt. Bald überwältigt die Benommenheit den kräftigen Mann; sein
nackter Leib ist vollkommen entspannt, und
sein Schnarchen steigt zum Himmel empor.

Ein junger Mann nähert sich dem Zelt. Sein
Gesicht hat einen Ausdruck von Bitterkeit:
Ham, der zweite Sohn Noahs, ist ein Gries-
gram, er ist nie zufrieden. Im Gegensatz zu seinem Vater, dessen Name ein Symbol der To-
leranz und Offenheit geworden ist, und zu seinen beiden Brüdern, die ihrem Vater
nachschlagen, verdrießt ihn stets irgendetwas.
Sein Vater und seine Brüder danken Gott je-

Nebenstehend: "(Noah) lag im Zelt aufgedeckt. Als nun Ham,
Kanaans Vater, seines Vaters Blöße sah, sagte er's seinen
beiden Brüdern draußen." (Genesis 9, 21–22). Traversi,
Noahs Trunkenheit. Pau, Musée des Beaux-Arts.

Seite 32: "Und da er von dem Wein trank, ward er trunken
und lag im Zelt aufgedeckt" (Genesis 9, 21). Venedig,
Mosaik der Basilika St. Marcus (13. Jh.).

Seite 33: Noah wird von seinem Sohn verspottet. Spiegel der
Erlösung der Menschen. Flandern (15. Jh.). Chantilly,
Musée Condé.

"… gingen sie zu ihm in die Arche paarweise, je ein Männchen und ein Weibchen …"
(Genesis 7, 9). Illustration im Manuskript des Beatus, Abts von Saint-Martin-de-
Liebano (10. Jh.) Bibliothek der Kathedrale von Gerona, Spanien.

den Tag dafür, daß er sie aus der fürchterlichen Sintflut, die die Erde geschlagen hat, errettete. Ham aber kann die grauenvolle Zeit in der Arche nicht vergessen.

Noah und seine Söhne erzählen die Ereignisse immer wieder. Wochenlang hatten sie unter dem Spott der Nachbarn eine riesige Arche gebaut. Noah, von gutmütigem Wesen, hatte den Schmähungen keine Beachtung geschenkt, sondern seine Söhne mit seiner Begeisterung angesteckt. Alle zusammen hatten das mächtige Schiff nach Vorschriften, die Noah direkt von Gott empfangen haben wollte, errichtet. Noahs Wort unterlag bei seinen Söhnen keinem Zweifel, und sie hatten sich mit Eifer an die Arbeit gemacht. Viel später erinnerten sie sich lachend, wie sie ein Paar jeder Art von existierenden Tieren an Bord der Arche gebracht hatten. Mehr als einmal hatten sie sich in der Menge der Tiere verstrickt, und sie wußten auch noch, daß ein jeder nur mit Mühe einen Platz in der überfüllten Arche fand.

Das enggedrängte Leben, das schwer erträgliche Eingepferchtsein und die fast totale Armut erscheinen in der Erinnerung wie ein außerordentliches Abenteuer. Währenddem der Himmel sich immer stärker verdüsterte, fanden sie mit allen Tieren Zuflucht in der Arche. Und als der große Regen, die Sintflut, während vierzig Tagen herniederrauschte, überlebten sie als einzige. Selbst die Frauen der Brüder, auch Hams Frau, und alle ihre Kinder empfanden Vergnügen daran, diese Tage unaufhörlich zurückzurufen. Nur Ham hatte in seinem Herzen die schreckliche Angst behalten, die alle ergriff, wenn die Arche in alle Richtungen geschüttelt wurde. Alle hatten in solchen Augenblicken Angst, und bei der bloßen Erinnerung daran erzittert er - nur sein Vater nicht. Gottes Versprechen stärkte ihn, und er beklagte sich niemals. Während mehr als eines Jahres, beengt und mit furchtbaren Schwierigkeiten kämpfend, und wenn sogar er selbst verzweifelt war, schenkte Noah mit einem Lächeln auf den Lippen den Schwächeren Mut, Hoffnung und Trost.

Die Kinder, die dabei waren, sprachen besonders gern vom Tag, da die Taube mit einem Olivenzweig im Schnabel zur Arche zurückgekommen war. Welche Freude für die Archebewohner, als sie auf dem Berg Ararat festen Boden betraten. Dann kam eine neue Welt, die nur von ferne an die alte erinnerte. Und während Ham die Verwüstung, die Zerstörung, die Trostlosigkeit mit Entsetzen betrachtete, war sein Vater von Freude und Dankbarkeit erfüllt und ging Gott danken für die Rettung seiner Familie. Er hatte sofort ein Opfer ausgerichtet, und alle Teilnehmer hatten sich am Duft des gebratenen Fleisches, der dem Altar entströmte, berauscht. Während mehr als eines Jahres hatten sie kein gekochtes Essen genossen, und jetzt drängten sie sich herbei, um vom Opfer zu kosten, von den erlaubten Fleischstücken und dem koscheren Geflügel. Aber jetzt, viele Jahre nach der Katastrophe, die die Menschheit vom Gesicht der Erde weggewischt hatte und die er nicht vergessen konnte, steigert die gute Laune seines Vaters nur Hams Gehässigkeit.

Noah hatte augenblicklich begonnen, die Ruinen wieder aufzubauen. Er baute, pflanzte, säte und war glücklich, den Erfolg seiner Bemühungen zu sehen. Die fruchtbare, gut bewässerte Erde belohnte ihn. Er war besonders stolz auf seinen Weinberg und den Wein, den die Trauben lieferten. Er sorgte dafür, daß bei jeder Mahlzeit sein Wein oder seine Trauben serviert wurden. Und er empfand in seinem Alter keinerlei Scham, wenn er sich sinnlos betrank.

Ham schaut seinen nackten Vater an: ein Ausdruck der Zufriedenheit und Unschuld zeigt sich auf dem geröteten Gesicht; das nackte Fleisch des Mannes erzittert, wenn er schnarcht und rülpst; Scham und Zorn überwältigen das Herz des jungen Mannes. Er läuft zu seinen Brüdern in die nahen Zelte, um ihnen von dem schändlichen Anblick zu erzählen: unser Vater ist schon wieder betrunken, und diesmal hat er sich sogar ausgezogen und ist splitternackt eingeschlafen. Sem und Jafet eilen zu Noahs Zelt. Sie sind nicht beunruhigt und wenden nur ihr Gesicht ab, um ihren nackten Vater nicht anzusehen. Sie bedecken ihn ganz einfach, damit er, wenn er erwachte, nicht verlegen zu sein braucht. Kurz darauf erwacht Noah mit schwerem Kopf, aber leichtem Herzen wie immer. Er sieht, daß ihn ein fremdes Kleidungsstück deckt, und erinnert sich wie in einem Traum an seinen zweiten Sohn, diesen stets mißgelaunten Jungen, der ihn in seinem Schlaf beobachtet hat, auf seinem Gesicht ein Ausdruck des Ekels. Noah ist Zorn fremd, aber er begreift, daß dieser Sohn zurechtgewiesen, ja bestraft werden muß. Er läßt Ham kommen, nimmt noch einen Schluck seines guten Weins und verkündet ihm, daß seine Nachkommen für sein Verhalten würden büßen müssen. Die Nachkommen seiner beiden Brüder werden geachtete Gotteskinder sein; seine Kinder und Kindeskinder aber deren Diener. Das Himmelsblau ist gegenwärtig mit leichtem Gewölk aus dem Westen bedeckt. Noah, den Weinkrug zur Seite, erhebt den Kopf. Ein paar Regentropfen fallen. Die letzten Strahlen der Sonne dringen durch die Wolken, und ein riesiger Regenbogen krönt die Welt. Noahs Herz füllt sich mit Glück: das ist das Sinnbild meines Bundes mit Gott, seines Versprechens, daß die Wasser nie wieder die Erde überschwemmen würden. Er läßt sich wieder friedlich, und diesmal ungestört, in trunkenen Schlaf gleiten.

❋

"Noah aber, der Ackermann, planzte als erster einen Weinberg." (Genesis 9, 20). Ein Weinberg des Nahen Ostens.

Menu
(für sechs Personen)

❉

TAUBENSALAT MIT TRAUBEN

❉

RINDFLEISCH MIT ROTWEIN
GLACIERTE ZWIEBELN
GLACIERTE KAROTTEN

❉

BIRNEN AN ZWEIERLEI WEIN

Die Bibel erzählt, Noah habe einen Wein- berg gepflanzt und aus seinen Früchten Wein gemacht. Seit der Schilderung seiner Trunkenheit (und der Demütigung durch seinen Sohn) hat man sich angewöhnt, Noah als den ersten Trunkenbold der Ge- schichte zu betrachten. Wir haben darum ein Menu gewählt, dessen sämtliche Gänge Wein oder Trauben enthalten. Bei den ar- chäologischen Grabungen in Mesopotami- en fand man Beweise, daß Fleisch schon zur Zeit Noahs lange in einer Flüssigkeit gekocht wurde, vielleicht in Wein. Diese Entdeckungen enthüllten auch die Namen verschiedener Vögel, von denen man sich ernährte.

Wir haben uns deshalb entschlossen, die Mahlzeit mit einem Taubensalat zu begin- nen, mit einem Gericht von Fleisch in Wein fortzusetzen und sie mit Birnen an Weiß- und Rotwein zu beschließen.

ZUTATEN:

- **3 Tauben oder Wachteln**
- **2 EL Öl**
- **2 Zehen Knoblauch, zerdrückt**
- **250 ml Traubensaft**
- **1 Kopfsalat**
- **1 weiße Traube**
- **1 blaue Traube**
- **50 g Mandeln, grob gehackt**
- **Salz und Pfeffer**

FÜR DIE VINAIGRETTE:

- **40 ml Balsamessig**
- **120 ml Traubenkernöl**

TAUBENSALAT MIT TRAUBEN

Die Tauben kurz waschen und vollkommen trockenreiben. Ihr Fleisch mit etwas Öl, vermischt mit zerdrücktem Knoblauch, einstreichen. Salzen und pfeffern. Die Tauben auf ein ofenfestes Blech legen, den Traubensaft auf die Vögel gießen und sie im heißen Ofen (200°) braten, bis sie eine klare Flüssigkeit entlassen, wenn man mit einem Messer einsticht. Auf die Tauben während des Bratens hin und wieder die im Blech angesammelten Säfte gießen. Aus dem Ofen nehmen und erkalten lassen.
Jede Taube längs entzwei schneiden. Flügel und Schenkel abschneiden und das weiße Fleisch von den Knochen lösen. Letztere in Streifen schneiden und leicht mit Salz und Pfeffer bestreuen. Die Kopfsalat-Blätter waschen und in die sechs Teller legen. Auf jeden Teller Stücke weißen Fleisches und einen Schenkel legen. Die weißen und blauen Traubenbeeren darauf verteilen und das Ganze mit gehackten Mandeln bestreuen.
Vinaigrette: Öl und Essig energisch schlagen, bis sie sich miteinander verbunden haben, und auf jeden Teller gießen.

RINDFLEISCH MIT ROTWEIN

Fleisch in Würfel von ca. 5 cm Kantenlänge schneiden, in eine flache Platte legen und mit der Hälfte des Weins bedecken. Zwei Karotten schälen und der Länge nach halbieren. Eine Zwiebel vierteln und samt den Karotten zum Fleisch geben. Die Platte bedecken und wenigstens 12 Stunden lang in den Kühlschrank stellen. Von Zeit zu Zeit die Fleischstücke umdrehen. Den Ofen auf 200° vorheizen. Die übrigen Karotten und die Zwiebel schälen und wie vorher schneiden. Sellerie, Petersilie, Thymian und Lorbeer zu einem Sträußchen binden. Die Fleischstücke mit Salz, Pfeffer und Mehl bestreuen und den Topf ohne Deckel während 15 Minuten in den Ofen stellen. Aus dem Ofen nehmen und die Karotten, Zwiebeln und das Kräutersträußchen hinzugeben. Die Marinade und den restlichen Wein dazuschütten. Das Ganze, diesmal mit Deckel, wieder in den Ofen stellen und bei 180°, je nach Fleischqualität 2 bis 3 Stunden kochen. Öfters kontrollieren, daß genug Sauce da ist, und wenn nötig noch etwas Wasser hinzufügen. Das Fleisch mit der Sauce, umgeben von glacierten Karotten und Zwiebelchen, servieren.

ZUTATEN:
- 1 kg Rindsfilet-Spitzen
- 1 l Rotwein
- 4 Karotten
- 2 Zwiebeln
- 2 Selleriezweige
- 2 Petersilienzweige
- 1 Thymianzweig
- 2 Lorbeerblätter
- 10 ml Traubenkernöl
- 2 EL Mehl
- Salz und Pfeffer

GLACIERTE ZWIEBELCHEN

ZUTATEN:
- 500 g Zwiebelchen
- 50 g Butter
- 2 EL Zucker

✺ Zwiebelchen schälen und in eine Bratpfanne geben. Etwas Wasser, Butterstückchen und Zucker dazugeben. Alles teilweise zudecken und bei niedriger Temperatur, unter öfterem Schütteln der Pfanne, braten, bis die Zwiebelchen golden und leicht karamelisiert sind.

GLACIERTE KAROTTEN

ZUTATEN:
- 500 g kleine Karotten
- 25 g Butter
- 3 EL Zucker

✺ Die Karotten schälen. Wenn sie sehr klein sind, ganz belassen; größere in 3 cm lange Stücke schneiden. Mit Wasser bedecken und 10 Minuten oder bis sie soeben weich zu werden beginnen, kochen. Abtropfen lassen und in eine Bratpfanne legen. Butter hinzugeben, decken und bei sehr niedriger Hitze weichbraten. Den Zucker darüberstreuen, die Hitze hochstellen und bei dauerndem Schütteln der Pfanne die Karotten braten, bis sie golden sind.

BIRNEN IN ZWEIERLEI WEIN

ZUTATEN:
- 6 große Birnen
- 500 ml Weißwein
- 75 g Zucker
- 1 Zimtstange
- 250 ml Rotwein
- 2 EL Maizena

✺ Die Birnen schälen, aber die Stiele belassen. Den Weißwein (1 EL sollte zurückbehalten werden) und die Zimtstange sieden. Die Birnen in den Topf legen und knapp mit Wasser bedecken. Auf mäßigem Feuer 15 Minuten lang bedeckt kochen. Birnen abtropfen lassen und Flüssigkeit beiseitestellen. Rotwein und den übriggebliebenen Zucker in einer Bratpfanne erhitzen. Die Birnen aufrecht hineinstellen. Der Wein sollte bis zu einem Drittel der Höhe der Birnen reichen. Wenn nicht genug Flüssigkeit vorhanden ist, etwas Wasser hinzugießen. Bei milder Hitze 5 Minuten kochen, dann die Birnen, immer noch in aufrechter Stellung, erkalten lassen.

Die Birnen aus der Bratpfanne nehmen und ³/₄ Glas Rotwein zum Sieden bringen; 1 EL Maizena, in wenig Wasser aufgelöst, hinzugeben und rühren, bis die Sauce dicklich wird. Vom Feuer nehmen, erkalten lassen. Ein Glas der Weißweinmischung erhitzen und mit 1 EL in etwas Wasser aufgelöstem Maizena vermischen. Gleich verfahren wie mit dem Rotwein. Die ganzen Birnen servieren, garniert mit den zwei hübsch verteilten Saucen.

SARA UND ABRAHAM AM TISCH DER ENGEL

„ABRAHAM EILTE IN DAS ZELT zu Sara und sprach: Eile und menge drei Maß feinstes Mehl. Knete und backe Kuchen. Er aber lief zu den Rindern und holte ein zartes, gutes Kalb und gab's dem Knechte, der eilte und bereitete es zu. Und er trug Butter und Milch auf von dem Kalbe, das er zubereitet hatte, und setzte es ihnen vor und blieb stehen vor ihnen unter dem Baum, und sie aßen."

Genesis XVIII, 6-8

Oben:
"Und ich will euch einen Bissen Brot bringen, daß ihr
euer Herz labet." (Genesis 18, 15). *Abrahams
Gastfreundschaft und Isaaks Opferung*. Byzantinisches
Mosaik, Ravenna, Kirche San Vitale.

Seite 44:
"Ich will wieder zu dir kommen übers Jahr, dann soll
Sara, deine Frau, einen Sohn haben." (Genesis 18. 10).
J. Provost, *Abraham, Sara und der Engel*. Paris, Louvre.

Seite 45:
Abraham und die Engel. Aus dem Psalmenbuch
der Ingeborg von Dänemark (13. Jh.) Chantilly,
Musée Condé.

IHRE HÄNDE KNETEN DEN TEIG mit rhythmischen
Bewegungen, aber ihr Blick verliert sich in der Ferne, weit
jenseits der Zeltspalten: soweit man schauen kann, gibt es nichts als
einsame Dünen und vereinzelte Tamarisken. Ihre Gedanken weilen
an anderen Orten, in anderen Zeiten, als die ihr gemachte Verkündi-
gung eine echte Hoffnung hätte bedeuten können. An ihren Händen, die sich im weichen Teig versenken, erscheinen bereits die ersten Alterszeichen. Die Finger sind immer noch schlank, aber die
Zeit hat Flecken auf ihre Haut gezaubert. Sie ist noch immer eine
sehr ansprechende Frau, und als sie jung war, war sie berühmt für ihre Schönheit. Als sie den ältesten der drei Söhne eines geachteten
Bürgers ihrer Heimatstadt Ur zum Mann nahm, waren alle von dem
jungen Paar begeistert. Nichts schien ihr Glück trüben zu können.
Sogar, als sie mit ihrem Mann von Ur und von ihren Schwägerinnen
und Neffen weit weg in ein fernes Land zog, spürte sie keinerlei
Bedrückung. Abraham bewährte sich, seine Geschäfte blühten, und
er überhäufte sie mit Schätzen. Seine anmutigen Manieren, seine
Rechtschaffenheit, seine Weisheit und sein Gerechtigkeitssinn hatten ihm den Ruf eines friedfertigen Menschen und eines großen
Chefs eingetragen. Wo immer sie ankamen, wurden sie geachtet und
geschätzt, vom einfachsten Schäfer bis zum stolzesten König. Sara
blieb dabei stets seine einzige Frau, der er liebevolle Treue widmete.
Im Zelt gießen ihr die Sklaven Wasser über die Hände, und sie knetet immer heftiger. Der elastische Teig gibt ihren Händen nach, die

daraus feine Fladen machen. Ein Teig von unvergleichlicher Qualität, denkt sie mit Befriedigung, gemäß dem Wunsch ihres Gatten mit dem besten Mehl hergestellt und für bedeutende Gäste und wichtige Ereignisse bestimmt.

Durch eine Spalte beobachtet sie ihren Mann, der die drei neu angekommenen Gäste betreut, die vom Reisestaub noch ganz bedeckt sind. Wie er es gewohnt ist, gibt er jedes Zeichen der Zuvorkommenheit und der Rücksicht. Er bringt ihnen selbst die Schüsseln mit kaltem Wasser, damit sie ihre müden Füße erfrischen können. Alle Diener müssen dazu beitragen, die Gäste zu ehren. Ein junges Kalb, sorgfältig aus der Mitte der Herde ausgewählt, wurde geschlachtet und zubereitet und wird bald auf dem Tisch erscheinen. Frisch geschlagene Butter und noch lauwarme Ziegenmilch begleiten das Festmahl.

Scheinbar hatte das Schicksal Sara und ihren Mann, der von allen geliebt und bewundert wurde, begünstigt; ihr Dasein floß in Süße und Heiterkeit dahin. Aber es fehlte etwas zum Glück: der Sohn, der seines Vaters Erbe und Garant seiner Nachkommenschaft sein sollte: dieses Kind war ihnen verwehrt.

Saras Jugend lag hinter ihr, und die Hoffnung, jemals Mutter zu werden und ein eigenes Kind in die Arme zu schließen, hatte sich verflüchtigt. Manchmal überkam sie die

Wut auf ihren Mann, der im Glauben verharrte, daß sie ihm einen Sohn schenken würde. Gott, sagte er oft, hat mir das versprochen, und er wird Wort halten. Wann denn? Hatte man je eine Frau ihres Alters, mit verbrauchtem Körper, gesehen, die geboren hatte? Du irrst dich, sagte sie zu ihm. Gott meinte sicherlich Ismael, den Sohn, den Hagar Abraham vor zwölf Jahren geschenkt hatte.

Sara beobachtet mit Bitternis die schöne, hochgewachsene Magd, die am anderen Ende des Zelts köstliche Gerichte zubereitet. Sie, Sara, hat es sich selbst zuzuschreiben, daß der kleine, lebhafte Knabe, der draußen spielt, geboren wurde. Aber die junge, schüchterne Hagar war, als sie vom Herrn des Zeltes schwanger geworden war, unerträglich und hochmütig geworden. Abraham hatte damals nicht gezögert, Saras Bitte, sie vom Joch der jungen Rebellin zu befreien, zu erfüllen. Mach mit ihr, was du willst, hatte er gesagt, obwohl er wußte, daß sie seinen einzigen Erben trug. Sara war hart zu Hagar, und diese war geflohen. Als sie zurück kam, war sie wieder die ergebene Dienerin von einst. Seit seiner Geburt wurde Ismael wie der Sohn des Hausherrn aufgezogen und nicht wie derjenige einer Magd. Selbst Sara konnte ihre Zuneigung zu dem schalkhaften und lärmigen Kind nicht verbergen, das zwischen den Beinen der Erwachsenen durchschlüpfte und viel Aufmerksamkeit und Liebkosungen verlangte.

"Er bekam Schafe, Rinder, Esel, Knechte und Mägde, Eselinnen und Kamele." (Genesis 12, 16).
Beduinenzelt in Sinai

In einer Ecke des Zelts schüren die Dienerinnen das Feuer in einem großen Steinofen. Das Gesicht hinter einem leichten Schleier versteckt, beobachtet Sarah die drei Gäste, die ihr Mann umsorgt und erfrischt. Es sind Gottesboten, sagte er ihr hastig, als er sie von weitem kommen sah.

Die drei Gäste haben ihren Durst gestillt und genießen jetzt die saftigen Speisen, die Sara und ihre Dienerinnen für sie zubereitet haben. Man nimmt jetzt das Brot und die Kuchen aus dem Ofen. Sara kann nicht umhin zu lächeln über Abrahams Gesichtsausdruck, als er ihr bestätigte, daß es sich wirklich um Boten Gottes handle: er leuchtete, und man hätte glauben können, daß über dem bereits weißen Bart die Runzeln ausgelöscht waren: "Ein Sohn wird geboren werden! Du und ich, wir werden einen Sohn haben! In einem Jahr! Das haben sie ge-

sagt." Innerlich mußte sie herzlich lachen. Aber er, er glaubt daran.

Die drei Besucher haben ihre Mahlzeit beendet. Abraham scheint ein wenig betroffen, und er fragt Sara, warum sie bei seiner Nachricht heimlich gelacht habe. Sara will ihrem Mann nicht zugeben, daß sie bei sich lachte. Aber sie ist sehr bestürzt: Wie konnte er das wissen? fragt sie erstaunt.

Abraham begleitet seine Gäste, die eilig aufbrechen und weitergehen wollen. Er weiß, was geschehen wird. In genau einem Jahr wird Sara einen Sohn zur Welt bringen. Trotz des hohen Alters der beiden wird ein Kind, ein Nachkomme der beiden geboren werden, der das Werk seines Vaters fortsetzt und selbst Vater einer ganzen Nation wird. Dieses Kind wird er Isaak nennen.

❧

"Er blieb stehen vor ihnen unter dem Baum, und sie aßen." (Genesis 18. 8). *Abrahams Gastfreundschaft*. Ikone der Schule Stroganow, Moskau (17. Jh.). Paris, Louvre.

Menu
(für sechs Personen)

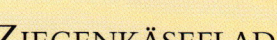

ZIEGENKÄSEFLADEN

KALBSNUSS MIT THYMIAN AN GRANATAPFELSAUCE AUF FENCHEL

FENCHEL AN JOGHURT

WEIZENKÖRNER-TOPF

HONIGSALAT

GRIESSKUCHEN MIT MANDELN UND DATTELN

Die Mahlzeit, um die Abraham Sara für seine Gäste bat, wurde aus den besten Zutaten bereitet, die sie hatten: Mehl, Grieß, Milch, Butter und Kalbfleisch. Sie enthält gleichzeitig Fleisch und Milch, was später durch die religiösen Speiseregeln über koscheres Essen verboten wurde, und doch war Abraham einer der Väter der jüdischen Religion. Die einfachste Erklärung dieser Regeln war, daß das Alte Testament untersagt, das Böcklein in der Milch seiner Mutter zu kochen - was die Exegeten später auf alles Fleisch mit Milch ausdehnten. Abraham übertrat also nicht die ursprüngliche Regel. Für die folgende Mahlzeit haben wir Joghurt, nicht Milch verwendet. Die Forscher sind sicher, daß die in der Bibel erwähnte Milch stets Sauermilch war, denn im Klima des Nahen Ostens gerinnt die Milch sehr rasch. Die Wüstenbewohner hatten keine Möglichkeit, sie vor dem Gerinnen zu bewahren, und man darf annehmen, sie genossen sie geronnen und in Form von Joghurt.

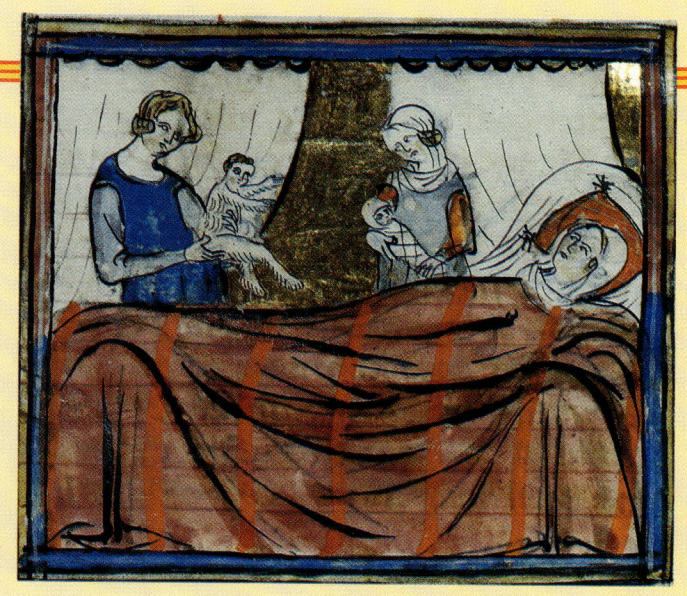

JAKOB UND ESAU:
DIE SCHARLACHROTE
MAHLZEIT

„U ND JAKOB kochte ein Gericht. Da
kam Esau vom Feld und war müde
und sprach zu Jakob, laß mich essen das rote
Gericht, denn ich bin müde … Aber Jakob
sprach: Verkaufe mir heute deine Erstgeburt. … Esau verkaufte so Jakob seine
Erstgeburt. Da gab ihm Jakob Brot und das
Linsengericht, und er aß und trank und
stand auf und ging davon. So verachtete
Esau seine Erstgeburt." **Genesis XXV, 29-34**

"Geh hin zu der Herde und hole mir zwei gute Böcklein, daß ich deinem Vater ein Essen davon mache, wie er's gerne hat." (Genesis 27, 9). Ein Dorf im Karmelgebirge in Judäa.

D IE ZIEGENHERDE be-grüßt meckernd den jungen Mann, der den Weg zu ihrer eingezäunten Weide hin-aufgeht. Von weitem sieht er mit seiner Schlankheit, seinen sanften Gesten, seinem langen, ela-stischen Körper wie ein sehr junges Mädchen aus. Das noch glatte Gesicht, auf dem noch nicht einmal der Schatten von Flaum zu se-hen ist, verrät den Sturm, der in seiner Seele tobt.

Zwei junge Zicklein verlassen ihre Mutter, um sich an seinen Bei-nen zu reiben. Mit schneller und doch sanfter Gebärde nimmt er unter jeden Arm eins der Tiere und kommt von der Weide herab. Von weitem beobachtet ihn eine Frau, deren Herz sich zusammen-zieht.

Ein junger Diener führt die zwei Zicklein auf den Schlachtplatz. Der junge Jakob schaut zu. Er hat das Schlachten nie ertragen können; er zieht es vor, sich von männlichen Tätig-keiten wie Kämpfen mit Kameraden und vor allem von der Jagd fernzuhal-ten, um sich ins sichere Zeltinnere zu flüchten. Er liebt es, seine Mutter zu be-obachten und ihr zu helfen, wenn sie für die ganze Familie kocht, oder dem Ge-

Seite 56: "Laß mich essen das rote Gericht." (Genesis 25, 30). F. Guarino, *Esau verkauft Jakob seine Erstgeburt* (17. Jh.). Neapel.

Seite 57: Esaus und Jakobs Geburt. Bible historiale von Guiart de Moulins, Paris, Bibliothèque Sainte-Geneviève.

flüster und Gelächter zuzu-hören, das stets die Arbeit der Frauen begleitet. Jakob schaut die rote, trübe Lache an, die der junge Diener hinterlassen hat, als er die getöteten Tiere in die Küche zu Rebekka, seiner Mutter, trug. Ein schmerzhafter Gedanke durchfährt ihn wie ein Pfeil: die-ses Rot, dieses Rot ... Esau, sein rothaariger Bruder und sein Zwil-ling, der ein ganz anderer Mensch ist als Jakob, hat ihm seine Erst-geburt verkauft gegen ein Linsengericht.

Das hatte sich eben erst zugetragen. Wie gewohnt, ist Jakob früh aufgestanden, um seiner Mutter bei der Hausarbeit zu helfen. Er liebte vor allem das Kochen. Den ganzen Morgen hatte er rote Lin-sen verlesen: auf eine Seite die ganzen, guten und schönen, auf die andere die beschädigten und angefaulten. Gegen Abend verbreitet sich ein wohlriechender Duft ums Zelt. Das von Jakob gekochte Linsengericht simmert sanft vor sich hin. Da kommt Esau, schweißgebadet, das rote Haar gesträubt, noch ganz rot von der stren-gen Arbeit des Tages, und tritt ins Zelt. Sein muskulöser Körper, eingemummt in einem Schaffellmantel, erfüllt den Ort mit einem kräftigen, männlichen

Geruch. Sie waren gleich alt, aber Esau trug bereits einen dichten roten Bart, seine Beine und Arme waren behaart wie die eines in der Blüte seiner Jahre stehenden Mannes. Sein mächtiger Körper ließ sich direkt auf den Zeltboden fallen, und mit seiner stets etwas aggressiven Baßstimme verlangte er, daß man ihm sofort von dem Essen, das auf dem Herd kochte, gebe. Jakob eilte es nicht mit der Antwort. Schon im Leib ihrer Mutter hatten sie einen gnadenlosen Krieg geführt. Meistens, bis heute, hatte der Erstgeborene gewonnen. Ihre Eltern erzählten, daß schon bei der Geburt Jakobs Hand um das Bein seines stärkeren Bruders geklammert war, als ob der Zweitgeborene diesen rothaarigen Bruder, der so laut schrie, daran hindern wollte, als erster auf die Welt zu kommen. Die Mutter fühlte sich sofort vom sanfteren der beiden Kinder angezogen, das dauernd kämpfen mußte, um sich neben seinem starken, dominierenden Bruder zu behaupten. Isaak, der Vater, konnte seinen Stolz auf den kräftigen, wehrhaften, fast wilden Sohn nicht verhehlen, der alle männlichen Arbeiten, die man ihm anvertraute, souverän erledigte. Als seine beiden Söhne geboren wurden, war er schon alt. Er konnte diesem Sohn voll vertrauen, dachte er; er würde ihm seine Habe vermachen, und Esau würde ihn bei der Leitung seines großen Hauses ablösen.

Nach Gioacchino Assereto (1600 – 1649),
Jakob gibt Esau ein Linsengericht für die Erstgeburt.
Paris, Louvre.

Esau, hungrig und fordernd wie gewöhnlich, wollte einen Teller dieser roten Suppe haben; die leichten Wandbehänge erbebten beim Klang seiner sonoren Stimme. Jakob, der sich plötzlich Esau gegenüber in überlegener Stellung befand, gab seiner Forderung nach, stellte aber eine seltsame Bedingung: "Verkaufe mir deine Erstgeburt, und ich gebe dir einen Teller Linsen." Esau, erschöpft, glaubte an einen Scherz seines Bruders, aber er hatte keine Zeit zum Feilschen. Er war hungrig, müde, am Ende seiner Kräfte: Jakob sollte ihm augenblicklich einen Teller Linsen bringen Aber Jakob war seiner selbst jetzt sicher und wiederholte seinen Vorschlag, er freute sich sogar ein wenig über die Schwäche des Älteren: "Verkaufe mir deine Erstgeburt, und du bekommst deine Linsen!" "Ach was, ich bin vor Hunger halb tot," brüllte Esau, "brauche ich überflüssige Rechte? Gib mir zu essen und nimm das Erstgeburtsrecht." In diesem Augenblick hatte Esau nur das Essen im Kopf, das Jakob mit seinen zarten Händen in die Schale goß. "Schwöre es", verlangt Jakob, und er weigert sich, die Schale vor seinen Bruder zu setzen. "Ich schwöre es, ich schwöre es", sagt er mehrmals, berauscht vom Duft, der aus der Schale steigt. Jakob serviert daraufhin die Schale Linsen seinem Bruder, der sich auf das Essen stürzt und es blitzschnell verzehrt hat. "Erstgeborener, Zweitgebore-

ner," denkt Esau, "wie kann man um seinen Platz in der Familie
handeln?"

"Von jetzt an bin ich der Ältere!" Bei diesem Gedanken spürt
Jakob, wie sein Herz in der Brust schwillt, und er genießt ein über-
wältigendes Siegesgefühl.

"Ich bin der Ältere", wiederholt er sich, als er die Blutlache sieht,
die die beiden geschlachteten Zicklein hinterlassen haben und die
sich immer mehr ausweitet. Er geht ins Zelt zurück, wo seine Mutter für den Vater ein köstliches Fleischgericht zubereitet. Sie kennt
den Geschmack des alten Mannes, der, seitdem er das Augenlicht
verloren hat, auf Gerüche, Geschmäcke und Gewebe empfindli-
cher reagiert.

Das hat sie doch selbst gewollt, sagt sich Jakob immer wieder; sie
war es, die den Vater hintergehen wollte, damit er, Jakob, den Segen und die Erbschaft erhalte. An diesem Morgen ist Esau auf
Befehl des Vaters auf die Jagd gegangen; dieser hatte ihm versprochen, daß er nach seiner Rückkehr den Segen und das Erbver-
sprechen erhalten würde. "Wir müssen sofort handeln," erklärt die
Mutter, "damit Esau nicht den väterlichen Segen und die Erbschaft
bekommt."

Jakob hilft seiner Muttter, die köstlichen Gerichte auf einem großen Holzteller zu verteilen: Frisches Brot, à point gebratene
Lammkoteletten und frisches Gemüse aus dem Garten. Er gießt
Wein aus der Karaffe ein, währenddem seine Mutter die feierlichen
Kleider Esaus holt. Sie sind viel zu groß für Jakob, und Rebekka
zieht sie mit einem Gürtel zusammen. Sie bedeckt seine Hände und
sein noch bartloses Kinn mit dem Fell eines jungen Lammes: So
wird der alte Mann, wenn er seinen Sohn betastet, die Behaarung
fühlen und glauben, Esau stehe vor ihm.

Alles ist bereit. Jakobs Herz schlägt zum Zerspringen, als er dem
Vater seine Ankunft meldet. "Ich bin Esau", sagt er und wird fast
ohnmächtig. "Ich bin früher von der Jagd zurückgekommen, um
dir die Gerichte, die du verlangt hast, zuzubereiten. Segne mich
jetzt schnell," fleht er mit erstickter Stimme. Aber der alte Isaak ist
nicht ganz sicher. Er bittet den jungen Mann, näher zu kommen,
damit er seine Hände und seinen Hals betasten und den Geruch seiner Kleidung feststellen kann: die Hände sind die Esaus, aber die
Stimme ist Jakobs Stimme. "Bist du wirklich mein Sohn Esau?"

Jakob wirft seiner Mutter, die ihn vom Zelteingang her beobachtet,
einen verzweifelten Blick zu: mit energischem Kopfnicken fordert
sie ihn auf, fortzufahren. "Ich bin Esau", sagt Jakob, und dieses Mal
überzeugt er den Vater. Er nimmt die Speise und den Wein zu sich.
Ein Lächeln der Freude und Befriedigung erhellt dessen gefurchte
Züge. Der Segen läßt nicht auf sich warten.

So tritt Jakob, nachdem er das Recht des Erstgeborenen mit einem
Linsengericht gekauft hat, und dank einem Schachzug, den er mit
seiner Mutter ausheckte, den Besitz des väterlichen Erbes an.

Die List wird zwar rasch offenbar, als Esau, zurück von der Jagd,
den Segen seines Vaters erbittet. Dieser ist baß erstaunt und erzählt

60

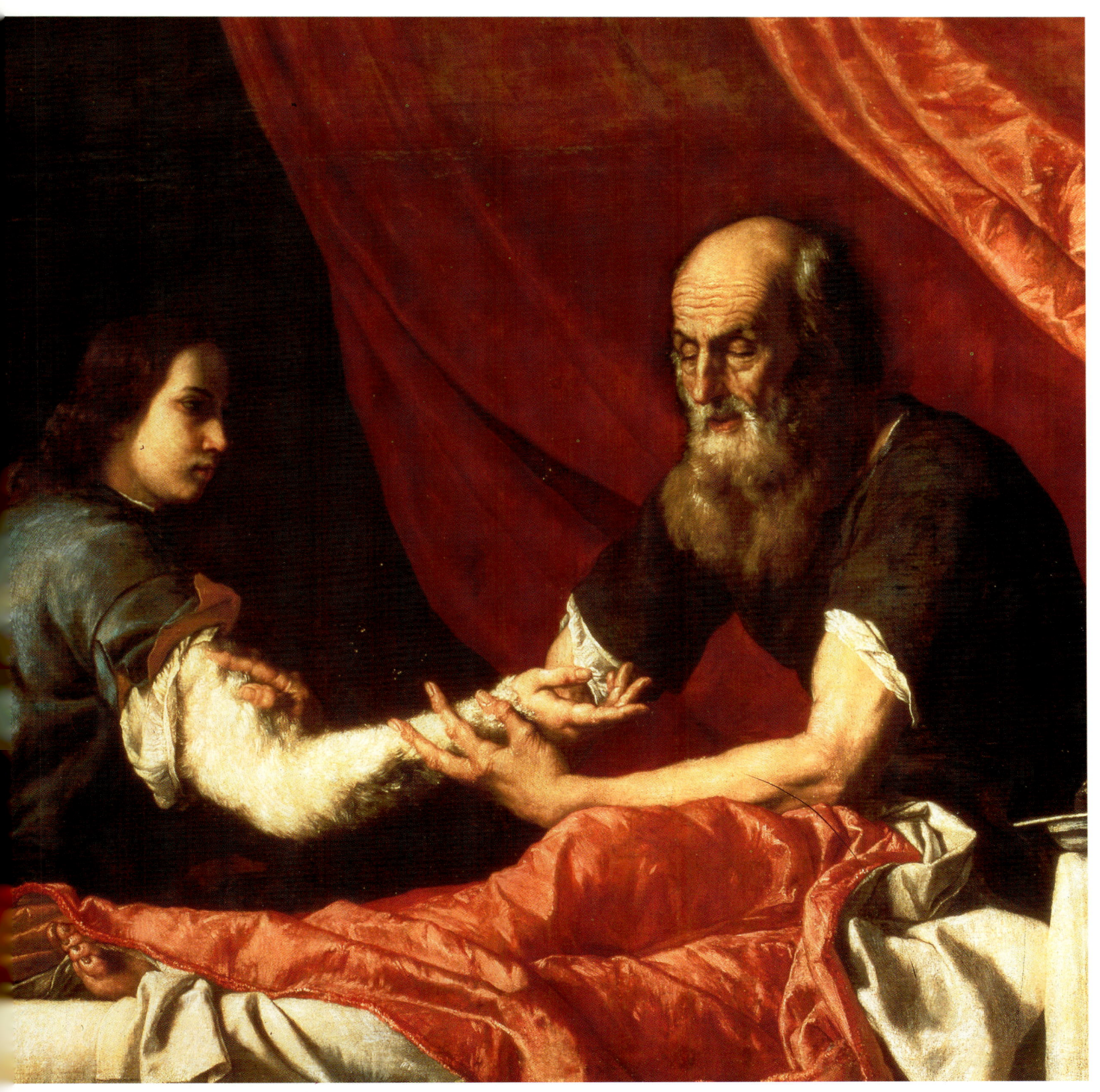

"Die Stimme ist Jakobs Stimme, aber die Hände sind Esaus Hände."
(Genesis 27, 22). J. de Ribera, *Isaak und Jakob* (1637).
Madrid, Prado.

ihm, was während seiner Abwesenheit geschehen ist, und der betroffene Sohn wünscht, daß sein Vater ihm das Erstgeburtsrecht zurückgebe. Aber Isaak erklärt trotz des Schmerzes, den er empfindet, daß man das Geschehene nicht ungeschehen machen kann. Derjenige, der gesegnet wurde, besitzt diesen Segen allein, und der andere nimmt nur noch den zweiten Platz ein.

Esau denkt an den Teller roter Linsen, für den ihm sein listiger Bruder die Erstgeburt abgenommen hat. Und ich glaubte, diese sei unveräußerlich, denkt er. Vor Schmerz stößt er einen bitteren Schrei aus, den eines verletzten Tieres, dessen schrilles Echo den Himmel zerreißt. Jakob und seine Mutter beobachten ihn von ferne: der große Kerl weint wie ein Kind. Ihr Siegesgefühl weicht einer Welle des Mitleids. Sie wissen, daß Jakob zwar jetzt siegreich war, aber viele Jahre des Kampfes mit dem schlauen Esau vor ihnen liegen. Eines Kampfes, der generationenlang zwischen den Nachkommen der beiden Brüder schwelen wird, die nicht aufhören werden, sich um das Recht des Erstgeborenen zu schlagen.

Oben: "So bring mir her, mein Sohn, zu essen von deinem Wildbret, daß dich meine Seele segne." (Genesis 27, 25). Lorenzo Ghiberti, Flachrelief von der Pforte des Paradieses (15. Jh.), Florenz.

Unten: Alabastergeschirr aus Ein Samya (Bronze-Zeitalter). Reuben und Edith Hecht, Haïfa, Universitätsmuseum.

Menu
(für sechs Personen)

✹

LINSENSUPPE

✹

LAMMKEULE MIT ROTEN FRÜCHTEN

✹

QUITTENKOMPOTT

Das ländliche Menu, das zur Geschichte Jakobs und Esaus paßt, spielt mit Rottönen. Es beginnt mit einer dicken, nahrhaften Linsensuppe, die wunderschön rot aussieht und herrlich duftet. Hierauf kommt eine Lammkeule an roter Sauce. Das Dessert bildet ein erfrischendes Quittenkompott mit rostroter Farbe.

Die Linsen sind eins der ältesten Nahrungsmittel, die die Menschheit kennt. Man fand Spuren davon bei archäologischen Ausgrabungen, und sie werden in alten Schriften erwähnt. Mehrere Arten von Linsen sind verbreitet; am bekanntesten sind grüne, blonde und rosa Linsen. Wahrscheinlich hat Jakob die letzteren für sein berühmtes Linsengericht verwendet. Sie sind zarter als die grünen und brauchen weniger lang gekocht zu werden. Es ergibt sich eine dicke Suppe, die nicht püriert werden muß.

ZUTATEN:

- **350 g rosa Linsen**
- **2 Zwiebeln**
- **2 EL Olivenöl**
- **1 Kräuterbouquet**
- **4 Zweige Koriander**
- **70 g Tomatenkonzentrat**
- **1 KL Paprika**
- **Cayennepfeffer**
- **Salz und Pfeffer**

LINSENSUPPE

Linsen gut waschen und spülen. Zwiebeln schälen und fein schneiden. Öl in großem Topf erhitzen und Zwiebeln glasig braten. Linsen dazugeben und das Ganze gut vermischen. 1,2 l Wasser dazugießen und aufsieden. Kräuter und einen oder zwei Zweige Koriander dazugeben. Die Hitze vermindern und den Topf zum Teil abdecken. 20 Minuten kochenlassen. Wenn die Linsen weich zu werden beginnen und das Gericht dick ist, das Tomatenkonzentrat hineingeben, salzen und pfeffern. 10 Minuten auf milder Hitze kochen. Paprika und scharfen Pfeffer hinzufügen. Nochmals 5 Minuten kochen. Sehr heiß in Steinguttellern servieren, mit Koriander garnieren.

ZUTATEN:

- **1 Lammkeule von 2-2,5 kg**
- **6 Knoblauchzehen**
- **50 ml Olivenöl**
- **1 Zweig Rosmarin**

LAMMKEULE MIT ROTEN FRÜCHTEN

SAUCE:

- **6 Schalotten**
- **120 ml Gelée von roten Früchten**
- **1 Glas verschiedene rote Früchte**
- **120 ml Rotweinessig**
- **120 ml Wasser**

Ofen auf 250° vorwärmen. Knoblauchzehen schälen und entzweischneiden. Keule an zwölf Stellen einschneiden und die halben Knoblauchzehen ins Fleisch stecken. Braten mit Olivenöl bestreichen. Rosmarinzweig darauflegen und ihn auf Grill mit Auffangschale legen.

Nach 20 Minuten wenden, nochmals 20 bis 25 Minuten braten.

Ein zweitesmal wenden und belassen, bis er nach Wunsch gebraten ist.

Sauce: Schalotten schälen und hacken. Im Öl glasig dämpfen. Essig und Wasser hinzufügen und während drei Minuten lebhaft sieden, damit ein Teil der Flüssigkeit verdampft. Gelée hineingeben und weitere 5 Minuten kochen. Rote Früchte dazufügen und das Ganze 1 Minute kochen.

Das Fleisch in Scheiben schneiden und mit der roten Sauce servieren.

ZUTATEN:

- **1 kg Quitten**
- **Saft von 1 Zitrone**
- **1 kleine grüne Zitrone, in Scheiben geschnitten**
- **100 g Streuzucker**

QUITTENKOMPOTT

Quitten schälen und in Scheiben schneiden. Zitronensaft von Anfang an dazu. Früchte mit ca. 1,5 l Wasser bedecken, grüne Zitronenscheiben und Zucker hineingeben. Das Ganze aufsieden und ca. 1½ Stunden bei milder Hitze kochen. Wenn im Verlauf des Kochens das Kompott zu dick wird, Wasser hinzufügen.

Kompott in Glasschüssel erkalten lassen und in Glasschalen servieren.

Ci encōe le secōd liure des anachenetes   it en seir. et regnoit en ydumec. La
des uiifs selō la sentēce de iosephe.   quelle il appella ainsi par son nom
                                                  Il la nomma edom la quelle nūar
Ores la mort de ysaac

JOSEF UND SEINE BRÜDER: DAS FEST DES WIEDERSEHENS

„F ÜHRE diese Männer ins Haus und schlachte und richte zu, denn sie sollen zu Mittag mit mir essen." (...) Er ging in seine Kammer und weinte daselbst. Und als er sein Angesicht gewaschen hatte, ging er heraus und hielt an sich und sprach: 'Legt die Speisen auf!' Und man trug ihm besonders auf und jenen auch besonders und den Ägyptern, die mit ihm aßen, auch besonders. (...) Und sie tranken und wurden fröhlich mit ihm."

Genesis XLIII, 16, 30-34

Seite 68: "Und nahmen ihn und warfen ihn in die Grube, aber die Grube war leer und kein Wasser darin." (Genesis 37, 24). Joseph und Fouquet, *Antiquités judaiques,* Bd. 1: "Histoire de Joseph". Paris, Bibliothèque nationale.

Seite 69: Josefs Traum. Freske der Kirche San Donato de Ripacandida, Italien. (15. Jh.).

"Da sprach der Pharao zu ihm: 'Ich habe einen Traum gehabt, und es ist niemand, der ihn deuten kann. Ich habe aber von dir sagen hören, wenn du einen Traum hörst, so kannst du ihn deuten.'" (Genesis 41, 15). Caspar Friedrich (1774 – 1840), *Josef vor dem Pharao.* Berlin, Staatliches Museum, Gemäldegalerie.

I M KREIS auf weichen Teppichen sitzend, heften elf Männer den Blick auf die Speisen, die gebracht werden. Man weiß nicht, ob ihr Schweigen von Bewegung und Angst verursacht wird oder vom Schock und der Berauschung beim Anblick der Fülle: knuspriges, duftendes Brot, in Olivenöl gebratene Fische, mit Knoblauch gewürztes Fleisch, saftiges Gemüse, Zwiebeln, Zucchini, Wassermelonen, in Silberhumpen dargereichter Wein. Zwei Jahre dauert die schreckliche Dürre schon und damit die große Hungersnot, und so lange haben sie kein so üppiges Mahl mehr gesehen.

Am anderen Ende des eindrucksvollen und luxuriösen Saales befindet sich auch eine Gruppe Vertrauter, ziemlich lärmiger Einheimischer, die mit Appetit die vielen Speisen kosten. Bei der Türe, in Abstand von allen Gästen und auf einer Estrade erhoben, sitzt ein schöner Mann. Ein schwarzer Bart umgibt sein Gesicht, und man kann erraten, daß es sich um den Hausherrn handelt.

Viele Diener kommen und gehen mit Platten, die von Nahrung überquellen. Drei davon halten sich bei der hochgestellten Person auf, um ihn zu bedienen; sie bemerken die kleinste seiner Gesten und beeilen sich, ihm jeden Wunsch zu erfüllen. Die Augen auf die versteinerte Gruppe heftend, scheint der schöne Mann ein wenig amüsiert und befiehlt seinen Dienern, die Gäste zum Essen zu ermuntern.

Aus dem Saal steigen köstliche Düfte empor, vermischt mit anderen, subtileren Gerüchen, die aus großen Körben entweichen, die der Hausherr zu seinen Füßen hat. Sie enthalten alle möglichen aromatischen Kräuter, die die Gäste aus ihren Ländern in kleinen, schön gefertigten Kästchen überbracht haben, Fläschchen mit Honig, Beutel mit Nüssen, Mandeln, allen möglichen Dingen, die von ihrer hohen Abstammung zeugen. Der Empfänger all dieser Geschenke schaut sie aus den Augenwinkeln an.

Zögernd beginnen die Gäste zu essen. Man sieht unter anderem zehn Brüder in der Blüte ihrer Jahre, zweifellos ehrbare Häupter hochgestellter Familien. Mit ihnen sitzt ein jüngerer Mann, den der Hausherr mit besonderer Aufmerksamkeit ansieht. Plötzlich verläßt ihn sein heiterer Ausdruck und seine Augen füllen sich mit Tränen. Sofort erhebt er sich und verläßt den Saal.

In einer nahegelegenen kleinen Kammer kann Josef, Vizekönig von Ägypten und eine der reichsten und am höchsten geachteten

Persönlichkeiten des Königreichs, seine Tränen nicht mehr zurückhalten. Das sind seine zehn Brüder, die ihn einst verrieten, und der junge Bruder Benjamin, den er seit zwanzig Jahren nicht gesehen hat. Wie groß er geworden ist, der Knabe seiner Erinnerung! Josef schluckt seine Tränen herunter, trocknet sich die Augen und kehrt an seinen Ehrenplatz zurück. Vor der Pracht, die ihn umgibt, erinnert er sich des langen Weges, den er zurückgelegt hat, seit er den Ägyptern als Sklave verkauft wurde. "Gott war die ganze Zeit auf meiner Seite," denkt er angesichts der vielen Prüfungen, die er hatte bestehen müssen. Zuerst war er fabelhaft schnell gestiegen: vom obskuren Sklaven im Haus Potifars hatte er es bis zum Verwalter gebracht, dann aber war er plötzlich ins Gefängnis geworfen worden. Er hatte nämlich die Annäherungsversuche der Frau seines Herrn nicht erwidert, und sie hatte sich gerächt, indem sie behauptete, er habe sie vergewaltigen wollen. Im Gefängnis aber hatte er den Mann getroffen, der sein ganzes Leben verändern sollte: der Mundschenk des Pharao, auf dessen Befehl eingekerkert, hatte den klugen Josef gebeten, ihm einen seiner Träume zu deuten. Josef hatte dem Mundschenk und dem Bäcker Träume gedeutet, und alles begab sich genau so, wie er es vorausgesagt hatte. Alle verstanden nun, daß der junge Mann über ungewöhnliche Kräfte und Weisheit verfügte. Zwei Jahre vergingen, bis der Mundschenk sich wieder an ihn erinnerte und ihn zum Pharao holen ließ, damit er auch dessen Träume deute. Von diesem Augenblick an stieg er unaufhaltsam hoch. Als er die sieben fetten und die sieben mageren Jahre ankündigte, wuchs sein Stern, und er gehörte bald zu den Großen des Reiches. Er wurde ein Vertrauter des Königs, der ihm die Aufgabe übertragen hatte, Lebensmittel zu sammeln und zu lagern für die mageren Jahre, und dieses Amt betrachtete Josef als segensreich. Er sorgte dafür, daß alle Ernten der fetten Jahre dem Staat vorgelegt und der Überfluß in riesigen Hallen im ganzen Land aufbewahrt wurde. Und als die Hungersnot begann, verfügte Josef über riesige Vorräte, die ganz Ägypten und sogar die Nachbarländer ernähren würden. Denn die letzteren strömten nun herbei und wogen die Lebensmittel, die Josef glücklicherweise gehortet hatte, mit Gold auf. Und Josef kletterte immer höher in der Hierarchie, denn die Hungersnot hatte Ägypten nicht betroffen, sondern ihm im Gegenteil genützt und den königlichen Schatz gehäuft.

Aber selbst nach zwanzig Jahren sehnte sich Josef noch nach seinem Land und vor allem seinem jungen Bruder Benjamin, den er zuletzt als Kind gesehen hatte. Er hatte nicht gewußt, was aus ihnen geworden war, bis zum vergangenen Jahr, als er erstmals seine zehn älteren Brüder traf. Sie waren, wie er mit ganzem Herzen gehofft hatte, gekommen, um Lebensmittel für ihre vielen hungernden Familien zu kaufen.

"Und weiter sprach der Pharao zu Josef: Siehe, ich habe dich über ganz Ägyptenland gesetzt." (Genesis 41, 41). Säulen des Tempels von Luxor.

Sie hatten ihn nicht erkannt, aber ihm war augenblicklich klar gewesen, wer sie waren, und die Freude des Wiedersehens mischte sich mit Rachegelüsten. Sie wurden der Spionage bezichtigt und gefangengesetzt, und seine Brüder hatten ihm ihre ganze Familiengeschichte erzählt. So hatte er erfahren, daß ihr Vater noch lebte und sich geweigert hatte, Benjamin, seinen jüngsten Sohn, mit ihnen ziehen zu lassen. Er hatte auch gehört - denn seine Brüder sprachen in ihrer Sprache untereinander, die sie für andere unverständlich glaubten - daß Jakob dachte, er, Josef, sei von einem wilden Tier zerrissen worden und tot. Seine Brüder waren seit jenem verfluchten Tag, an dem sie ihn in die Zisterne geworfen hatten, von Gewissensbissen geplagt. Ruben, sein älterer Bruder, der sich dem Vorhaben widersetzte, fand allerdings, ihnen geschehe recht.

Damit sie gezwungen waren, wieder nach Ägypten, und diesmal mit Benjamin, zu kommen, den er wiedersehen wollte, hatte Josef einen davon, Simeon, als Geisel zurückbehalten: den anderen befahl er, das nächstemal Benjamin mitzubringen als Beweis für die Wahrheit ihrer Geschichte. Gewiß, es war viel Zeit vergangen, aber jetzt waren sie da, alle um den speisenbeladenen Tisch versammelt, und ahnten nicht, daß der vornehme Ägypter, vor dem sich alle zu Boden warfen, ihr Bruder Josef, der Traumdeuter, war. "Die Träume haben mein Leben bestimmt: wegen der Träume haßten mich meine Brüder, und wegen der Träume Pharaos und seiner Minister erreichte ich meine Größe," denkt Josef. Josef lauscht auf das Gespräch der Gäste, die ohne Hast die ihnen gereichten Gerichte kosten. Aus ihren Worten entnimmt er, welche Furcht und welche Dankbarkeit er in ihnen erregt hat und wie sehr sie über den warmen Empfang, den er ihnen bereitet hat, erstaunt sind. Am verblüfftesten sind sie allerdings über die Reihenfolge am Tisch, die ihr Gastgeber bestimmt hat: dem Alter nach, vom Ältesten bis zum Jüngsten, ohne einen Fehler. Das Mahl ist beendet. Wasserkannen machen die Runde unter den Gästen, die sich die Hände waschen und sich erheben, um Abschied zu nehmen. Josef befiehlt seinen Sklaven, die Taschen seiner Gäste mit Geschenken zu füllen. Benjamin bekommt doppelt soviele Geschenke.

Wird er sich ihnen nun zu erkennen geben? Er bedeutet einem Sklaven, im Sack Benjamins eine Schale von großem Wert zu verstecken. Hierauf bedanken sich die Gäste und brechen auf.

"Als aber die midianitischen Kaufleute vorüberkamen, zogen sie ihn heraus aus der Grube und verkauften ihn um zwanzig Silberstücke den Midianitern." (Genesis 37, 28). Caspar Friedrich (1774 – 1840), *Josef als Sklave verkauft*. Berlin, Staatliches Museum, Gemäldegalerie.

Nebenstehend: "So schüttete Josef das Getreide auf, über die Massen viel so wie Sand am Meer …" (Genesis 41, 49). *Josef legt Kornvorräte an.* Detail vom Elfenbeinstuhl des Bischofs Maximilian (gegen 550). Ravenna, Erzbischöfliches Museum.

Unten: "Und er fiel seinem Bruder Benjamin um den Hals und weinte, und Benjamin weinte auch an seinem Halse." (Genesis 45, 14). *Josef wird von seinen Brüdern erkannt.* Detail einer Lithographie nach Layraud für einen Katechismus (19. Jh.). Privatsammlung.

Aber schon bald erscheinen sie wieder vor Josef, und diesesmal zittern sie vor Angst: sie haben in Benjamins Sachen die Schale gefunden, die ihnen nicht gehört. Josef entscheidet, er behalte den Dieb bei sich, und die Reaktion der Brüder übertrifft seine Erwartungen. Juda, der sich bei seinem Vater dafür verbürgt hatte, Benjamin heil zurückzubringen, bietet sich selbst als Sklaven an unter der Bedingung, daß der jüngste Bruder freigelassen werde. Die anderen protestieren, und er erklärt, verzweifelt, wie sehr ihr Vater an Benjamin hängt und daß er bereits einen Sohn seiner geliebten Frau Rahel verloren habe; sie, die älteren, würden nicht wagen, ohne den jüngsten heimzukommen. Alle sagen sogar, ihr Vater würde ein weiteres Unglück nicht überleben; wenn sie ohne Benjamin zurückkämen, wäre das sein Tod.

Josef kann nicht mehr an sich halten. Er schickt alle ägyptischen Sklaven aus dem Zimmer. Allein mit seinen Brüdern, spricht er diesmal in ihrer Sprache: "Ich bin Josef, euer Bruder, den mein Vater tot glaubt." Die versteinerten Brüder wissen nicht, ob sie sich freuen oder vor diesem Mann zittern sollen, der jede Macht hat, ihr Schicksal mit Strenge oder Milde zu bestimmen.

Aber Josef unterdrückt die Schluchzer, die ihn erschüttern, nicht mehr; sie enden jetzt in einem entsetzlichen Schmerzensschrei: alle Brüder stürzen sich in seine Arme und bitten um Verzeihung und Mitleid. In ihrer Bewegung wissen sie nicht mehr, was sie tun. Josef beruhigt sie und verspricht ihnen, daß ihre Tat keine bösen Folgen haben werde, ganz im Gegenteil. Dank ihm werden sie und ihre Familien von der Hungersnot verschont bleiben! Sie nehmen Abschied und geloben, Kanaan so bald wie möglich zu verlassen und so rasch wie möglich mit all den Ihren nach Ägypten zu kommen, um bis zum Ende der Hungersnot unter Josefs Schutz dort zu wohnen.

Menu
(für sechs Personen)

✦

Mit Pilzen und Pinienkernen gefüllte Zwiebeln an Weinsauce

✦

Goldbrassenfilets mit Kräutern

✦

Lauchfladen mit Sahne

✦

Zucchinispiesschen mit Knoblauch

✦

Wassermelonen- und Melonensuppe mit Minze

Die Mahlzeit, die Josef für seine Brüder zubereitete, enthält Nahrungsmittel, die sich wahrscheinlich reichlich in Ägypten befanden. Wir haben den Beweis in den Klagen der Söhne Israels gegenüber Moses während der Durchquerung der Wüste: "Wir denken an die Fische, die wir in Ägypten umsonst aßen, und an die Kürbisse, die Melonen, den Lauch, die Zwiebeln und den Knoblauch." (4 Mos.XI,5) Unser Menu besteht deshalb aus Produkten, die sich zweifellos stets auf den Tischen der Ägypter und der hebräischen Sklaven befanden. Die besonders interessante Tischordnung wird uns genau beschrieben. Die Ägypter, die gewisse Nahrung, die sie als unrein betrachteten, nicht zu sich nahmen, saßen beisammen. Die Hebräer saßen in einer Gruppe anderswo, und man trug für sie Gerichte auf, die den Ägyptern als unrein galten. Der hochrangige Josef saß von beiden Gruppen entfernt.

ZUTATEN:

- **6 große Zwiebeln**
- **200 g Steinpilze oder Tongku**
- **50 g Butter**
- **100 ml frische Sahne**
- **Salz und Pfeffer**
- **2 EL Paniermehl**
- **25 g Pinienkerne**
- **2 Zweige Petersilie**

FÜR DIE SAUCE:

- **100 g Butter**
- **250 ml Rotwein**
- **Salz und Pfeffer**

MIT PILZEN UND PINIENKERNEN GEFÜLLTE ZWIEBELN AN WEINSAUCE

Die Zwiebeln schälen und in einen großen Topf geben. Mit Wasser bedecken und aufsieden. 25 Minuten kochen, bis sie weich sind. Vom Herd nehmen und mit kaltem Wasser abspülen.

Am Boden der Zwiebeln eine feine Scheibe abschneiden (damit sie aufrecht stehen) und mit einem kleinen Löffel das Innere der Zwiebeln herausheben, so daß nur zwei bis drei äußere Hüllen bleiben. Auf saugkräftiges Papier legen, um ihr Wasser zu entfernen.

Das herausgenommene Innere der Zwiebeln hacken. Die Hälfte der Butter in einer kleinen Bratpfanne schmelzen und die Hälfte der gehackten Zwiebeln darin goldgelb braten. Pilze spülen und in kleine Würfel schneiden. Die andere Hälfte der Butter zu den Zwiebeln aus der Bratpfanne geben, ebenso die Pilze. Noch fünf Minuten kochen, bis die Pilze weich sind. Salzen und pfeffern. Die Sahne hineingeben und gut vermengen. Einen Löffel Paniermehl hinzufügen und vermischen. Vom Herd nehmen.

In einer sauberen Pfanne die Pinienkerne rösten. Sie zum Obigen geben. Petersilie hacken und hineingeben. Mit dieser Mischung die Zwiebeln füllen und sie auf eine geölte, ofenfeste Form stellen.

Den Rest mit Paniermehl bestreuen und und etwas geschmolzene Butter darüber gießen.

Sauce: Die übrigen gehackten Zwiebeln mit der Hälfte der Butter in einen kleinen Topf geben. Bei sehr

kleiner Hitze 30 Minuten kochenlassen, bis die Zwiebeln karamelisiert sind. Den Wein dazugießen und bei mittlerer Hitze ca. 5 Minuten kochen. Alles passieren: man erhält ungefähr ein Glas Sauce, wenn man die Zwiebeln gegen das Siebgitter preßt. Sauce wieder in den Topf tun, ein bißchen Salz dazufügen, mit ganz winzigen Blasen kochen lassen. Nach und nach den Rest der Butter zugeben, dabei immer rühren und die Pfanne vom Herd nehmen (oder sie im Bainmarie warm stellen).

Etwa 30 Minuten vor dem Servieren den Ofen auf 200° stellen. Die gefüllten Zwiebeln während ca. 30 Minuten, oder bis ihre Deckel braun sind, braten. Eine Zwiebel in jeden Teller legen und die Sauce darumgießen.

ZUTATEN:

- **6 mittelgroße Goldbrassen, zu 12 Filets zerschnitten und mit ihrer Haut garniert**
- **1 EL Kräuter**
- **50 g Butter**
- **Zitronensaft**
- **Salz und Pfeffer**

GOLDBRASSENFILETS MIT KRÄUTERN

Ein wenig Kräuterpulver auf die Fische streuen (auf die Innenseite, nicht die Hautseite). Einige Tropfen Zitronensaft daraufträufeln und alles beiseitestellen.

Unterdessen die Butter in einer Bratpfanne schmelzen. Wenn sie Blasen zu werfen und gelb zu werden droht, die Fischschnitten mit der Hautseite nach unten hineinlegen und mit einem Spachtel gegen die Pfanne drücken. 1 bis 2 Minuten braten, wenden und nochmals 1 Minute braten. Sofort aus der Pfanne nehmen. Salzen und pfeffern.

- **4 Lauchstengel**
- **75 g Butter**
- **2 Eier**
- **2 Eigelb**
- **EL frische Sahne**
- **50 g Mehl**
- **Muskatnuß**
- **Salz und Pfeffer**

LAUCHFLADEN MIT SAHNE

Lauch gründlich waschen, nicht eßbare Teile entfernen (etwas Grün kann belassen werden). In Scheiben schneiden, mit 25 g Butter in niedriger Pfanne zugedeckt bei milden Feuer weichkochen, aber nicht braunwerden lassen. Etwas abkühlen lassen. Zum Gemüse Eier, Eigelb, Mehl, Muskatnuß, Sahne, Salz und Pfeffer geben; gut vermengen.

Restliche Butter in einer Bratpfanne erhitzen. Jeweils einen EL der Lauchmasse zu runden Fladen braten. Sobald sie auf einer Seite hellbraun sind, wenden. Aus der Pfanne nehmen und im geheizten, jedoch ausgeschalteten Ofen warmhalten.

ZUCCHINISPIESSCHEN MIT KNOBLAUCH

ZUTATEN:
- 3 Zucchini
- 8 Knoblauchzehen
- 2 EL Olivenöl
- 1 EL Erdnußöl
- Salz
- grober Pfeffer

✻ Die Zucchini waschen, die Enden abschneiden, in Scheiben von ca. 2 cm schneiden. Auf saugfestes Papier legen, salzen. Nach ein paar Minuten, wenn Wassertropfen auf der Oberfläche erscheinen, wenden und nochmals leicht salzen. Während dieser Zeit die beiden Ölsorten in einer großen Bratpfanne gut erhitzen.

Die Zucchini sorgfältig abtrocknen und beidseitig braten. Sie sollten goldgelb, aber noch ein wenig fest sein. Das ist der Grund, warum man sie bei hohen Temperaturen kurz anbrät. Die Zucchini aus der Pfanne nehmen und sie auf einen mit mehreren Schichten saugkräftigen Papier ausgelegten Teller auslegen, um das Öl zu entfernen.

Die beiden Knoblauchzehen zerdrücken und über die ganze Oberfläche der Zucchini geben. Pfeffern. Eine halbe Knoblauchzehe auf einen kurzen Spieß stecken, sechs oder sieben Zucchinischeiben aufstecken und mit einer zweiten halben Zehe Knoblauch beenden. Auf ofenfestes Blech legen und 10 Minuten in sehr heißem Ofen braten.

WASSERMELONEN- UND MELONENSUPPE MIT MINZE

ZUTATEN:
- 2 Melonen
- 1/2 Wassermelone
- 2 EL Honig
- 1 EL Zitronensaft
- 3 Minzenblätter

✻ Die Melonen entzweischneiden und die Kerne entfernen. Mit einem kleinen, kreisrunden Löffel Kugeln formen. Die Reste der Melone herauskratzen und in den Mixer legen. Die Kerne der Wassermelone ebenfalls entfernen und auch hier aus dem Fleisch schöne Kugeln machen. Rest in den Mixer mit der Melone. Die Kugeln jeder Frucht separat in zugedecktem Teller im Kühlschrank aufbewahren.

Die Fruchtreste im Mixer mit dem Honig und Zitronensaft mixen, bis ein dicker Brei entstanden ist. Kühlstellen. Kugeln von Melone und Wassermelone in tiefe Teller verteilen, die gekühlte Suppe darüberleeren und mit Minzenblättern dekorieren.

81

DER AUSZUG AUS ÄGYPTEN: DIE HIMMLISCHE NAHRUNG

„**U**ND SIE SPRACHEN: Wollte Gott, wir wären in Ägypten gestorben ...als wir bei den Fleischtöpfen saßen und hatten Brot die Fülle zu essen. Denn ihr habt uns herausgeführt in diese Wüste, daß ihr diese ganze Gemeinde an Hunger sterben laßt. ... Und am Abend kamen Wachteln herauf und bedeckten das Lager ... Die Israeliten sprachen untereinander: Man hu? Denn sie wußten nicht, was es war. Mose aber sprach zu ihnen: Es ist das Brot, das euch der Herr zu essen gegeben hat." **II Moses, XVI, 3, 13-15**

Nicolas Poussin (1594–1665),
Israeliten sammeln Manna in der Wüste.
Paris, Louvre.

Seite 82:
Meister des heiligen Blutes,
Die Ernte von Manna.

Seite 83:
Pierre Reymond, Schatulle mit
Darstellung der Geschichte Mose.
Detail über Manna (1544).

(Moses, Exodus 16, 16).
M. Wohlgemut, Stich, der die Juden
zeigt, wie sie in der Wüste Manna
sammeln. Paris, Louvre.

SIE HATTEN NICHT DIE ZEIT, den Brotteig aufgehen zu lassen. So wurde er geknetet, ehe er aufgequollen war, und das Ergebnis war eine Gaumenfreude: ungesäuertes Brot, sehr fein und krümelig, leicht angebräunt an den Kanten, knusprig unter den Zähnen und im Mund schmelzend.

Das gebratene Lamm, das damit aufgetragen wurde, war so zart und saftig, wie man es sich nur wünschen konnte. Der Geschmack wurde durch die begleitenden bitteren Kräuter noch erhöht: geraspelte Sellerie, knackige Chicorée und Lauch. Und in der tiefsten Nacht, sofort nach der Mahlzeit, machten sie sich auf den langen Weg.

Fast zusammenbrechend unter dem Gewicht der Säcke und Bündel, wozu noch der Reiseproviant kam und alle Güter, die sie hatten mitnehmen können, begannen sechshunderttausend Männer und ihre Familien am selben Tag die große Reise zu einem unbekannten Ziel. Sie ließen vierhundertdreißig Jahre Exil hinter sich; da hatten sie zwar im Überfluß gelebt, aber hauptsächlich in Sklaverei und unter Demütigungen. Ihre Vorfahren waren wegen der großen Hungersnot, die ihr Land bedrückte, nach Ägypten gekommen, und man hatte sie wie Ehrenbürger empfangen unter dem hohen Schutz des Königs. Aber ihre unzähligen Nachkommen waren verfolgt und ausgebeutet worden; sie mußten die unangenehmsten Arbeiten verrichten und die schlimmsten Beleidigungen und Mißhandlungen erdulden.

Bis sich schließlich ein Anführer erhoben hatte, der beschloß, der ungerechten Behandlung ein Ende zu setzen, seinem Volk die Ehre wiederzugeben und es ins Land seiner Väter zu führen. Nach Monaten des Feilschens und stets neuen Forderungen des Königs, der sie nicht ziehen lassen wollte, folgten sie Moses, erhoben sich und verließen das Reich. Dank minutiöser Vorbereitung, dank wunderbarer Hilfe einer höheren Macht, an die sie alle glaubten, gelang es ihnen, die Ägypter zu überraschen, die über die letzte Plage trauerten, die sie in derselben Nacht geschlagen hatte.

Jetzt waren sie an das Ende der härtesten Prüfung gelangt - ihre Verfolger waren im Meer ertrunken - und sie hatten bewiesen, daß sie ein einiges Volk waren, das auf Gott und seinen Anführer baute, und nun überfiel sie plötzlich die Sehnsucht nach Ägypten.

Es war, als hätten sie urplötzlich die Jahrhunderte des Sklavendaseins, die erzwungenen demütigenden Arbeiten, die schlechte Behandlung, die der König Frauen und wehrlosen kleinen Kindern angedeihen ließ, die Verweigerung jeglicher Freiheit sowohl einzelner als auch der ganzen Gemeinde, vergessen. Vergessen die Jahre des Leidens, die tägliche Sorge ums Morgen, vergessen die Verzweiflung und die Tränen. Sie erinnerten sich nur an eines mit Sehnsucht und Aufwühlung der Sinne: an die reichliche Nahrung, die sie täglich in Ägypten bekamen. Sie dachten an die Fleischtöpfe, an die mit Knoblauch und Zwiebeln gewürzten Fische, an die

schmackhaften Gemüse wie Zucchini, an die saftigen Wassermelonen, von denen sie vor ihrem Aufbruch noch ein paar Mundvoll hatten nehmen können.

Sie irrten nun seit anderthalb Monaten durch die Wüste. Für die meisten war es die erste Begegnung mit einem unwirtlichen Land, das stets von Winden und Staubwolken gefegt wurde und von dem, so sehr man sich auch anstrengte, kein Ende abzusehen war. Die drückende Hitze am Tag war ebenso brutal wie die nachts einfallende Kälte. Sie gingen vorwärts, wateten durch den Sand, schleppten Frauen, Kinder, Alte und Kranke mit sich. Ganz zu schweigen von unzähligen Gegenständen, die sie mit sich führten. Das langsame Vorankommen plagte selbst die Stärksten unter ihnen.

Der Reiseproviant, den sie mitgenommen hatte, bestand nur noch in der Erinnerung. Sie hüteten sich, das Vieh anzutasten. Die Tiere halfen ja auch tragen, und sie lieferten eine unerläßliche Nahrung für Kranke und Kinder: Milch. Aber auch die unglücklichen Tiere litten unter der Hitze und manchmal auch unter Wassermangel. Und abends, wenn nach einem Tag des Umherirrens die dunklen Zelte aufgeschlagen wurden und man endlich die müden Füße ausruhen lassen konnte, kamen die Erinnerungen und hüllten sie mit appetitanregenden und köstlichen Düften ein.

Moses, ihr Anführer, traute seinen Ohren nicht: vor ihm stand eine Delegation von Vertretern des Volkes, die dessen Klagen vor-

"Und als der Tau weg war, siehe, da lag's in der Wüste rund und klein wie Reif auf der Erde."
(2 Moses 16, 14) Die Wüste Sinaï.

"Und als man's nachmaß, hatte der nicht darüber, der viel gesammelt hatte, und der nicht darunter, der wenig gesammelt hatte. Jeder hatte gesammelt, soviel er zum Essen brauchte." (Moses, Exodus 16, 18). Triptychon der Eucharistie (gegen 1515), Kathedrale von Autun.

brachte in direktem Widerspruch zu ihrem Anführer und zu Gott, in dessen Namen er handelte. Sie sagten, es wäre besser gewesen, gesättigt in Ägypten zu sterben als hier in der Wüste zu verhungern. Und sie zählten die köstlichen Speisen auf, die sie damals genossen, und hatten kein Wort übrig für die Verzweiflung und die Leiden, die sie täglich erfahren hatten. Moses wendet sich jetzt bedrückt zu Gott, und die Antwort läßt nicht auf sich warten. Sie wollen Fleisch? Sie bekommen überreichlich davon. Sie verlangen nach Brot? Sie werden Körner sammeln können, aus denen sich Brot und beliebige andere Gerichte machen lassen. Moses beeilt sich, dem Volk die göttliche Antwort mitzuteilen, und gemeinsam erwarten sie den Abend: da sehen sie, wie sich das Wunder nähert wie eine schwarze Wolke aus dem Westen. Myriaden von Vögeln, fette Wachteln, die von ihrem langen Flug über das Meer erschöpft sind, fallen zu den Zelten nieder. Versteinert beobachten die Menschen, wie die Vögel um sich schlagen und im Sand herumrollen, bis sie so leicht zu fangen sind, daß sogar Kinder sie aufheben.

In der Abenddämmerung erhebt sich ein Duft nach gebratenem Geflügel von den Zelten. Der plötzliche Überfluß läßt sie alle Moses gemachten Vorwürfe vergessen und beweist ihnen, daß er von einem allmächtigen Gott geleitet wird, der über ihnen wacht. Gesättigt und zufrieden gehen sie schlafen. Beim Erwachen entdecken sie, daß das Wunder weiter geht.

Sobald der Tau von der Erdoberfläche, wie jeden Morgen, verdampft ist, sehen sie zu ihrer Verblüffung weiße, kristallartige Körner auf dem Boden verstreut. Sie lesen sie auf und stellen fest, daß sie eßbar sind und man sie mahlen kann, um Brot und anderes zu machen. Man denkt bereits an die besten Dinge: Kuchen, gekochtes Essen. Denn, das verspricht Moses, dieses Wunder wird sich täglich wiederholen. Man braucht keine Vorräte anzulegen: es genügt, den täglichen Bedarf zu sammeln, denn das Manna - so haben sie die wunderbare Nahrung getauft - verdirbt sehr rasch. Selbst wenig gläubige Leute überzeugen sich, daß man nichts für später aufheben soll, als am Tag darauf wieder Manna fällt.

Vierzig Jahre lang, während der langen, wirren Wanderung durch die Wüste, ernähren sich die Kinder Israels von Manna, bis sie im verheißenen Land ankommen und ihre eigenen Ernten säen und pflanzen können. Und bis zum heutigen Tag hat niemand herausgefunden, was dieses wunderbare Manna war, das die Hauptnahrung des Volkes in der Wüste darstellte.

Menu
(für sechs Personen)

❋

SALAT AUS MARINIERTEN WACHTELEIERN
MIT SENF UND HASELNÜSSEN

❋

MIT LINSEN GEFÜLLTE WACHTELN
GESCHMORTE GERASPELTE SELLERIE MIT KORIANDERSAMEN

❋

GELÉE AUS MANDELMILCH MIT FRISCHEN DATTELN

❋

EMPFOHLENES BROT: UNGESÄUERTES BROT

Die Klagen der Kinder Israels in der Wüste ließen Wachteln und Manna vom Himmel fallen. Die Wachteln verschafften ihnen wieder den vermißten Fleischgeschmack. Man darf annehmen, daß sie auch Wachteleier hatten. Das Manna erlaubte ihnen, Brot und Kuchen und alle Arten von Gerichten zu kochen. Das Rätsel des Manna ist bis heute ungelöst. Unter den Spezialisten der Bibel und der Wüste, und unter den Botanikern, kann niemand sagen, was es genau war. Alle Vermutungen entsprechen nur teilweise seiner Beschreibung in der Bibel. Unser Menu sieht als Vorspeise in Essig marinierte Wachteleier vor; so hätte sich die kostbare Speise länger gehalten. Die Hauptspeise besteht aus mit Linsen gefüllten Wachteln - Linsen, ein Trockengemüse, lassen sich leicht auf eine lange Wüstenwanderung mitnehmen. Und mit dem Dessert versuchte ich an das Manna zu erinnern, wenigstens was den Geschmack und das Aussehen angeht: "Und es war wie weißer Koriandersamen und hatte einen Geschmack wie Semmel mit Honig." (2.Mose XVI, 31) ... "Es war aber das Manna wie Koriandersamen und anzusehen wie Bedolachharz ...und es hatte einen Geschmack wie Ölkuchen" (4.Mose XI, 7-8).

ZUTATEN:

- 18 Wachteleier
- 200 ml weißer Essig
- 1 kleine Zwiebel, geschält und entzweigeschnitten
- 1 Lorbeerblatt
- 1 Thymianzweig
- 1 KL Salz
- 5 Pfefferkörner
- 3 Zapfen Chicorée
- 300 g Mesclun (gemischter krauser Salat)
- 50 g gehackte Haselnüsse
- 9 schwarze Oliven, entkernt und in Scheiben geschnitten
- Ein paar kleine Thymianzweige

FÜR DIE VINAIGRETTE:

- 30 ml weisser Essig
- 1 KL Senf
- 1 KL Honig
- 60 ml Olivenöl
- Grauer Pfeffer, grob gemahlen

SALAT AUS MARINIERTEN WACHTELEIERN MIT SENF UND HASELNÜSSEN

Die Wachteleier 5 Minuten in siedendem Wasser kochen. Abtropfen lassen und mit kaltem Wasser abspülen. Wenn kalt, schälen. Essig mit Salz, Zwiebel, Lorbeer, Thymian und Pfefferkörnern in einem kleinen Topf erhitzen. 5 Minuten kochen, vom Herd nehmen und abkühlen lassen.

Die Zwiebel herausnehmen, den kalten Essig auf die Eier gießen. Wenn sie davon nicht ganz bedeckt sind, mit siedendem Wasser auffüllen. Das Glas luftdicht schließen und mindestens 5 Tage kühlstellen. Vor dem Essen die Blätter von Chicorée und Mesclun-Salat abnehmen, waschen, trocknen und auf die Teller legen.

Die marinierten Eier entzweischneiden und auf die Salate legen. Den Essig mit Senf, Honig, Öl und Pfeffer vermengen und diese Sauce in jeden Teller geben. Mit Haselnüssen bestreuen, mit schwarzen Oliven und frischen Thymianzweiglein dekorieren.

MIT LINSEN GEFÜLLTE WACHTELN

ZUTATEN:
- 6 Wachteln, bereit zum Füllen
- 6 Wachtellebern (oder 3 Hühnerlebern)
- 500 g in Salzwasser gekochte Linsen
- 3 Zwiebeln
- 3 EL Olivenöl
- 500 ml Hühnerbouillon
- Salz und Pfeffer

Die Wachteln sorgfältig in- und auswendig trocknen. Für die Füllung: die Zwiebeln schälen, schneiden und in der Bratpfanne golden braten. Die Lebern in kleine Stücke schneiden und den Zwiebeln beigeben. Braten, bis sie durchgebraten sind. Ein Drittel der Linsen dazugeben, salzen, pfeffern, vom Herd nehmen.

Den Ofen auf 200° heizen. Die Wachteln mit der Mischung füllen und mit einem Zahnstocher oder einer Naht gut verschließen. Die Füße anheften und alles in ein Bratblech geben. Mit Olivenöl bestreichen, auf das Bratblech ein halbes Glas Hühnerbouillon gießen und 30 Minuten braten, bis die Wachteln golden sind.

Unterdessen die übrigen Linsen und die Bouillon in den Mixer geben und mixen, bis ein glattes Püree entstanden ist. Mit einem kleinen Löffel durch ein trichterförmiges Gitter in eine Kasserolle treiben. Diese Mischung erhitzen, bis sie knapp siedet, dann Hitze auf Minimum zurückdrehen. Salzen, pfeffern, warmstellen, bis die Wachteln fertig sind.

Anrichten: eine Wachtel auf jeden Teller legen, reichlich Sauce rundherum gießen, mit ein wenig geschmorter Sellerie garnieren.

GESCHMORTE GERASPELTE KNOLLENSELLERIE MIT KORIANDERSAMEN

ZUTATEN:
- 500 g Knollensellerie, geraspelt
- 50 g Butter
- ½ KL Koriandersamen
- Salz und Pfeffer

✺ Knollensellerie in einen Topf mit flachem Boden füllen. Wenig Wasser und die Butter dazugeben. Bei milder Hitze ca. 10 Minuten kochen. Koriandersamen dazutun, salzen, pfeffern, nochmals 5 Minuten kochen.

MANDELMILCHGELÉE MIT FRISCHEN DATTELN

ZUTATEN:
- 500 ml Mandelmilch
- 50 g Zucker
- 4 Gelatineblätter
- 2 KL Mandelessenz

FÜR DEN SIRUP:
- 100 ml Honig
- 150 ml Wasser
- 350 g frische Datteln

✺ Die Mandelmilch mit dem Zucker aufsieden. Die Gelatineblätter in kaltes Wasser tauchen. Sobald sie weichzuwerden beginnen, sie in die siedende Mandelmilch geben und gründlich vermengen. Die Mandelessenz beifügen und das Ganze durch ein feines Sieb auf eine wenig tiefe Platte, am besten aus Glas, gießen. Die Masse sollte ca. 1 cm hoch sein. Mindestens 4 Stunden in den Kühlschrank stellen. Honig und Wasser aufsieden, in eine Schale gießen und kaltwerden lassen.
Anrichten: Die Gelée mit einem guten Stahlmesser in kleine Rhomben schneiden. Die Honigsauce ausgießen, auf der die Rhomben schwimmen werden.
Wenn man keine Mandelmilch findet, kann man sie selber herstellen. In eine Salatschüssel 100 g feingemahlene Mandeln geben. 600 ml kaltes Wasser darübergießen. Zwei Stunden im Kühlschrank ruhen lassen. Die Mischung durch ein Stück Gaze treiben. Es ergeben sich ca. 500 ml Mandelmilch. Mandelmilch läßt sich auch ersetzen durch 250 ml Milch und 250 ml Wasser sowie 2 KL Mandelessenz.

SIMSON UND DELILA : DIE PASSIONSFRUCHT

,,D ANACH gewann er ein Mädchen lieb im Tal Sorek, die hieß Delila. Zu der kamen die Fürsten der Philister und sprachen zu ihr: 'Überrede ihn und sieh, wodurch er so große Kraft hat und womit wir ihn überwältigen können."

Richter, XVI, 4–5

MEHR ALS DREITAUSEND MENSCHEN, darunter viele Hochstehende, drängen sich in dem prachtvollen Gebäude und betrachten mit Freude den blinden Koloß, der von einem Diener zur Mitte des Tempels geführt wird. Seine Füße stolpern hin und wieder, seine Hände tasten gewaltige Säulen ab. Plötzlich hält er mitten im offenen Bau an, stützt sich mit den Händen auf die Mittelsäulen und erhebt sein Gesicht zum Himmel.

In der Menge, in einer der Ehrenlogen, sitzt eine junge, schöne Frau, umgeben von dienstfertigen Offizieren, die vor Zufriedenheit strahlen und sich siegreich benehmen. Aber Delila lacht nicht; sie kann ihren Blick nicht von dem gedemütigten Riesen abwenden, der den grausamen Würdeträgern der Philister wie eine Ware vorgeführt wird, und ihr Herz ist bewegt.

Sie erinnert sich an ihre erste Begegnung mit ihm. Seine Statur war beeindruckend, er hatte etwas Wildes an sich, und von jedem Muskel seines starken Körpers strahlte eine ungewöhnliche Kraft aus. Sein langes Haar reichte bis zu seinem Gürtel, sein Schritt konnte erschrecken. Aber sein von einem struppigen Bart umrahmtes Gesicht zeigte Sanftmut, und in den Augen las man eine kindliche Offenheit, die Sympathie erweckte. Simson, der schöne Riese, ließ damals nicht die Augen von Delila, einer jungen, stürmischen Schönheit, die wohl wußte, welchen Zauber sie auf die Männer ausübte. Sie hatte nicht einmal viel machen müssen, sie sah nicht ohne Freude, wie er ihr gleich einer reifen Frucht in den Schoß fiel. Nach einer wahnwitzigen Nacht in seiner Gesellschaft war ihr klar, daß dieser Mann, vor dem alle zitterten, schwach wie ein Kind wurde, sobald er in ihren Armen ruhte.

Er hätte eine von vielen der Eroberungen der schönen Delila sein können. Aber in dieser Nacht war zu ihr heimlich auch eine Delegation der Heerführer gekommen, um ihr eine Aufgabe anzuvertrauen: Simson das Geheimnis seiner Kraft zu entlocken. Delila zögerte kaum und schon gar nicht, als sie verstand, wie hoch die Philister ihre Zusammenarbeit bezahlen würden. Sie gürtete also ihre Lenden, um die von ihr ausgezeichnet beherrschte Kunst der Verführung auszuüben.

Mit unvergleichlichem Geschick spann sie das Netz, dessen Zweck war, die Quelle der übermenschlichen Kraft Simsons zu entdecken. Während ihres Vergnügens servierte sie ihm vom Tagesanbruch bis in die spätesten Nachtstunden immer wieder Erfrischungen, für die sie all ihr Wissen und ihre Erfahrung einsetzte. Es waren große Platten voll saftiger Früchte, von denen sie wußte, daß sie als Aphrodisiaka wirken konnten. Sie bereitete ihm köstliche Gerichte zu und stopfte ihn mit Kuchen voll, nachdem ihr rasch klar geworden war, daß er Honig und Süßigkeiten besonders gernhatte.

Wegen des Honigs hatte er sich von seiner ersten Frau getrennt. Beim Hochzeitsmahl hatte Simson einer Gruppe junger Leute ein Rätsel aufgegeben: "Speise ging aus vom Fresser und Süßigkeit vom Starken." Niemand konnte das Rätsel lösen, und die dreißig jungen Leute bedrohten die junge Gemahlin. Diese entrang seinem

"Was ist süßer als der Honig? Was ist stärker als der Löwe? … Aber (Simson) sprach zu ihnen: Wenn ihr nicht mit meinem Kalb gepflügt hättet, hättet ihr mein Rätsel nicht getroffen." (Richter 14, 18). Rembrandt (1606 – 1669) *Simson und Delila* [1638]. Dresden, Staatliche Kunstsammlungen, Alte Meister.

Mund mit Tränen und herzlichem Flehen die Lösung: Simson hatte mit eigenen Händen und ohne Waffen einen Löwen getötet,
der ihn angegriffen hatte. Ein paar Tage später ging er dort wieder
vorbei und bemerkte, daß sich im Leib des Löwen ein Bienenstock
eingenistet hatte, aus dem reichlich Honig floß. "Der Fresser ist
der Löwe und die Nahrung ist der Honig," sagte er. Die junge Frau
teilte dies eilig ihren Landsleuten, den Philistern, mit, und Simson
verlor seine Wette. Simson rächte den Verrat seiner Frau an ihr
und ihrem Vater, indem er die Philister strafte. Seine tollkühnen
Taten wurden zu einer richtigen Kriegsdrohung zwischen den
Stämmen.

Die Philister hätten sich seiner gern bemächtigt, aber jedes Mal entging er ihnen. Und selbst als er gefangen wurde, behielt er dank sei-

Seite 94:

"Und sie ließ ihn einschlafen in ihrem Schoß und rief einen, der ihm die sieben
Locken seines Hauptes abschnitt …" (Richter 16, 19). Nuvolone, *Simson und Delila*.
Caen, Musée des Beaux-Arts.

Seite 95:

"Ich will sterben mit den Philistern!" (Richter 16, 30).
Simson tötet sterbend dreitausend Philister.
Stich aus der Bibel des Maître de Sacy (1836).

ner außergewöhnlichen Kraft die Oberhand, indem er sehr viele Gegner erschlug. Und jetzt gab es eine einzige Frage: was war die Quelle dieser außergewöhnlichen Kraft? Delila sollte sie entdecken. Dreimal gab er ihr eine falsche Antwort. Sie erinnerte sich gut, wie die Frage ihn belustigt und ihm geschmeichelt hatte. Sie saß auf seinen Knien und goß ihm Wein ein, bis er das Bewußtsein verlor, sie regte geschickt seinen mächtigen Körper an und ging auf seine kleinsten Wünsche ein, blieb aber selbst klar und konzentriert. Und als er in ihren Armen eingeschlafen war, band sie ihn so, wie er es gesagt hatte. Aber wenn er erwachte, zerriß er seine Bande, als wären es Spinnweben. Dreimal gab sie vor, es handle sich nur um einen Scherz, und brach in Gelächter aus.

Nach einem ganzen Tag lustvoller Umarmungen, köstlicher Gerichte und ausgezeichneten Weins entwand sie sich ihm und und schluchzte: "Du liebst mich nicht! Warum sagst du mir nicht die Wahrheit? Nenne mir die Quelle deiner Kraft." Aber bereits las sie in seinen Augen Vorsicht. Sofort trat Delila den Rückzug an, verließ sich wieder auf ihre Schönheit und auf Schmeicheleien, umsorgte und verwöhnte ihn, drückte sich eng an seinen Leib und streichelte sein volles, langes Haar, um ihn die Vorsicht vergessen zu lassen. Aber schon am nächsten Tag spielte sie ihm, noch eindrücklicher, dieselbe Szene vor. Simson war des Spiels müde und gestand ihr alles: Seine Kraft kam daher, daß sein Haar nie ein Schermesser gekannt hatte. Vor seiner Geburt hatten seine Eltern gelobt, ihm niemals das Haar zu schneiden. Nahm man seine Locken weg, beraubte man ihn seiner Kraft.

"Da ergriffen ihn die Philister und stachen ihm die Augen aus, führten ihn hinab nach Gaza und legten ihn in Ketten, und er mußte die Mühle drehen im Gefängnis." (Richter 16, 21) Französischer Stich, 19. Jahrhundert.

In dieser Nacht schnitt Delila die langen Locken Simsons ab und ließ die Beamten der Philister kommen. Dieses Mal nahm ihr kleines Spiel ein anderes Ende. Sie kreuzte die Hände wie gewöhnlich und rief: "Die Philister kommen, um dich zu töten! Paß auf!" Simson erwachte augenblicklich und versuchte, wie immer die Seile zu zerreißen, die ihn banden. Da entdeckte er, daß er seine Kraft nicht mehr hatte. Aber in die triumphierende Freude Delilas mischte sich schnell Trauer und Schrecken, als sie den geschorenen Riesen mit schwachen, schwankenden Gliedern sah, der seinen Feinden ganz ausgeliefert war, die ihm auf grausamste Weise die Augen ausstachen.

Jetzt betrachtet Delila die Menge, die den besiegten Riesen anschreit, und sie kann den Wandel nicht fassen, der in dem ihr vertrauten, starken Mann vorgegangen ist. Weder die Monate im Gefängnis noch die Blindheit noch die niedrigen Arbeiten haben ihm den Ausdruck der früheren Kraft genommen. Die Menge berauscht sich, den Feind kraftlos zu sehen; nur Delila bemerkt, daß er wieder Haar hat, eine kurze Mähne, die im Gefängnis gewachsen ist. Schmerz und Schrecken überwältigen Delila, und der Schrei, den sie ausstoßen möchte, erstickt in ihrer Kehle. Gleichzeitig mit der nun schweigenden Menge schaut sie den Riesen an, der die zwei Mittelsäulen des Tempels umfaßt. Das Gesicht zum Himmel gewandt, strengt er seine Muskeln an und versteift sich mit einem lauten Schrei: "Ich will sterben mit den Philistern" und er neigt sich mit aller Kraft. Da fällt das Haus auf die Fürsten und auf alles Volk, das darin ist.

Menu
(für sechs Personen)

❧

GEGRILLTE SARDINEN MIT KNOBLAUCHSAUCE

❧

GRÜNE SALATE UND KAPERN AN MIT SENF GEWÜRZTER VINAIGRETTE

❧

ENTENBRUST MIT WEIN- UND HONIGSAUCE

❧

MOUSSE AUS PASSIONSFRÜCHTEN UND PFIRSICHEN

❧

GETRÄNK AUS MILCH, EIER UND HONIG

Delila war befohlen worden, Simson zu verführen, dessen Tapferkeit beim Anblick von Frauen versagte. Die wohlschmeckenden, aphrodisischen Mahlzeiten, die ihm diese schöne Frau bereitete, spielten neben den körperlichen Lüsten bei dieser Verführung sicher auch eine Rolle. Delila, die Philisterin, war bestimmt perfekt bei der Zubereitung der Fische, von denen es auf den Märkten der Küstenstädte im Überfluß gab. Delila kannte auch die ähnlichen Wirkungen des Knoblauchs und hat ihn sicher in ihr Menu aufgenommen. Sie wußte wahrscheinlich auch von Simsons Vorliebe für Honig, nachdem er im erlegten Leib eines Löwen später einen Bienenstock gefunden hatte. Die Kaper, deren Heilung versprechende und Liebe erweckende Kräfte bekannt waren, ist der Star des rezenten Salats, den Delila erfunden hatte.

Die Passionsfrucht, die heute in den Hecken des Nahen Ostens und Israels wuchert, vor allem entlang der Küste, die die Philister bewohnten, schien uns das ideale Dessert, um Simson das Geheimnis seiner Kraft zu entlocken.

Wahrscheinlich hat Delila, ehe sie schlafen gingen und solange Simson noch vom Wein betäubt war, ihm heiße Milch zu trinken gegeben. Die Milch war schon zur Zeit der Bibel als beruhigend und schlaffördernd bekannt, wie die Geschichte von Jael zeigt, die dem furchtbaren General Sisera statt des verlangten Wassers Milch zu trinken gab und ihn mit einem Hammerschlag tötete, sobald er zu ihren Füßen eingeschlafen war (Richter IV, 19-21)

ZUTATEN:

■ **12 Sardinen**

■ **6 Knoblauchzehen**

■ **6 marinierte Rebenblätter**

FÜR DIE SAUCE:

■ **6 Knoblauchzehen**

■ **3 Eigelb**

■ **300 ml Olivenöl**

■ **1/4 Glas Zitronensaft**

■ **1 Petersiliensträußchen**

■ **Salz und Pfeffer**

GRILLIERTE SARDINEN MIT KNOBLAUCHSAUCE

❧ Sardinen ausnehmen, Rückgrat belassen. Knoblauchzehen schälen und in sehr feine Scheibchen schneiden. Mit der Spitze eines verchromten Messers in jeden Fisch Einschnitte machen und in diese die Knoblauchscheiben schieben. Die Fische auf ein Gitter legen und dieses unter den Backofengrill oder auf ein Holzkohlenfeuer legen, 1-2 Minuten auf jeder Seite braten.

Sauce: die Knoblauchzehen zerdrücken, das Eigelb hinzufügen, nach und nach unter ständigem Schlagen tropfenweise etwas Olivenöl dazu. Wenn die Hälfte des Öls verbraucht ist, Zitronensaft und 100 ml warmes Wasser hineingeben. Weiter schlagen und Öl hinzugießen. Am Ende etwas heißes Wasser dazutun, damit die Sauce cremig wird. Petersilie hacken und in die Sauce geben, salzen und pfeffern.

Anrichten: jede Sardine in ein Rebblatt legen, dieses mit Zahnstocher verschließen oder die Fische mit der offenen Seite nach unten anrichten. Vor dem Servieren die Sardinen 1 Minute auf sehr heißem Grill aufwärmen. In jeden Teller zwei Sardinen legen, die Sauce darum gießen. Übrige Sauce in separater Schale servieren.

ENTENBRUST IN WEIN- UND HONIGSAUCE

ZUTATEN:
- ca. 3 Entenbrüste, total ca. 1 kg, mit Haut
- Salz, grob gemahlener Pfeffer

FÜR DIE SAUCE:
- 250 ml Rotwein
- 100 ml Hühnerbrühe
- 1 EL Mehl
- 1 EL Honig
- 2 Senfkörner
- Salz und Pfeffer

✤ Entenbrüste mit der Hautseite in große Bratpfanne legen. 10 Minuten bei hoher Hitze braten. Sie sollen viel Fett entlassen, und die Haut muß stark gegrillt, fast verbrannt sein. Wenden, nochmals 2 Minuten braten, aus der Pfanne nehmen. Salzen, pfeffern und im möglichst wenig geheizten Ofen warmstellen.

Das angesammelte Fett in die Bratpfanne geben und diese auf den Herd stellen, die Fleischreste mit der Gabel lösen. Bei lebhafter Hitze kochen, bis ein Drittel der Flüssigkeit verdampft ist. Die Hälfte der Bouillon hineingeben, das Mehl zur anderen Hälfte tun. Unter ständigem Schlagen in die Bratpfanne geben. Alle übrigen Zutaten hinzufügen, salzen und pfeffern. Die Hitze zurücknehmen und nochmals 1 Minute kochen. Vom Herd nehmen, die Sauce abseihen und im Bainmarie warmhalten.

Die Entenbrüste in feine Scheiben schneiden. Auf die Teller legen und mit Sauce bedecken.

ZUTATEN:
- 200 g Eisbergsalat
- 100 g Endiviensalat
- 100 g Feldsalat
- 50 g Kapern
- 50 g geröstete, geräucherte Mandeln, grob gehackt

FÜR DIE VINAIGRETTE:
- 20 g fein zerschnittene Kapern
- 1 zerdrückte Knoblauchzehe
- 1 EL Senf
- 50 ml Zitronensaft
- 100 ml Olivenöl
- 1 KL Honig
- Salz

GRÜNE SALATE MIT KAPERN UND SENF-VINAIGRETTE

✤ Salate waschen, Blätter in Stücke schneiden und trocknen. Mit den Kapern in eine Salatschüssel geben. Alle Zutaten der Vinaigrette vermengen und direkt vor dem Servieren über den Salat gießen. Gehackte Mandeln daraufstreuen.

MOUSSE AUS PASSIONSFRÜCHTEN UND PFIRSICHEN

ZUTATEN:
- **400 g Passionsfrüchte**
- **250 ml Pfirsichnektar**
- **50 g Zucker**
- **3 Eigelb**
- **2 EL Maizena**
- **3 Eiweiß**
- **25 g Puderzucker**

Die Passionsfrüchte entzweischneiden, mit dem Löffel aushöhlen und passieren. Den Pfirsichnektar aufsieden, Zucker beifügen. Die Eigelb mit Maizena und etwas Wasser vermengen. Sobald der Nektar siedet, Hitze zurücknehmen und die Eigelbmischung hineingeben, gut schlagend, bis das Ganze dick geworden ist.

Vom Feuer nehmen, etwas abkühlen lassen, Passionsfrüchte unter ständigem Schlagen hineinlegen, und ganz erkalten lassen.

Die Eiweiß mit dem Puderzucker schlagen und hineingeben. Alles in schöne Schalen legen und mindestens 4 Stunden vor dem Servieren im Kühlschrank aufbewahren.

GETRÄNK AUS MILCH, EIERN UND HONIG

ZUTATEN:
- **1,5 l heiße Milch**
- **6 Eigelb**
- **50 ml Honig**
- **1 Prise Zimtpulver**

Alle Zutaten 1 Minute lang im Mixer vermengen. In große Gläser geben, mit etwas Zimt vermischen und sofort servieren.

DIE LETZTE MAHLZEIT SAULS

„DAS WEIB aber hatte im Haus ein gemästetes Kalb; das schlachtete sie eilends und nahm Mehl und knetete es und backte ungesäuertes Brot und setzte es Saul und seinen Männern vor. Und als sie gegessen hatten, standen sie auf und gingen fort noch in der Nacht."

I Samuel, XXVIII, 24-25

Oben: "Saul versammelte auch ganz Israel, und sie lagerten sich auf dem Gebirge Gilboa." (1 Samuel 28, 4). Blick auf Galiläa.

Unten: Tongefäß, das einen Widder darstellt, der große Tonkrüge trägt (4. Jahrtausend v. Chr.). Jerusalem, Museum von Israel.

IM OFEN backen schon feine Brotfladen, die hastig geknetet wurden. Die schwarz gekleidete Frau schneidet rasch dicke Stücke ausgezeichneten Kalbfleischs ab. Das Öl knistert in der großen Pfanne, die auf dem Herd steht, und die Frau gibt das appetitliche Fleisch hinein. In der Küche herrscht fast völliges Dunkel, nur die Herdflamme und die sich am Fenster brechenden Mondstrahlen spenden etwas Licht. Plötzlich entzündet sich das Fleisch in der Bratpfanne, und das Zimmer zeigt drei Personen, die schweigend auf den Knien liegen. Die Frau versucht, das Feuer zu löschen. Sie nimmt hastig daraus die gebratenen Fleischschnitten und legt sie auf die Teller. Sie holt aus dem Ofen die feinen Brote und legt sie ebenfalls auf den Tisch .

Eine der Personen erhebt sich jetzt von den Knien. Die zwei anderen erheben sich sofort auch. Der erste ist ihnen durch seine Größe überlegen. Es ist ein schöner Mann in der Blüte seiner Jahre, aber sein Gesicht ist stark gezeichnet durch Runzeln und den bitteren Ausdruck eines unbesiegbaren Kummers.

Seine gebeugten Schultern lassen die Schmerzen, die er im Augenblick ertragen muß, erraten. Dieser imposante Mann schwankt ein wenig auf seinen Beinen und scheint das Gleichgewicht zu verlieren. Die beiden anderen stürzen vor, um ihn zu stützen. Die Frau arrangiert die Kissen auf dem Diwan, damit der Mann sich setzen und anlehnen kann.

Der König Saul - denn er war es - war von langem Fasten geschwächt, hatte aber dem Flehen der Seherin und ihrer Diener nachgegeben und kostete jetzt, ehe sie gingen, von den nahrhaften Gerichten, die sie für sie zubereitet hatte. Die Worte, die er eben gehört hatte, löschten die letzte Hoffnung in seinem Herzen. Er wußte jetzt sicher, daß sein Schicksal besiegelt war und daß der Tag nahte, da er im Totenreich mit dem Propheten Samuel vereint sein würde.

Am Anfang der Nacht hatte er noch geglaubt, er könne das Volk retten, indem er Verbindung mit Samuel und durch ihn mit Gott aufnahm. Seit vielen Tagen biwakierte seine Armee vor dem feindlichen Lager auf dem Gebirge Gilboa. Die Philister besaßen fürchterliche Waffen, und die Bedrohung, die Sauls Armee bedrückte, war durchaus echt. Der König hatte vergeblich versucht, Gott anzurufen, aber Gott antwortete ihm weder durch Träume noch durch Orakel oder Propheten. Ein Gefühl des Verlassenseins hatte ihn heimgesucht und wurde jetzt immer stärker; die ihm bereits vertraute Einsamkeit und die Gewißheit, daß niemand mehr auf seiner Seite war, wurden unerträglich.

In seiner Verzweiflung hatte er seine Diener gebeten, eine Totenbeschwörerin zu suchen. Zwar hatte Saul selbst die Wahrsagung verboten, und wer diesem Befehl nicht gehorchte, war verfolgt und mitleidlos hingerichtet worden. Aber er spürte, daß er keine andere Möglichkeit hatte: Er mußte unbedingt mit Samuel, gleichzeitig sein Herr und sein Gegner, sprechen. Allein konnte er die schwere Bürde nicht mehr tragen.

Die Frau, die man in En-Dor, einem kleinen Dorf nahe dem Heereslager, gefunden hatte, lehnte zuerst die Bitte der drei Männer ab, die Bauern zu sein schienen. Sie wußte allzugut, welches Schicksal Wahrsagern zugedacht war, und außerdem lagerte das Heer ganz in der Nähe. Aber die drei Unbekannten, vor allem der Große, hatten sie beruhigt: "Es soll dich in dieser Sache keine Schuld treffen", hatte er gesagt, und er klang so überzeugend, daß sie ihm nicht zu widerstehen wagte.

Sie waren in die düstere Wohnung eingetreten, und die Frau hatte sie auf dem Boden sitzen lassen und begonnen, mit halbgeschlossenen Augen Kontakt mit den Toten aufzunehmen. Im stickigen Zimmer herrschte Stille, nur unterbrochen durch die Seufzer der Totenbeschwörerin, die sich voll auf die jenseitigen Kräfte kon-

Seite 106:

"Da stürzte Saul zur Erde, so lang er war, und geriet in große Furcht über die Worte Samuels. Auch war keine Kraft mehr in ihm, denn er hatte nichts gegessen den ganzen Tag und die ganze Nacht." (1 Samuel 28, 20) Salvator Rosa (1615 – 1673), *Samuels Schatten erscheint Saul bei der Seherin von En-Dor.* Paris Louvre.

Seite 107:

"Und Saul trachtete danach, David mit dem Spieß an die Wand zu spießen. Er aber wich aus vor Saul, und der Spieß fuhr in die Wand." (1 Samuel 19, 10). *Saul versucht David zu töten.* Illuminiertes Manuskript (15. Jh.). Paris, Bibliothèque nationale.

"Aber am anderen morgen teilte Saul das Volk in drei Heerhaufen, und sie kamen ins Lager um die Zeit der Morgenwache und schlugen die Ammoniter, bis der Tag heiß wurde." (1 Samuel 11, 11). *Saul kämpft gegen die Ammoniter.* Französischer Stich (19. Jh.), aus dem Buch von Lahure, L'Ancien et le Nouveau Testament en 100 tableaux.

Gesten und Seufzer hörten sofort auf. Die Frau öffnete die Augen und schrie, als sie den großen Mann vor ihr erkannte: den König Saul in Person.

"Warum hast du mich hintergangen?" sagte sie angstvoll; sie war sicher, daß sie zum Tode verurteilt werden würde. Aber der König beruhigte sie von neuem; um jeden Preis wollte er die bereits geglückte Verbindung aufrechterhalten. Er wollte wissen, was sie gesehen hatte. Sie schloß wiederum die Augen. Die Seufzer fingen wieder an, und ihre Beschreibung stimmte genau mit der Erscheinung des verstorbenen Propheten überein.

Der alte Mann, den die Frau sah und der in einen langen Mantel gehüllt war, war zweifellos Samuel, der allmächtige Prophet, der sich dem Königtum widersetzte, jedoch dem Druck des Volkes nachgegeben und Saul zum König bestimmt hatte. Er war es, der ihn anfangs geführt und ihm während seiner Kriege mit den Philistern beigestanden hatte. Aber es war derselbe Mann, der sein wildester Gegner wurde und alle königlichen Beschlüsse zurückwies, die seinen eigenen Befehlen widersprachen. Es war ebenfalls Samuel, der am Ende seines Lebens im eigenen Namen und im Namen Gottes den Helden David, den erklärten Feind Sauls, unterstützte.

Der König war mit dem Gesicht zur Erde gefallen; er warf sich vor dem Propheten nieder. Er hatte seine Stimme aus dem Mund der Seherin gehört, ihn aber nicht sehen können. Samuel schien zornig zu sein; er fragte, warum Saul ihn in seiner Ruhe störe. Der König hatte ihn um Verzeihung gebeten und erklärt, daß er auf keine andere Weise mit Gott in Verbindung treten und daß er gegen die Philister nichts ausrichten könne. Aber Samuel konnte nur bestätigen, was Saul in seinem Innersten schon wußte: Gott hatte seine Hand von ihm abgezogen, das war die Strafe Sauls dafür, daß er

"Da sprach Saul zu seinem Waffenträger: 'Zieh dein Schwert und erstich mich damit, daß nicht diese Unbeschnittenen kommen und mich erstechen und treiben ihren Spott mit mir'. Aber sein Waffenträger wollte nicht, denn er fürchtete sich sehr. Da nahm Saul das Schwert und stürzte sich hinein." (1 Samuel 31, 4). Pieter Bruegel der Ältere, *Sauls Selbstmord* (1562). Wien, Kunsthistorisches Museum, Gemäldegalerie.

Gottes Gebote nicht eingehalten hatte. Sein Reich werde David zufallen, und im Kampf gegen die Philister, der demnächst stattfinden würde, werde er umkommen. Der Tag sei nahe, da Saul, seine Söhne und viele seiner Männer zu ihm, Samuel, ins Totenreich kommen würden.

Die Seherin hatte die Augen geöffnet, währenddem der letzte Krampf sie schüttelte. Sie sah vor sich einen gebrochenen König und fühlte großes Mitleid für diesen unglücklichen Menschen, der vom Schicksal verhöhnt wurde. Wie alle Bewohner des Landes wußte sie genau, daß nicht er verlangt hatte, König zu werden, sondern eine heilige Macht. Er hatte sich Mühe gegeben, ein guter Herrscher über das Volk zu sein. Die Irrtümer, die er begangen hatte, als er die Befehle des Propheten nicht Wort für Wort respektiert hatte, trugen ihm den Zorn des Propheten und Gottes ein. Er konnte die Bürde der Macht nicht länger ertragen ; sein Geist war verwirrt; er stritt mit sich selbst, und er war gezwungen gewesen, zur Musik seines Feindes David Zuflucht zu nehmen, um seine Seele zu besänftigen. Fast alle seine vertrautesten Menschen, unter ihnen auch sein eigener Sohn, hatten ihn verraten. Nun ist der letzte Hoffnungsfunke erloschen. Die Frau beeilt sich, das Mahl zu servieren, das sie bereitet hat. Der König, der den ganzen Tag nicht gegessen hat, ißt jetzt schweigend, mit abwesender Seele, die Augen ins Leere gerichtet. Seine Diener wagen kein Wort zu sagen. Ohne zu sprechen, verabschieden sie sich von der Frau, sie halten ihr Versprechen, ihr nichts anzutun, und im Schutz der Dunkelheit kehren sie zum Heereslager zurück, wo man sich auf den endgültigen Kampf vorbereitet.

Oben: "Sie sprach: 'Es kommt ein alter Mann herauf, und er ist bekleidet mit einem Priesterrock.' Da erkannte Saul, daß es Samuel war, und neigte sich mit seinem Antlitz zur Erde und fiel nieder." (1 Samuel 28, 13). *Die Seherin von En-Dor beschwört Samuels Geist.* Französischer Stich aus dem 19. Jh.

Unten: Geschirr mit vier Füßen und einem Reiter zu Pferd, aus der Ausgrabung von Hebron (900 – 540 v. Chr.). Privatsammlung.

Menu
(für sechs Personen)

VOLLKORNBROT MIT GEMÜSE-SAUTÉ

FLAMBIERTE KALBSPAVÉS AN WEINSAUCE

JUNGE WEISSE RÜBEN, IM DAMPF GEKOCHT

SALAT MIT TROCKENFRÜCHTEN, ROSINEN UND GRANATÄPFELN

Die Seherin richtet für Saul und seine Männer eine schnelle Mahlzeit mit dem, was sie zuhause hat: rasch gegrilltes Kalbfleisch und Brot aus einem Teig, der keine Zeit gehabt hatte, aufzugehen.

Es war eine unvorhergesehene Mahlzeit. Kalbfleisch erschien nicht häufig auf dem Tisch des Volkes. Man aß hauptsächlich an Festtagen und vor den Opferriten Fleisch. Der einzige Zweck dieses Essens war, Sauls Fasten zu brechen, aber die Seherin vergißt nicht, daß sie einen König vor sich hat, und serviert ihm die besten Nahrungsmittel, die sie hat. Vielleicht läuft sie schnell ins Freie, um in ihrem Garten und im Feld Kräuter zu pflücken.

Unsere Mahlzeit besteht also aus den oben erwähnten Nahrungsmitteln und ist von dem Geheimnis umgeben, das diese ganze Geschichte kennzeichnet: Vollkornbrot, gefüllt mit frischem Gemüse; Kalbspavés mit weißen Rüben und ein Dessert aus Trockenfrüchten und Honig, alles rasch zubereitet und geeignet, das böse Schicksal, das auf den König lauert, zu mildern.

ZUTATEN:
- 12 flache Vollkornbrote mit Kümmel (s. S. 178)

FÜLLUNG:
- 2 Stengel Lauch
- 2 Knoblauchzehen
- 40 ml Olivenöl
- 250 g Erbsen
- 30 ml Balsamessig
- 1 Petersiliensträußchen
- Salz und Pfeffer

VOLLKORNBROT MIT GESCHMORTEM GEMÜSE

Den Lauch waschen und die nicht eßbaren Teile entfernen, dann in dicke Scheiben schneiden. Die Knoblauchzehen hacken.

Das Öl in der Bratpfanne erhitzen und den Lauch hineingeben. Bei mittlerer Hitze anbraten. Häufig umrühren. Wenn er weich zu werden beginnt und golden gebraten ist, Knoblauch hinzufügen und 1 Minute lang vermengen. Die Erbsen hineingeben und braten, bis sie ein wenig weich sind. Den Essig hineingießen und das Ganze gut vermengen.

Petersilie hacken und über das Gemüse streuen. 1 Minute braten, salzen, pfeffern, vom Feuer nehmen. Auf jeden Teller eine Scheibe Brot legen. Mit der Gemüsefüllung zudecken, dann wieder eine Scheibe Brot darauflegen. Sofort servieren.

ZUTATEN:
- 6 Kalbspavés
- 30 ml Olivenöl
- 1 Thymianzweig
- 30 ml Cognac
- 250 ml Rotwein
- 250 ml Bratenfond
- Salz und Pfeffer

FLAMBIERTE KALBSPAVÉS AN WEINSAUCE

Die Kalbspavés sorgfältig trocknen. Das Öl in einer Bratpfanne erhitzen, Thymian und Kalbfleisch hineingeben. Fleisch rasch braten, 1-2 Minuten auf jeder Seite, und vom Herd nehmen. Thymianzweig entfernen, Cognac auf das Fleisch gießen und anzünden. Die Pfanne ein wenig rütteln, bis die Flammen erloschen sind. Das Fleisch aus der Bratpfanne nehmen und warmstellen. Die Pfanne zurück auf den Herd stellen und den Wein hineingießen. Bei hoher Hitze aufsieden. Die Fleischreste mit einer Gabel von den Pfannenwänden kratzen. Wenn die Flüssigkeit zur Hälfte geschwunden ist, den Bratenfond dazugeben, nochmals aufsieden. Salzen und pfeffern.

Ein Pavé in jeden Teller geben und mit Sauce umgeben. Mit Thymianzweigen garnieren und mit den weißen Rüben servieren.

JUNGE WEISSE RÜBEN IN DAMPF GEKOCHT

ZUTATEN:
- 1 kg junge weiße Rüben (ca. 12 kleine)
- 1 EL Zucker
- Etwas Öl oder Butter

Die Rüben schälen und wenn möglich in einer einzigen Schicht in einen großen Dampfkochtopf legen. Dünsten, bis sie weich zu werden beginnen.
Aus dem Topf nehmen und mit wenig Öl in eine ofenfeste Platte geben. Mit Zucker dünn bestreuen und unter den Grill stellen, bis die Rüben golden sind.

SALAT AUS TROCKENFRÜCHTEN, ROSINEN UND GRANATÄPFELN

ZUTATEN:
- 200 g getrocknete Feigen
- 200 g getrocknete Datteln
- 200 g getrocknete Äpfel
- 400 g weiße Trauben
- 1 Granatapfel
- 50 g Pinienkerne
- Saft einer Zitrone
- 2 EL Honig

Feigen, Datteln und Äpfel in kleine Stücke schneiden. Aus der Hälfte der Trauben den Saft auspressen. Den Rest der Traubenbeeren entzweischneiden. Den Granatapfel ausnehmen und die weißen Häutchen wegwerfen. Alle Früchte in eine Salatschüssel geben, Zitronen- und Traubensaft darüber gießen, Honig beifügen und mischen. Vor dem Servieren gut kühlen. Die Pinienkerne rösten und über den Salat streuen.

zorten ide redactu. socru sue ostendens g
narrat ei omnem Booz erga se humanitatē.

minus sua monet eā ut lavetur et vestibꝰ p̄
ciosis induat. et in octe uadat ad Booz i areā atq̄
illo dormiente se sub pallio ei' abscondat. q eā me
ppinquus sm more hebreoꝝ accipiat uxorem.

[Q]ualiter uentilantibus aream messoribꝰ. Booz in aceruo manipulorum dormiente.
Ruth iuxta consilium socrus sue abscondit se sub pallio eius.

RUT DIE MOABITERIN: DAS PICKNICK

„**B**oas sprach zu ihr, als Essenszeit war: 'Komm hierher und iß vom Brot und tauche deinen Bissen in den Essigtrank.' Und sie setzte sich zur Seite der Schnitter. Er aber legte ihr geröstete Körner vor, und sie aß und wurde satt und ließ noch übrig.“

Rut, II, 14

Seite 118:

"Da sprach Boas zu Rut: Hörst du wohl, meine Tochter? Du sollst nicht auf einen anderen Acker gehen, um aufzulesen; geh auch nicht von hier weg, sondern halt dich zu meinen Mägden." (Rut 2, 8). Altes Mauskript, Paris, Bibliothèque nationale.

Seite 119:

"So las sie bis zum Abend auf dem Felde." (Rut 2, 17). *Rut beim Ährenlesen*. Lateinische Bibel aus der Abtei von Saint-Amand (16. Jh.). Valencienne, Bibliothèque municipale.

"Boas antwortete und sprach zu ihr: Man hat mir alles angesagt, was du getan hast an deiner Schwiegermutter nach deines Mannes Tod." (Rut 2, 11). *Rut und Boas*. Französischer Stich. (19. Jh.).

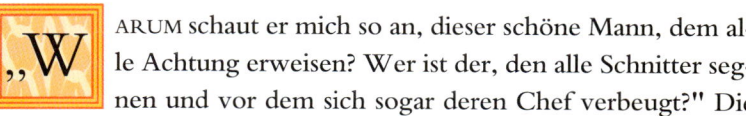

„WARUM schaut er mich so an, dieser schöne Mann, dem alle Achtung erweisen? Wer ist der, den alle Schnitter segnen und vor dem sich sogar deren Chef verbeugt?" Die junge Frau rückte ihren Gesichtsschleier zurecht und senkte die Augen. Sie fuhr fort, einzelne Ähren vom Boden aufzulesen und versuchte, kein Aufsehen zu erregen. Die Blicke und die Gesten, die in ihre Richtung geworfen wurden, zeigten, daß man von ihr sprach. Ihr Herz fing heftig zu klopfen an, als der Chef sie mit Namen rief und bedeutete, sie solle zu ihm kommen. Der schöne Mann stellte sich ihr vor: Er war der Besitzer des Feldes und hieß Boas. Der Ruf der jungen Ährenleserin war ihm zu Ohren gekommen, und er bat sie, auf seinem Feld zu bleiben und weiter Ähren zu lesen. Sie solle nicht in andere Felder gehen, wo sie vielleicht schlecht behandelt würde.

Rut löste sich in Dankbarkeit auf. Was habe ich getan, um soviel Güte zu verdienen, fragte sie sich. Ich bin eine Fremde und ärmer als die niedrigste seiner Dienerinnen. Aber Boas teilte diese Ansicht nicht.

Das Gerücht über die Rückkehr Noomis, der Frau des Elimelech, aus Moab hatte sich blitzschnell durch Bethlehem verbreitet. Die Nachbarinnen, die sie begrüßen kamen, erkannten sie nicht. Nichts war geblieben von der einst schönen Frau, die zur wohlhabenden Klasse gehört hatte und so stolz auf ihre zwei Söhne gewesen war. Vor mehreren Jahren war sie mit ihrem Mann und den beiden schon großen Söhnen nach Moab aufgebrochen, in der Hoffnung, sie könnten dort besser leben, angesichts der schrecklichen Hungersnot, die in Israel herrschte. Die Söhne hatten Fremde, Moabiterinnen, geheiratet, und ihre Bande mit der Heimat hatten sich gelockert. Aber das Schicksal schlug diese vornehme Familie: der Vater und beide Söhne starben sehr bald. Noomi war gebrochen, sie hatte nur noch ihre beiden fremdstämmigen Schwiegertöchter. Nichts hielt sie mehr in Moab, und sie beschloß, in ihre Heimatstadt zurückzukehren.

Orpa, die eine der beiden Schwiegertöchter, ließ sich überreden, in Moab zu bleiben, um bei ihren Volk ein neues Leben anzufangen.

Aber Rut war fest entschlossen, Noomi zu folgen: "Wo du hingehst, da will auch ich hingehen, wo du bleibst, da bleibe ich auch. Dein Volk ist mein Volk und dein Gott ist mein Gott," waren ihre Worte.

Seitdem sie in Bethlehem angekommen waren, arm und besitzlos, hatte Noomi alle Habe verkaufen müssen, die ihr Mann ihr noch hinterlassen hatte; dabei war noch ein Stück Acker, der sie ernähren sollte. Rut, bescheiden und hilfsbereit, hatte ihr Schicksal akzeptiert, sie war bereit, alles zu tun, damit sie in ihrem kleinen Haus leben konnten. Boas, ein entfernter Verwandter von Elimelech, hatte die ganze Geschichte vernommen und war von Bewunderung für die junge Frau erfüllt, deren Treue zu ihrer alten Schwiegermutter grenzenlos war. Und nun hatte das Schicksal beschlossen, sie auf sein Feld zu schicken, um die zu Boden gefallen Ähren aufzulesen, wie es die Armen taten.

Die brennende Sonne stand im Zenith. Es ist Mittag, und die Schnitter haben sich in kleinen Gruppen hingesetzt. Sie breiten reine weiße Leinentücher auf dem Boden aus und legen darauf, was sie am Morgen vorbereitet hatten: Brote, Käse, Puddings, rohes

"Rut die Moabiterin sprach zu Noomi: 'Laß mich aufs Feld gehen und Ähren auflesen, bei einem, vor dessen Augen ich Gnade finde.'" (Rut 2, 2). Weizenfeld am Mittelmeer.

Gemüse, Öl und Essig. Ganz einfache Nahrungsmittel, bei deren Anblick Rut schwindlig wird. Die Luft ist geschwängert von den in großen Pfannen gerösteten Weizenkörnern; die blonden Körner werden in der Hitze braun und knistern fröhlich unter den Zähnen.

Boas bemerkt ihre Bewegung und lädt Rut ein, seine Mahlzeit zu teilen. Sie ist klug und nimmt sein Brot und die Vinaigrette an und geht zurück, etwas entfernt von den Schnittern. Boas erhebt sich, um ihr auch geröstete Weizenkörner anzubieten. Laut, damit Rut ihn hört, befiehlt er seinen Leuten, sie sollten Rut soviel Ähren auf dem Feld auflesen lassen, wie sie wolle.

Rut hat die Geste des Boas sehr bewegt. Diskret kostet sie von allen guten Dingen, die sie schon lange nicht mehr hat essen können, und legt davon für Noomi beiseite, damit diese abends auch eine richtige Mahlzeit habe.

Als die Sonne zu sinken begann, sammelte Rut die Körner, die sie aus den zuvor gelesenen Ähren gedroschen hat, und ging zu ihrer Schwiegermutter. Vor Erregung zitternd erzählt sie Noomi von den Ereignissen des Tages. Noomi schlägt die Hände zusammen;

sie vermag kaum an das Glück zu glauben, das Boas zu ihrer Schwiegertochter geschickt hatte. Er war ein Verwandter ihres verstorbenen Mannes, und unter dem geltenden Gesetz hatte er die Pflicht und das Recht, Rut zu lösen, indem er ihre verkauften Familiengüter erwarb und sie heiratete.

Rut ging weiterhin jeden Tag aufs Feld; die Schnitter behandelten sie mit besonderer Achtung, und sie stand höher als die anderen Boas dienenden Bauern. Allen war klar, daß sie unter dem Schutz des Hausherrn stand, und erwiesen ihr Höflichkeit. Sie selbst wußte nicht, wie sie ihrer Dankbarkeit Ausdruck geben könne, und sammelte mit Fleiß und Bescheidenheit die Ähren, die sie auf den Tisch ihres einfachen Heims brachte.

Die Ernte ging dem Ende entgegen, der Herbst nahte. Rut blieb jetzt bei ihrer Schwiegermutter und nährte einen Traum und eine Hoffnung, die sie sich selbst nicht einzugestehen wagte. Die Begegnung mit Boas hatte ihre Verhältnisse sehr verbessert, aber im Herzen der jungen Frau hatte sich eine Flamme wieder entzündet, die seit Jahren erloschen war.

Die weise Noomi wußte und verstand, daß die Bande zwischen Rut und Boas enger wurden. Sie legte ihrer jungen Schwiegertochter einen Plan vor: "Heute Nacht wird Boas in seiner Tenne Gerste worfeln. Leg deine schönsten Kleider an und geh in die Tenne. Geh Boas nach, bis die Arbeit beendet ist, und nach dem Essen finde den Platz, an dem er sich niederlegt. Leg dich zu seinen Füßen, und wenn er erwacht, sag ihm, warum du gekommen bist." Rut befolgt die Anweisungen genau. Sie paßt auf, daß Boas' Knechte sie den ganzen Abend nicht erkennen. Und als der erschöpfte Mann einschläft, legt sie sich lautlos zu seinen Füßen nieder. Erst mitten in der Nacht merkt Boas, daß eine Frau da liegt, und etwas erschreckt fragt er, wer sie ist. Rut hebt den Schleier von ihrem Gesicht; Boas erkennt sie, und ehe er Zeit hat, aus ihrem Benehmen falsche Schlüsse zu ziehen, trägt sie ihre Bitte vor: „Übe dein Löserecht auf das Haus meines Gatten aus, kauf seine Habe zurück und nimm mich zur Frau."

Boas kann sich nicht beherrschen, und er zeigt seine Freude. Seit seiner ersten Begegnung mit Rut, als sie in seinem Feld Ähren las, hatten ihre schlanke Gestalt und das bescheidene Benehmen der jungen Frau ihn beschäftigt. Der Anblick der so schönen Frau, deren Abstammung aus einer hochgestellten Familie ersichtlich war und die, zu demütigenden Arbeiten gezwungen, niemals eine Klage hatte verlauten lassen, hatte ihn tief bewegt. Die Ernte ist beendet, und auch Boas hatte nach einer Gelegenheit, sie wiederzusehen, gesucht, als diese sich ihm bot. Aber er wollte nicht, daß Gefühle alles

Unten: Tongefäß von den Ausgrabungen in Gezer (10. – 7. Jh. v. Chr.). Jerusalem, Museum von Israel.

Gegenüber: "Und sie schlief bis zum Morgen zu seinen Füßen." (Rut 3, 14). Wien, Landesbibliothek.

122

entschieden und seine Gedanken verwirrten. Er beeilte sich, die Furcht der jungen Frau zu beruhigen, die zwar eine kühne Geste gewagt hatte, welche jedoch höchsten Lobes würdig war. Sie hat gut daran getan, sich an ihn zu wenden und nicht an andere, die, so geht das Gerücht, zur Schwelle der schönen Witwe gekommen sind. Ihr Handeln beweist ihre Treue zur Familie ihres verstorbenen Mannes und ihren aufrichtigen Wunsch, die Erinnerung an ihn weiterleben zu lassen. Er, Boas, wäre glücklich, sie zu lösen, aber er muß zuerst sicher sein, daß kein näherer Verwandter dasselbe Recht beansprucht. Boas schickt Rut eilends heim, ehe die anderen erwachen und sie erkennen, was ihrem Ruf schaden würde. Er gibt ihr soviel Gerste, wie sie tragen kann, und macht sich auf, sich zu versichern, daß Elimelech keinen näheren Verwandte hat als ihn. Er findet einen, dieser aber zieht es vor, sein Löserecht Boas abzutreten.

Boas kann seine Freude nicht verbergen. Eilends versammelt er die Ältesten der Stadt: "Ihr seid Zeugen", sagt er, "daß dieser Mann sein

✳

"Und Noomi nahm das Kind und legte es auf ihren Schoß und ward seine Wärterin. Und ihre Nachbarinnen sprachen: 'Noomi ist ein Sohn geboren.'" (Rut 4, 16–17).
(19. Jh.) Levy, Rut et Noémi.
Rouen, Musée des Beaux Arts.

Recht, Elimelechs Feld zu kaufen und Rut zur Frau zu nehmen, mir überlassen hat." Die Ältesten sind über Boas' Begeisterung gerührt, segnen seine Vereinigung mit Rut und wünschen ihm zahlreiche Nachkommenschaft.

Noomi, Ruts unglückliche Schwiegermutter, ist jetzt die Glücklichste aller Frauen. Bald nachher trägt Rut in ihrem Schoß Boas' Kind. Und als ein Sohn geboren wird, bietet Noomi sich als Wärterin an. Sie liebt den Neugeborenen so sehr, daß die Nachbarinnen von ihm als Sohn Noomis sprechen. Und sie dankt Gott, der ihr in seiner Güte eine Schwiegertochter gegeben hat, die mehr wert ist als sieben Söhne. Möge der Neugeborene den Stamm der Familie fortsetzen und ihr in ihrem hohen Alter eine Stütze sein.

Noch wußte sie nicht, was die Zukunft diesem Kind, einer Frucht der Liebe und der Treue, vorbehielt, nämlich eine entscheidende Rolle in der Geschichte seines Volkes: ihr Enkel würde niemand anders als David sein, der größte König Judeas aller Zeiten.

Menu
(für sechs Personen)

❋

QUICHE MIT ZIEGEN- UND SCHAFSKÄSE

❋

GRÜNE SALATE UND CHICORÉE MIT HASELNÜSSEN UND ÄPFELN

❋

COUSCOUS- UND RADIESCHENSALAT MIT ESSIG UND ECHTEM KÜMMEL

❋

GURKEN- UND ZWIEBELCHENSALAT MIT DILL

❋

GERÖSTETE WEIZENKÖRNER MIT ZIMT, ROSINEN UND JOGHURT

❋

BROT MIT TROCKENFRÜCHTEN

❋

GETRÄNK MIT ZITRONEN UND HONIG

Am Mittag entfalteten die Feldarbeiter ein Leinentuch auf dem Feld, setzten sich darum herum und nahmen aus ihren Beuteln den mitgebrachten Proviant. Es war das einfache Essen armer Bauern, aber zusammengelegt sättigte es alle. Sie aßen Brot, das sie in Olivenöl und Essig tauchten. Manche sagen, der Essig sei in Wahrheit Sauermilch, eine Art Joghurt, gewesen. Sie hatten verschiedene Arten Brot, Käse und Gemüse mitgebracht. An Ort machten sie ein Feuer und rösteten darauf ganze Weizenkörner, und sie beendeten ihr Mahl mit frischen Früchten. Diese Mahlzeit wäre auch heute noch gut als Picknick oder reichliches Frühstück im Grünen.

ZUTATEN:

TEIG:

- 175 g Mehl
- 100 g Butter
- 850 ml Joghurt

FÜR DIE FÜLLUNG:

- 50 g frischer Ziegenkäse, zerkrümelt
- 50 g frischer Schafskäse
- 50 g Feta, zerkrümelt
- 2 Eier
- 1 Eigelb
- 200 g frische Sahne
- 2 EL Mehl
- 1 KL Rosmarinblätter
- ½ KL Salbei
- Salz

QUICHE MIT ZIEGEN- UND SCHAFSKÄSE

Ofen auf 200° vorheizen.

Aus den Zutaten eine glatten Teig bereiten. Mindestens 1 Stunde in den Kühlschrank stellen. Teig flachdrücken und zu einem Kreis von 32 cm Durchmesser auswallen; damit eine Quicheform von 26 cm, Boden und Ränder, belegen. Mit einer Gabel überall einstechen.

Alle Käse zerkrümeln und auf den Teig legen. Eigelb, Sahne, Mehl und Kräuter leicht schlagen. Alle Zutaten gut vermengen, aber nicht zu stark schlagen.

Die Mischung auf den Käse gießen. Gitter unten in den Backofen einschieben, Form daraufstellen, ca. 45 Min. oder bis die Oberfläche gebräunt ist, backen. Aus dem Ofen nehmen, etwas abkühlen lassen, vor dem Servieren in Stücke schneiden.

ZUTATEN:

- 1 Kopfsalat
- 1 Endiviensalat
- 200 g Feldsalat
- 4 mittlere Chicoréezapfen
- 4 Äpfel
- 100 g Haselnüsse
- 60 ml Zitronensaft
- 50 ml Walnußöl
- 100 ml Sojaöl
- 1 KL Zucker
- 1 EL Anis
- Salz

GRÜNE SALATE UND CHICORÉE MIT HASELNÜSSEN UND AEPFELN

Salate und Chicorée auf einer Platte auslegen. Kerngehäuse der Äpfel entfernen, Äpfel vierteln und dann fein zerschneiden. Die Haselnüsse zerstoßen. Apfelschnitten und Haselnüsse über die Salate geben.

Zitronensaft, Öl, Salz, Zucker und Anis gut vermengen. Die Sauce auf den Salat gießen.

ZUTATEN:

- 500 g gekochter Couscous
- 500 g Radieschen
- 50 ml Weißweinessig
- 100 ml Olivenöl
- 2 EL gehackte Petersilie
- 1 KL Kümmel
- Salz

COUSCOUS- UND RADIESCHENSALAT MIT ESSIG UND KÜMMEL

Den gekochten, kalten Couscous in eine Salatschüssel geben. Die Radieschen sorgfältig reinigen. Die Hälfe in feine Scheiben schneiden, die andere grob schneiden. In ein Gefäß eiskalten Wassers legen und 1 gehäuften KL Salz hinzufügen. 1 Stunde ruhen lassen. Abtropfen lassen und mit dem Couscous vermengen. Essig, Öl, Petersilie und Kümmel damit vermischen.

ZUTATEN:

- 6 ganz kleine Gurken
- 3 Zwiebelchen
- 150 g Quark
- 150 g Joghurt
- 1 Sträußchen Dill
- 2 große Knoblauchzehen, zerdrückt
- 1 EL Zitronensaft
- Salz

GURKEN- UND ZWIEBELCHENSALAT MIT DILL

Gurken in feine Scheiben schneiden. Die Zwiebelchen mit dem Dill hacken. Alles in die Salatschüssel legen. Knoblauch, Quark, Joghurt, Salz und Zitronensaft hinzufügen. Vor dem Servieren gut kühlen.

ZUTATEN:

- 200 g Weizenkörner
- 750 ml Joghurt
- 12 gehackte Pflaumen
- 100 g blonde Rosinen
- 100 ml Honig
- 1 KL Zimtpulver

GERÖSTETE WEIZENKÖRNER MIT ZIMT, ROSINEN UND JOGHURT

Die Weizenkörner in eine nicht gefettete Pfanne geben und bei hoher Hitze ca. 2 Minuten rösten. Vom Herd nehmen und erkalten lassen.
Joghurt, Honig, Zimt, Rosinen und Pflaumen miteinander vermengen. Die gerösteten Weizenkörner damit vermischen. Sofort servieren.

Brot mit Trockenfrüchten

Zutaten:

- 350 g Mehl
- 1 Beutel Hefe
- $1/2$ KL Salz
- 250 g Butter, weichgemacht
- 200 g Rohzucker
- 3 Eier
- $1/2$ KL Bittermandelessenz
- 150 g Datteln, entkernt und gehackt
- 150 g getrocknete Feigen, gehackt
- 100 g Rosinen
- 100 g ganze Haselnüsse
- 50 g ganze Mandeln

✹ Ofen auf 190 °C vorheizen. Mehl, Hefe und Salz vermengen. Weiche Butter mit Zucker schlagen. Die Eier unter kräftigem Schlagen einzeln dazugeben. Die Bittermandelessenz und 300 g Mehl hineingeben. Die restlichen 50 g Mehl mit den Trockenfrüchten, den Haselnüssen und den Mandeln vermengen. Die Früchte zur Eier-Mehlmischung geben und gut vermischen.
Diesen Teig in eine Cakeform geben und ca. 50 Minuten backen.

Getränk mit Zitronen und Honig

Zutaten:

- 250 ml Zitronensaft
- 250 ml Honig
- 1,5 l Wasser
- 3 Minzenzweige
- 1 grüne Zitrone in Scheiben

✹ Zitronensaft und Honig miteinander vermischen. In einen Krug geben und das Wasser darauf gießen. Die Minzenzweige waschen und sie mit den grünen Zitronenscheiben in das Getränk legen. Gut kühlen und mit Eiswürfeln servieren.

DAVID UND BATSEBA: DER GESCHMACK DER SÜNDE

„Und es begab sich, daß David um den Abend aufstand von seinem Lager und sich auf dem Dach des Königshauses erging; da sah er vom Dach aus eine Frau sich waschen; und die Frau war von sehr schöner Gestalt ... Und David sandte Boten hin und ließ sie holen. Und als sie zu ihm kam, wohnte er ihr bei." **II Samuel, XI, 2**

Seite 132: "Sobald sie aber ausgetrauert hatte, sandte David hin und ließ sie in sein Haus holen, und sie wurde seine Frau." (2 Samuel 11, 27). *David und Batseba.* Lateinisches Manuskript (12. – 13. Jh.). Coimbra, Universitätsbibliothek.

Seite 133: "Du sollst nicht ehebrechen." (Moses, Exodus 20, 14). Van Heemswerk, *David und Batseba.* (Ca. 1566). Stich. Sammlung Bouvet.

"Da sah er vom Dach aus eine Frau sich waschen." (2 Samuel 11, 2). Poulakis, *Batseba im Bad und der König David.* Venedig, Museum Correr.

"I SS, ISS DOCH!" Der Mann ermuntert die ihm gegenübersitzende Frau und beißt herzhaft in einen gebratenen Hühnerschenkel. Sie ist sehr schön, ihr dunkles Haar liegt offen auf ihrem Rücken, und große Locken umgeben ihre Rehaugen. Den Blick auf den Teller gesenkt, nimmt sie einen Bissen, doch ohne große Lust. Ein leichtes Zittern erfaßt sie, das ihrem aufmerksamen Gefährten, einem Mann in der Blüte seiner Jahre, nicht entgeht.

Der Tisch zwischen ihnen ist mit köstlichen Speisen beladen. Man findet hier das Allerfeinste, das eine so reiche Stadt wie Jerusalem zu bieten hat: rohe Gemüse, gefüllte Gemüse, gebratenes Geflügel, Körbe voll saftiger Früchte, Süßigkeiten, die vor Honig triefen.

Er hat die Bewunderung in den Augen der jungen Frau wohl bemerkt, als man all diese Köstlichkeiten auftrug. Auch er, obwohl an solches Essen gewöhnt, bewundert immer wieder den Überfluß, der seinem Appetit zur Verfügung steht.

Er liebt das Leben und scheint dazu geboren, es vollmundig zu verzehren und niemals satt zu sein. Seit seiner friedlichen Kindheit in einer ruhigen Provinzstadt, wo sein Vater ein bescheidenes Gut hat, hat er einen weiten Weg zurückgelegt. Er hat genug von Kämpfen und Kriegen und steht jetzt an der Spitze der Nation, er ist König durch sein Verdienst und die Gnade Gottes, der allmächtige Herrscher des auserwählten Volkes. Obwohl sein Hof keine Ruhe kennt und von Intrigen und Komplotten wimmelt, hat der König es schon lange aufgegeben, seine Besitztümer zu zählen. In seinem Harem befinden sich, vor allen Blicken verborgen, Gattinnen und Konkubinen, die unter den schönsten Frauen des Landes ausgewählt worden waren. Am Hof tummeln sich unzählige Kinder, alle mit dem roten Haar ihres Vaters und mit der sanften braunen Haut ihrer Mütter.

Trotzdem scheint seine Seele immer unbefriedigt. Von der Terrasse seines Palastes aus betrachtet er Jerualem, und dieser Anblick weckt in ihm stets die Lust zu herrschen: erklingt Musik, will er gleich alle berühmten Musiker der Welt in einem gewaltigen Orchester versammeln; das Gold, das in seiner Schatzkammer lagert, entflammt seine Phantasie, die ihn bis zu den Goldminen am anderen Ende der Welt trägt. Der Anblick einer schönen Frau wühlt seine Sinne auf und entzündet in ihm den Wunsch, sie zu besitzen. Und was er will, bekommt er auch. David, der schöne Mann, der soviele Begierden hat, ein König von großer Grausamkeit und bemerkenswerter Intelligenz, ist seit seiner Kindheit gewohnt, sich zu nehmen, was er wünscht, wenn möglich sanft, sonst aber mit Gewalt. Das ist genau der Fall mit der jungen Frau, die ihm gegenübersitzt und das großartige Essen, das er ihr anbietet, nicht berührt.

Es war am Vorabend passiert, nach der Siesta. Nach dem Erwachen war der König auf die Terrasse gegangen, um die kühle Luft zu genießen. Er mochte diese Stunde besonders: die Luft von Jerusalem schien unbeweglich über der Stadt zu hängen. Der Himmel war noch blau, entflammte aber am Horizont bereits in scharlachroter Farbe, der Ausstrahlung der untergehenden Sonne. Die weißen, ineinander verschachtelten Häuser Jerusalems, die sich um den Palast drängen und an die Hänge der Hügel klammern, sind von goldenem Licht erleuchtet.

So - wie er glaubt - vor allen Blicken geschützt, freut sich der König, in den Hof jeden Gebäudes schauen zu können. Er ist in einen weißen Schlafrock gehüllt. Er liebt es, das tägliche Leben seiner einfachsten Untertanen unbemerkt zu verfolgen, dem Lachen der Kinder zuzuhören und den Streitereien der Paare, und er versucht zu erraten, wie sie hinter den geschlossenen Fenstern und Läden leben. Er sieht zu, wie die Frauen sich endlos mit denselben Aufgaben beschäftigen: Wäsche waschen am Fluß, Wasserschöpfen am Brunnen, gute kleine Sachen auf dem Holzfeuer im Hof kochen, sich um Kinder und Haustiere kümmern.

Und in einem dieser Höfe sah er sie zum erstenmal. Sie war nackt wie ein Neugeborenes und vertraute anscheinend der geheimen Ecke im Schutz der Mauern ihres Hauses, wo sie sich ein Bad berei-

"So wohnte David auf der Burg und nannte sie
'Stadt Davids'. Und David baute ringsumher."
(II Samuel 5, 9). Gemäuer in der Altstadt
Jerusalems.

tet hatte. Man konnte erraten, daß sie einer höheren Gesellschaftsschicht angehörte. Die prächtigen Kleider, die neben ihr lagen, ihre graziösen Bewegungen, ihre sichere Haltung, die Art, wie sie den Schleier von ihrem Gesicht gehoben hatte: all das zeugte von der strengen Erziehung in einer vornehmen Familie. Sie war bemerkenswert schön gebaut: lange, gebräunte Beine, schlanke Arme, die ihren Körper sanft streichelten, volle, hohe Brüste, Bauch und Gesäß rund und fest. Ihr Gesicht, von braunen Locken versteckt, war auf ihre Toilette konzentriert. Sekundenlang hätte man glauben können, sie habe den auf ihr ruhenden Blick bemerkt. Sie hob den Kopf, und ihr Gesicht zeigte sich: volle Lippen, runde Wangen, eine gerade Nase und große Augen, die überrascht waren, denen des

Königs zu begegnen, der sie von Kopf bis Fuß musterte. Merkwürdigerweise hatte David, obwohl sie eilig ihre Sachen zusammenräumte, den Eindruck, daß der jungen Frau sein Blick nicht mißfiel. Ohne nochmals dem Mann ihr Gesicht zuzuwenden, verschwand sie lautlos wie ein Reh im Innern des großen Hauses.

Ihr Zauber verfolgte den König während seines ganzen Spaziergangs auf der Terrasse; der Anblick dieser so vollendeten jungen Frau, deren Leib vom Licht der untergehenden Sonne umhüllt gewesen war, ging ihm noch nach, als in dieser Nacht eine seiner Haremsdamen zu ihm auf sein Lager kam. Sein Entschluß reifte heran: in der folgenden Nacht würde die schöne Unbekannte sein werden. Sehr früh am Morgen danach schickte er Diener, die sich nach der jungen Frau erkundigen sollten. Als sie mit dem Bescheid zurückkamen, es sei eine verheiratete Frau, die Gattin Urias des Hetiters, eines hochstehenden Generals der Armee Davids, war es schon zu spät. Der König hörte nicht mehr auf seine Vernunft, noch beachtete er den vorwurfsvollen Blick des Propheten Nathan, der sein Gewissen war. Er wollte diese Frau auf der Stelle haben, was immer auch geschehen würde.

Sie wurde zum Palast geführt. Sie war erschrocken und fürchtete das Schlimmste: die Nachricht über den Tod ihres Mannes auf einem fernen Schlachtfeld. Aber jetzt stand sie dem unbefriedigten Verlangen des Königs gegenüber. Die Diener, denen solche Szenen nicht neu waren, führten die Zeremonien auf, die den königlichen Umarmungen gewöhnlich vorausgingen: sie hatten einen Tisch mit köstlichen Speisen aufgestellt, um die angstvolle junge Frau zu beruhigen, ehe der König auftrat. Auf ein verabredetes Zeichen zogen sich alle ans andere Ende des riesigen Saales, in dem das Lager des Königs stand, zurück, damit das Paar etwas Diskretion genoß.

Nun sitzen sie einander gegenüber, kurz vor dem Augenblick, da sie ihre Körper vereinigen und den schrecklichen Fehler begehen. Die Aufmerksamkeit des Königs ist voll auf Batseba gerichtet, aber nichts kann ihn vergessen lassen, daß es noch andere körperliche Vergnügen gibt. Er beißt voll in eine der appetitlichen Speisen, von denen der Tisch überquillt, trocknet von seinem Mund den herabgeronnenen Saft einer Frucht, läßt ein paar Rülpser fahren und grunzt vor Wohlbehagen. Während er ißt und trinkt, überhäuft er die junge Frau mit süßen Worten, bewundert die Schönheit ihres Körpers, ihre Jadepupillen, ihren Satinhals, ihre strahlenden Zähne, ihr üppiges Haar ... Seine poetische Sprache, seine Bilder scheinen aber nicht die gewünschte Wirkung zu haben. Sie ist still, ihr Gesicht sieht mitgenommen aus, ihr ganzes Wesen drückt die Spannung eines Bogens aus. Da nimmt der König seine Harfe, die wie nichts anderes die Gemüter beruhigen kann.

Nebenstehend: "Ich habe gesehen einen Sohn Isais, des Bethlehemiters, der ist des Saitenspiels kundig, ein tapferer Mann, verständig in seinen Reden und schön gestaltet, und der Herr ist mit ihm." (1 Samuel 16, 19). Domenico Zampieri, *Der König David beim Harfenspiel.* Château de Versailles.

Linke Seite: "Die Frau war von sehr schöner Gestalt." (2 Samuel 11, 2). Willem Drost (ca. 1630 bis nach 1680), *Batseba empfängt Davids Brief.* Paris, Louvre.

ZUTATEN:

- 6 Schalotten
- 40 g Butter
- 1 kg frische Bohnen, geschält
- 1 Kräutersträußchen
- 2 EL Zitronensaft
- Salz und Pfeffer
- 1 Bündel Schnittlauch
- Frische Sahne (fakultativ)

BOHNENSUPPE MIT SCHNITTLAUCH

❋ Schalotten schälen und hacken. Butter in mittelgroßem Topf schmelzen und die Schalotten darin weich, aber nicht golden braten. Bohnen hinzufügen und mit siedendem Wasser bedecken. Aufsieden, dann etwas Salz dazugeben, und weitere 7 bis 9 Minuten kochen. Hitze löschen, etwa 3 EL schöner Bohnen herausnehmen und beiseitelegen.

Die restlichen Bohnen im Mixer zu einem glatten Püree mixen. Dieses wieder in den Topf geben, siedendes Wasser unter ständigem Rühren hinzufügen, bis eine dicke Suppe entstanden ist. Wieder aufsieden. Kräuter, Zitronensaft, Salz und Pfeffer hineingeben. Das Ganze ca. 7 Minuten unter ständigem Rühren sieden.

Einen Teil des Schnittlauchs hacken, ein paar besonders lange Stengel beiseitelegen. Die passierte Suppe in den Topf gießen. Vor dem Servieren aufsieden und den gehackten Schnittlauch hinzufügen. In jeden Teller ein paar ganze Bohnen legen, dann die Suppe hineingeben und mit Schnittlauchstengeln garnieren.

Sie können im letzten Moment noch etwas frische Sahne dazugeben.

ZUTATEN:

- 6 Rebhühner
- 30 ml Olivenöl
- 2 Zitronen
- 1 KL Zucker
- 1 Zweig Rosmarin
- Salz und Pfeffer

FÜR DIE SAUCE:

- 30 ml Zitronensaft
- 400 ml Hühnerbrühe
- 1 EL Mehl
- 1 KL Zucker

GEGRILLTE REBHÜHNER AN ZITRONENSAUCE

❋ Jedes Rebhuhn vierteln. Olivenöl in einer Bratpfanne erhitzen und das Geflügel mit der Haut nach unten hineinlegen. Braten, bis die Haut golden ist (zwei oder drei aufs Mal, oder gleichzeitig in zwei Bratpfannen). Eine Zitrone in feine Schnitte schneiden, die zweite auspressen. Zitronensaft und -schnitten, Zucker, Salz, Pfeffer und Rosmarin in die Bratpfannen geben. Etwas siedendes Wasser hinzugeben, Hitze zurücknehmen, ca. 30 Minuten braten.

Die Rebhühner aus der Pfanne nehmen und warmstellen. Rosmarinzweige und Zitronenschnitze entfernen (eventuell für die Garnitur verwenden). Zitronensaft und die Hälfte der Brühe in die Pfanne geben und die Hitze erhöhen. Sieden, bis die Sauce um ein Drittel vermindert ist. Mehl hineinarbeiten und in die siedende Sauce gießen. Kochen, bis sie dick wird. Mit Zucker, Salz und Pfeffer würzen. Abschmecken, passieren.

Anrichten: die Rebhuhnviertel, je vier davon, in jedem Teller auf Kohlblätter legen und die Sauce darübergießen.

KOHL MIT SESAM

ZUTATEN:
- 1 grüner Kohl, in feine Streifen geschnitten
- 1 EL Salz
- 2 EL Sonnenblumenöl
- 30 g Sesam
- Saft einer Zitrone

✺ Die Kohlstreifen mit Salz bestreuen und 30 Minuten beiseitelegen. Das Öl in einem großen Topf erhitzen. Den Kohl etwas ausschwingen und in den Topf legen. Zitronensaft dazugeben. Unter gelegentlichem Umrühren kochen, bis der Kohl al dente gekocht ist.

FEIGENROLLEN MIT ROSINEN

ZUTATEN
- 6 Blätter Brik (hauchfeiner Fertigteig)
- 100 g Butter, geschmolzen
- 100 g Rosinen, gehackt
- 100 g trockene Feigen, gehackt
- 50 g Mandeln, fein gehmahlen
- 2 EL Honig

SAUCE:
- 100 g Zucker
- 120 ml Wasser
- 2 EL Honig
- 1 EL Zitronensaft
- 20 ml Orangenblütenwasser

✺ Ofen auf 200° vorheizen.
Die Brik-Blätter auf einen Tisch legen und dick mit Butter einschmieren. Die Ränder jeden Kreises so umlegen, daß ein Quadrat entsteht. Diese zu Rechtecken falten. Rosinen, Feigen, Mandelpulver und Honig miteinander vermengen, ein wenig von der Mischung in die Mitte der Teig-Rechtecke geben. Zu Rollen formen, diese in ofenfeste Platte legen und mit der restlichen Butter bedecken.
Im heißen Ofen 10 Minuten backen, bis der Teig sich leicht bräunt (nicht zu lange backen, da der Teig leicht anbrennt).
Sauce: Zucker und Wasser zu einem leichten Sirup sieden. Vom Herd nehmen, Honig, Zitronensaft und Orangenblütenwasser hineingießen. Die Sauce erkalten lassen und auf oder um die Rollen gießen, sofort servieren.

statarem statim. Ille astans ei clamabat eum tu
quibus emulis uolent opisitet eam requiren
ne eo faceret sua pietate non negauit eum qua
sibi in uxorem posceret.

quod eo sibi in uxorem uoluntas eiusdem ad eum uiam
amore. itaque statim in cubiculo suo iussit ut eam
ex pilum obseruaret. Que egrediens flere et clamans Absa
lon fratrem suum inuenit. qui eam consolatur et dicens nolite
bre eam conqueri uel affligi de eo quod fratris suis tibi uisuit

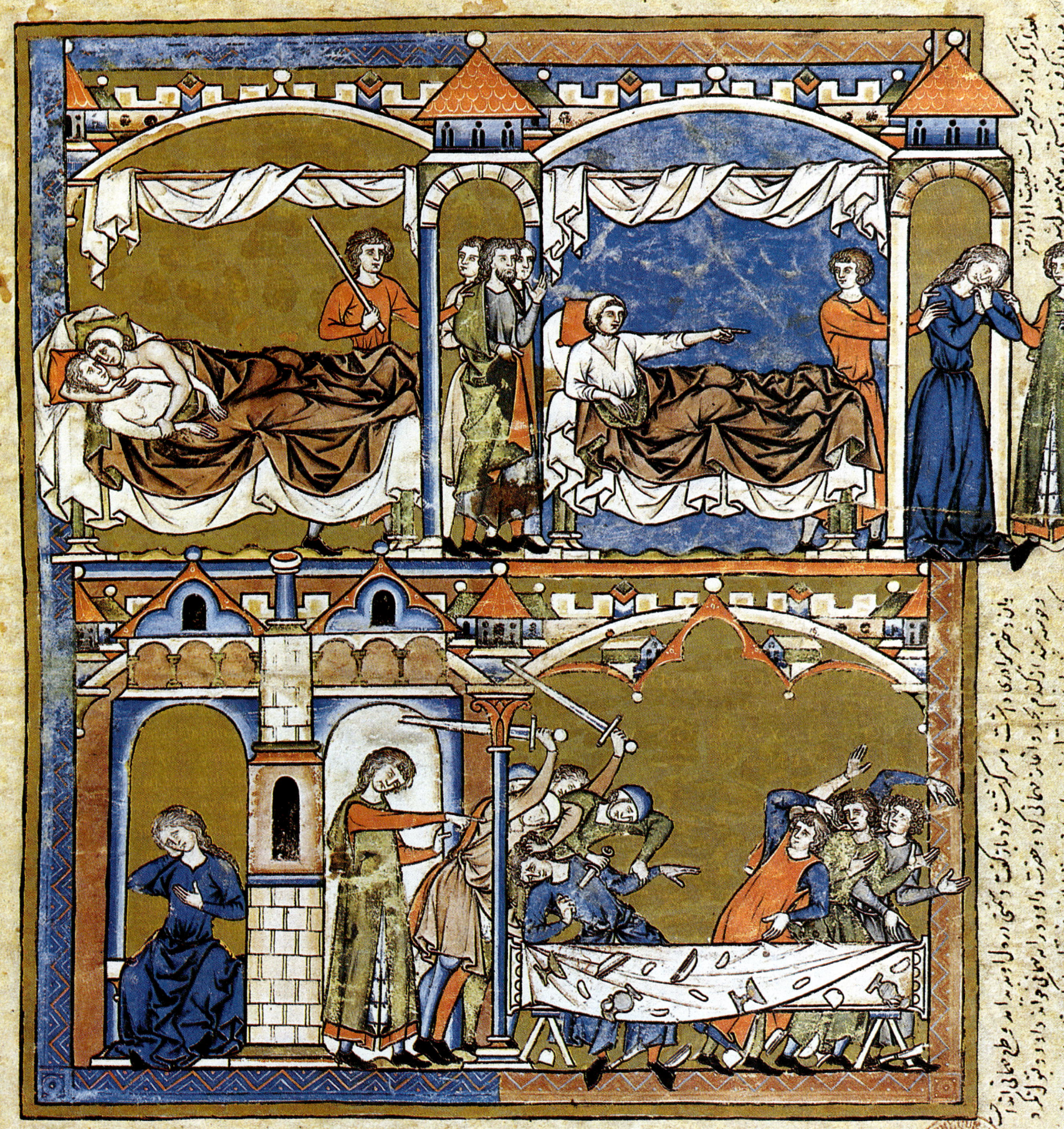

AMNON UND TAMAR: DIE FLADEN DES SKANDALS

„S O LEGTE SICH AMNON hin und stellte sich krank. Als nun der König kam, ihn zu besuchen, sprach Amnon zum König: laß doch meine Schwester Tamar kommen, daß sie vor meinen Augen einen Fladen oder zwei mache und ich von ihrer Hand nehme und esse." (...) "Tamar ging hin ins Haus ihres Bruders Amnon; er aber lag zu Bett. Und sie nahm den Teig und knetete ihn und bereitete ihn vor seinen Augen und backte die Fladen."

II Samuel, XIII, 6-8

145

Oben: "So blieb Tamar einsam im Haus ihres Bruders Absalom." (2 Samuel 13, 20).

Seite 144 und 145: "Aber er wollte nicht auf sie hören und ergriff sie und wohnte ihr bei." (2 Samuel 13, 14). S. C. Cockerell, *Old Testament Miniatures, a Medieval Book With 283 Paintings from The Creation To The Story of David* (16. Jh.). Paris, Bibliothèque nationale, Sammlung Morgan.

Seite 148: "Daß du mich von dir stößt, dies Unrecht ist größer als das andere, das du an mir getan hast." (2 Samuel 13, 16). *Absalom läßt Amnon töten.* Illustration aus der Übersetzung der Vulgata durch Maître de Sacy. Giraudet et Jouaust (1836).

M AN SAGTE VON IHR, sie sei die schönste Königstochter. Am Hof in Jerusalem sah man sie in einem leichten, gestreiften Kleid, das sich eng an ihren geschmeidigen Körper schmiegte und ihre verlockenden Formen hervorhob. Ihre Schwestern und Brüder bewunderten sie. Vor allem ihr Bruder Absalom, das dritte Königskind, war sehr stolz auf sie. Sie stammten beide von derselben Mutter; alle beide waren schlank und sehr schön. Sie hatten die vornehmen Züge von mütterlicher Seite geerbt, denn Maacha war die Tochter des Königs von Geschur und eine der ersten Prinzessinnen, die David in Hebron geheiratet hatte. Das helle, üppige Haar, das ihren Kopf wie eine Krone umgab, hatten sie von ihrem Vater, der als Rotschopf berühmt war. Absalom hatte von ihm auch sein ganzes Wesen; er gab keinem Kompromiß nach. Tamar war damals auf der Höhe ihrer Schönheit, war jugendlich und lebendig und hielt sich im Schutz ihres geachteten Bruders auf. Sie amüsierte sich kaum je in Gesellschaft junger Burschen und Mädchen, sondern wartete auf den Tag, da man ihr von Heirat sprechen würde.

Amnon, Erstgeborener des Königs David und Ahinoams der Jesreeliterin, war ein stürmischer junger Mann, von Kindheit an gewohnt, alles zu bekommen, was er wollte. Als Thronprätendent hatte er sich früh die Prachtliebe des Hofs angeeignet, was ihn von den anderen Kindern des Königs fernhielt. Amnon war stolz und von Arroganz durchdrungen und stand seinem Vetter Jonadab am nächsten. Dieser gehorchte Amnon in allem, gab aber dem mutwilligen Prinzen auch vernünftige, wohlerwogene Ratschläge. Das Leben bei Hof war spannend und abwechslungsreich, besonders für die Jugend. Dutzende von Kindern, Söhnen und Töchtern legitimer Ehefrauen und der Konkubinen, drängten sich im Innern des Palasts. Die jüngsten fanden Geschmack daran, Banden zu bilden, wie es Kinder gerne tun. Heranwachsende Töchter wurden Freundinnen, taten sich zu kleinen Gruppen zusammen und erzählten sich den letzten Klatsch, verfertigten für einander Liebesgaben und Sonette. Sobald ein Mädchen das heiratsfähige Alter erreicht hatte, erschien sie nicht mehr bei Hof und blieb meistens zuhause in Gesellschaft der zahlreichen Frauen, die den Palast bevölkerten.

Die jungen, erwachsenwerdenden Leute bildeten ebenfalls Gruppen bei Hof; sie warfen verstohlene Blicke auf die Jungfrauen und demonstrierten in ihrer Gegenwart ihre werdende Männlichkeit und Tapferkeit. Amnon war der erste von ihnen: wie alle Heranwachsenden, die an der Schwelle des Mannseins stehen, liebte er Kämpfe mit seinen jüngeren Brüdern und bewies sich dabei stets als der Stärkste. Dann ging er mit triumphierendem Gesicht weg, schoß den jungen Mädchen, die die Szene von ferne beobachtet hatten, zufriedene Blicke zu.

Als die schöne Tamar in die Pubertät eintrat, erschien sie nicht mehr am Hof. Aber eines Tages, als sie aus der gemeinsamen Speisekammer Vorräte holte, kreuzte sich ihr Weg zufällig mit dem Amnons. Er, der sich an das hübsche kleine Mädchen mit den langen Zöpfen erinnerte, das ihren großen Brüdern gerne Streiche spielte, blieb wie versteinert stehen vor dem wunderbaren Geschöpf, das er vor sich hatte. Ihre üppigen

Formen, ihre feinziselierten Gesichtszüge, das prächtige Haar und die große Stirn eroberten ihn auf der Stelle. Tamar beeilte sich, grüßte ihn und ging so rasch wie möglich nach Hause. Amnon aber war von ihrem Liebreiz regelrecht verzaubert.

Noch nie hatte er, der schon viele Frauen gekannt hatte, sich je so verzweifelt verliebt. Nun lernte er die Schlaflosigkeit, die Gewissensbisse, das Leiden und die Qualen der Liebe kennen. Er begehrte brennend Tamars Körper, und seine Seele sehnte sich danach, ihr Gesicht zu sehen. Er schlief jetzt gar nicht mehr. Aber sie war seine Schwester, und er durfte mit ihr nicht verfahren wie mit anderen jungen Mädchen, nach denen ihn verlangt hatte.

Die langen, schlaflosen Nächte, die Seelenqualen und die Sehnsucht, die in ihm bohrten, erzeugten schließlich Spuren auf Amnons Gesicht. Der junge Mann mit der wohlklingenden, fröhlichen Stimme, der hochmütig und herrschsüchtig war, wurde bald zu einem Schatten seiner selbst, schmächtig, niedergeschlagen, deprimiert. Niemand konnte die Veränderung des Königssohnes übersehen und schon gar nicht Jonadab, sein treuer Gefährte, der von Amnon den Grund seines Zustandes erfuhr.

Jonadab war vom Schmerz Amnons so tief berührt, daß er beschloß, seinem Freund zu dem zu verhelfen, das er so dringend begehrte, das ihm aber die Familienbande verboten. Wenn es Amnon gelänge, Tamar zu verführen, dachte er, würde ihr Vater der Vereinigung beider zustimmen, um die Ehre des jungen Mädchens zu retten. Der Plan war sehr einfach: Amnon sollte sich krank stellen und alle Nahrung verweigern. Wenn sein Vater ihn besuchen käme, solle er ihn bitten, Tamar holen zu lassen, damit sie vor ihm die Fladen zubereite, für die sie am Hof berühmt war. König David, beunruhigt über das schlechte

Tonkochgeschirr aus dem 2. Jahrtausend vor Chr. Jerusalem, Museum von Israel.

147

Aussehen seines Erstgeborenen, der den Appetit verloren hatte und wirklich krank schien, schöpfte nicht den leisesten Verdacht und ließ Tamar holen. Das junge Mädchen, dessen feine Intuition ihr riet, Amnon zu mißtrauen, brachte die Zutaten für die berühmten Fladen mit und verschwand in der neben dem Krankenzimmer liegenden Küche. Mit schneller, erfahrener Hand knetete sie einen ziemlich festen Teig aus allem, was sie mitgebracht hatte: Mehl, Milch, Butter und Eiern. Sie schmolz etwas Butter in der Pfanne und gab etwas von der vorbereiteten Mischung für feine Fladen hinein. Ein verlockender Duft verbreitete sich in der Küche und im kleinen Krankenzimmer. Dieser Duft sollte seinen Appetit wecken und seine Kräfte und seine Gesundheit aufleben lassen. Tamar legt das Gebäck vorsichtig auf ein Tablett, das sie einer Dienerin übergibt. Diese bringt sie dem Kranken auf seinem Schmerzensbett im Nebenzimmer. Aber in diesem Augenblick befiehlt Amnon allen Helfern, Ärzten, Freunden und Dienern, den Raum zu verlassen, und er fleht Tamar an, daß sie ihm das Gericht mit eigenen Händen gebe. Das Mädchen findet sich nun ihrem Bruder gegenüber, dessen feuriger Blick sie zu verschlingen droht; sein Gesicht brennt vor Begehren, und die starken Hände, die sie festhalten, zeigen, daß er nicht so schwach ist, wie er vorgibt. Tamar begreift sofort, daß sie in eine von Amnon gestellte Falle geraten ist. Dieser traut kaum seinen Augen:

✳

"Seht darauf, wenn Amnon guter Dinge wird vom Wein und ich zu euch spreche: Schlagt Amnon nieder!, so sollt ihr ihn töten. Fürchtet euch nicht …!"
(2 Samuel 13, 28).

wie leicht ist das Mädchen gleich einer reifen Frucht in seine Hand gefallen! Vor dem Gegenstand seiner Liebe kennt sein Verlangen keine Grenzen mehr, und er hört nicht auf das Flehen seiner Schwester. Sie versucht, ihn zu rühren, bringt Gründe vor, um ihn an seinem Vorhaben zu hindern. Wäre es nicht besser, wenn er seinen Wunsch dem König vorbrächte? Vielleicht wäre er einverstanden, und sie könnte legal ihm gehören. Denn Gewalt würde nicht nur auf sie zurückfallen, sondern auch auf ihn. Aber Amnon hört nichts mehr: seine Leidenschaft hat ihn geblendet, und er vergewaltigt die Jungfrau, die sich bis zum Schluß wehrt und kämpft.

Als er die Augen wieder öffnet, sieht er Tamar, verletzt und vor Schmerz und Demütigung schluchzend, mit angezogenen Knien auf der Matte liegen, die ihr als Lager dient. Der Duft der warmen Fladen auf dem Tablett dringt in ihre Nüstern und vermischt sich mit dem starken fleischlichen Geruch, der das Zimmer erfüllt. Plötzlich überfällt ihn Ekel, der sich in unversöhnlichen Haß gegen das so begehrte Mädchen wandelt, eine totale Abneigung gegen diesen Körper, der ihn den Kopf verlieren und eine Tat begehen ließ, die seine Zukunft beeinträchtigen kann.

Mit dumpfer Stimme befiehlt er Tamar, augenblicklich das Zimmer zu verlassen. Sie schaut ihn mit großen, tränenverschleierten Augen an, Verblüffung zeigt sich in ihrem traurigen Gesicht: "Jetzt, wo du hast, was du wolltest, schickst du mich fort?"

fragt sie ungläubig. Amnon wendet sein Gesicht ab.

Als das Mädchen aus dem Zimmer vertrieben ist, ist sie nicht mehr die strahlende Schönheit, die vor einer Stunde eintrat. Zeichen der Schande erscheinen deutlich auf ihrem Gesicht, ihrem Leib und ihren Kleidern. Ihre Tränen fließen, wie sie sich auch dagegen wehrt; sie zerreißt ihre Kleider und streut als Zeichen der Trauer Asche über ihr Haupt, dann sucht sie Zuflucht in Absaloms Haus. Absalom ist sprachlos, als er sie sieht, und teilt den Schmerz seiner geliebten Schwester, die so sorgfältig aufgezogen worden war. Er braucht keine Erklärungen. Absalom weiß genau, wer die Vergewaltigung begangen hat. Aber er bittet Tamar trotzdem, nicht zu erzählen, was ihr zugestoßen ist. Er fürchtet zwar für ihren Ruf, aber wartet auf den guten Augenblick, um ihr die Ehre zurückzugeben. Tamar wohnt nun also im Haus ihres Bruders, traurig und einsam. Von ihrer strahlenden Schönheit ist nur ihr leuchtendes Haar ge-

❋

´ "So taten die Leute Absaloms mit Amnon, wie ihnen Absalom geboten hatte. Da sprangen alle Söhne des Königs auf, und jeder setzte sich auf sein Maultier, und sie flohen." (2 Samuel 13, 29). Aus der Übersetzung der Vulgata durch Maître de Sacy, Verlag Giraudet et Jouaust, 1836.

blieben, das ihr düsteres Gesicht mit Glanz umgibt.

Zwei Jahre waren vergangen, und Amnon, der nach jenem Morgen rasch wieder gesund und bei Kräften war, lebte friedlich am Hof, stolz und arrogant wie eh und je. Anfangs hatte er die Reaktion des Königs gefürchtet, dem nichts von dem entging, was sich in seinem Palast und vor allem bei Absalom abspielte. Aber die Zeit verfloß, und langsam gewann er seine Sicherheit wieder. Und als er verreiste, um den König bei einer Zeremonie vertreten, die Absalom anläßlich einer Schafschur organisiert hatte, schöpfte er keinen Verdacht.

Aber Absalom hatte nichts vergessen. Er bereitete bis ins kleinste Detail den Mord des verhaßten Bruders vor. Dieses von Absalom aus persönlichen Gründen begangene Verbrechen wurde jedoch zu einer politischen Tat, deren Folgen das Königreich Davids viele Jahre lang erschütterten, bis Absalom starb.

Menu
(für sechs Personen)

❋

GRIESSFLADEN MIT ZIEGENKÄSE UND KRÄUTERN

❋

CRÊPES AUS BUCHWEIZENMEHL GEFÜLLT MIT GERASPELTER SELLERIE,
SENFKÖRNERN UND SAHNE

❋

APFELKRAPFEN MIT ROSINEN UND GEWÜRZNELKEN

❋

FLADEN MIT SAUERMILCH

Die deutschen Bibelübersetzungen nennen das Gebäck, das Tamar für ihren Bruder Amnon bereitete, meist "Kuchen", aber der hebräische Text präzisiert, daß es sich um Fladen handelte, die sie mit eigenen Händen geknetet, aus dem Ofen genommen, auf ein Tablett gelegt und ihrem leidenden Bruder selbst serviert hat, wie er es gewünscht hatte.

Wir haben versucht, verschiedene Krapfen und Fladen mit den Zutaten zu backen, die Tamar bestimmt zur Verfügung gestanden hatten. Nach der biblischen Geschichte hatte Amnon zwei Fladen haben wollen. Wir vermuten, daß es sich um zwei Sorten Fladen handelte, vielleicht einen gesalzenen und einen süßen? Wir stellen Ihnen eine Auswahl an Fladen vor, die sich für ein reichliches Frühstück oder für einen Sonntagsbrunch eignen.

ZUTATEN:

- **750 ml Milch**
- **1 ¹/₂ KL Salz**
- **1 Prise Muskatnuß**
- **Weißer Pfeffer**
- **200 g Grieß**
- **50 g Butter**
- **50 g Ziegenkäse**
- **1 KL Kräuter**

GRIESSFLADEN MIT ZIEGENKÄSE UND KRÄUTERN

Milch, Salz, Muskatnuß und Pfeffer in großem Topf aufsieden, Flamme dann sofort zurücknehmen. Unter konstantem Rühren löffelweise Grieß beifügen. Heftig rühren, bis die Mischung dick wird. Bei sehr milder Hitze ständig rühren, bis die Masse sehr kompakt, fast fest ist.

Vom Herd nehmen und die Hälfte von Butter, Käse und Kräutern hineingeben. Gut vermengen, bis Butter und Käse geschmolzen und ein bißchen abgekühlt sind.

Die Mischung auf ein 20 mal 25 cm großes Blech streichen (sie sollte 1 bis 1,5 cm dick werden). Schön plattdrücken. Mit Aluminiumfolie bedecken und ganz erkalten lassen.

Ofen auf 200° vorheizen. Wenn die Masse kalt ist, sie zu sechs Kreisen von 8 cm Durchmesser oder sechs Rechtecken oder 12 kleineren Kreisen schneiden, sie in eine Schale legen und den Rest der Butter darauf verteilen. Etwa 15 Minuten sehr heiß backen.

ZUTATEN:

- **100 g Buchweizenmehl**
- **200 ml Milch**
- **2 Eier**
- **30 g Butter, geschmolzen**
- **Salz**

FÜR DIE FÜLLUNG:

- **500 g geraspelte Sellerie**
- **Salz**
- **¹/₂ KL Senfkörner**
- **100 ml frische Sahne**

BUCHWEIZENCREPES, GEFÜLLT MIT GERASPELTER SELLERIE, SENFKÖRNERN UND SAHNE

Milch und Mehl vermengen. Eier unter ständigem Schlagen hinzufügen und weiter schlagen, bis ein glatter Teig entstanden ist. Die geschmolzene Butter und das Salz hineingeben. Etwas Butter in einer Bratpfanne schmelzen. Dann 2 EL Teig hineingeben und die Pfanne drehen und wenden, damit der Teig sie ganz bedeckt, und die Crêpes auf einer Seite braten.

Für die Füllung: Sellerie und Butter in niederen Topf geben, salzen und bei mäßiger Hitze während ca. 10 Minuten die Sellerie weichbraten (Aufpassen, damit sie nicht anbrennt. Wenn keine Flüssigkeit mehr zu sehen ist, etwas Wasser dazu gießen.) Vom Herd nehmen, die Senfkörner und die Sahne beigeben und wieder aufs Feuer setzen. Rühren, bis die Mischung sehr heiß ist.

Ein wenig von der Füllung auf jede Crêpe legen und die zweite Hälfte darübergeben. Vierfach falten, in die Teller legen. Etwas geschmolzene Butter auf jede Crêpe gießen und vor dem Servieren nochmals wärmen.

APFELKRAPFEN MIT ROSINEN UND GEWÜRZNELKEN

ZUTATEN:
- 200 g Mehl
- 120 ml Milch
- 2 Eier
- 50 g Zucker
- 50 g Butter
- 2 Äpfel, geschält und geraspelt
- 50 g Rosinen
- ¼ KL Gewürznelkenpulver
- Puderzucker
- Mandelstifte

Mehl und Milch vermengen. Eier aufschlagen und Eigelb ins Mehl geben. Eiweiß und Zucker zu festem Schnee schlagen und unter die Mehlmasse ziehen.
Butter in kleiner Bratpfanne schmelzen. Wenn sie warm ist, zwei EL Teig in die Pfanne geben und Äpfel, Rosinen und Gewürznelken darüberstreuen. Sobald der Boden golden wird, den Krapfen umdrehen und auf der anderen Seite 1 Minute braten. Aus der Pfanne nehmen, die restlichen Krapfen braten; die fertigen warmstellen. Mit Puderzucker und leicht gebratenen Mandelstiften bestreut servieren.

FLADEN MIT SAUERMILCH

ZUTATEN:
- 150 g Mehl
- 1 KL Backpulver
- 1 Ei
- 2 EL Honig
- 250 ml Sauermilch (oder gut geschlagener Joghurt)
- 30 g geschmolzene Butter

Mehl und Backpulver vermischen. In einer zweiten Schüssel Ei und Honig schlagen. Das Mehl darunterziehen und dann nach und nach, unter ständigem Rühren, die Sauermilch hinzufügen, bis der Teig sahnig ist. 20 g geschmolzene Butter hineinrühren.
Eine große Bratpfanne mit der restlichen geschmolzenen Butter einstreichen und auf das Feuer stellen, bis sie gut heiß ist. Den Teig so hineingießen, daß Kreise von 10 cm Durchmesser entstehen. Braten, bis Bläschen auf der Oberfläche der Krapfen entstehen, dann wenden und braten, bis beide Seiten goldbraun sind. Heiß, mit Konfitüre oder Honig, servieren.

SALOMO UND DIE KÖNIGIN VON SABA: DIE SPEISEN DES PALASTS

„UND ALS DIE KÖNIGIN von Saba die Kunde von Salomo vernahm, kam sie, um Salomo mit Rätselfragen zu prüfen. Und sie kam nach Jerusalem mit einem sehr großen Gefolge, mit Kamelen, die Spezerei trugen und viel Gold und Edelsteine. ... Sie redete mit ihm alles, was sie sich vorgenommen hatte. ... Als aber die Königin von Saba alle Weisheit Salomos sah und das Haus, das er gebaut hatte, und die Speisen für seinen Tisch ... geriet sie vor Staunen außer sich."

I Könige, X, 1-5

W AS STEIGT DA HERAUF AUS DER WÜSTE *wie ein gerader Rauch, wie ein Duft von Myrrhe, Weihrauch und allerlei Gewürz des Krämers?* (S. Anmerkung S. 192). Es ist die Königin von Saba, die nach Jerusalem heraufsteigt. Mit ihr ihr ganzes Hofgefolge und unzählige kostbare Geschenke. Sie möchte sich persönlich von der großen Weisheit Salomos überzeugen, dessen Ruf bis in ihr fernes Land gedrungen ist.

Die Kamelkarawane, die alle möglichen Kostbarkeiten trägt, durchquert langsam die Vororte von Jerusalem und schlägt den Weg zu Salomos prächtigem Palast ein. Auf einem Palankin, das mit Gold und Edelsteinen geschmückt ist, sitzt die Königin, frisch, als hätte sie niemals eine so lange Reise hinter sich. Ihr Gesicht verrät Bewegung beim Gedanken, daß sie in weniger als einer Stunde im Palast mit dem König sprechen wird.

Jerusalem entfaltet jetzt für neue Besucher seinen ganzen Glanz. Im Zentrum hebt sich ein wunderschönes Gebäude hervor – sicher der Tempel, sagt sich die Königin. Seitlich davon ein Palast von eindrucksvoller Größe, gebaut aus Zedernholz und großen, behauenen Steinen. Die Säulen sind mit Kapitellen aus Bronzereliefs geschmückt, die in der Sonne golden glänzen.

Es ist Frühling. *Der Winter ist vergangen, der Regen ist vorbei und dahin. Die Blumen sind aufge-*

gangen im Land … die Turteltaube läßt sich hören. Der Feigenbaum hat Knoten gewonnen, und die Reben duften mit ihren Blüten. Der Duft der blühenden Obstbäume umhüllt den Zug, der sich dem Palast nähert. Als erstes erstreckt sich vor ihren Augen die majestätische Esplanade mit ihren prächtigen Springbrunnen, die mit Ornamenten aus Stein und Bronze, welche der König eigens hat fertigen lassen, geschmückt sind.

Seht mich nicht an, daß ich so braun bin: die Sonne hat mich verbrannt, denkt die Königin, währenddem ihr Zug sich einen Weg durch die Menge bahnt, die gekommen ist, sie zu begrüßen.

Ich bin braun, aber gar lieblich, denkt sie mit Befriedigung, als sie sich in einem Spiegel betrachtet, den ihr eine ihrer Dienerinnen entgegenhält, damit sie ein letztesmal die Schminke auf ihren Lidern erneuern kann.

Der Zug hält vor den Torflügeln des riesigen Palasts, die ein Künstler mit Bronze-Ornamenten verziert hat. Das Tor öffnet sich und dahinter steht der König, umgeben von seinen Ministern und Dienern. Die Königin kann ihre Verblüffung nicht verbergen: *Sein Kopf ist das feinste Gold. Seine Locken sind kraus, schwarz wie ein Rabe. … Seine Gestalt ist wie der Libanon, auserwählt wie Zedern.*

Wie schön ist dein Gang in den Schuhen, Fürsten-

✹

"Und sie kam nach Jerusalem mit einem sehr großen Gefolge, mit Kamelen, die Spezerei trugen und viel Gold und Edelsteine"
(I Könige 10, 2).

158

tochter! murmelt der König gerührt und betrachtet überrascht die so schöne und junge Königin. Mit lauter Stimme heißt er sie in seinem Haus willkommen. Dreizehn Jahre hatte er für den Bau dieses großartigen Palasts gebraucht, nachdem der nebenan sich erhebende Tempel fertiggestellt war. Tausende von Männern haben am Bau der beiden Häuser gearbeitet, und der Transport seltener Baustoffe hat enorme Summen verschlungen. Der Palast und der Tempel sind der Stolz des Königs, und er wird die Königin persönlich hindurchführen und ihr alle Winkel und Ecken zeigen.

Aber die Königin möchte zuerst einmal mit dem König alleinbleiben. Das Ziel ihrer Reise war es ja, die Weisheit Salomos zu prüfen. Gewiß, sie hatte nicht erwartet, einen so schönen und jungen Mann vorzufinden. Sie war sicher gewesen, einem Greis zu begegnen, der nur Achtung und Ernst ausströmte. Und jetzt läßt dieser Mann, dessen Ruhm die Wüsten durchquert und bis in ihr fernes Land gedrungen ist, in seinen Augen schelmische Lichter tanzen und verbirgt nicht im geringsten seine Freude an der anziehenden Königin.

Der König und die Königin gehen in den Palast. Bald sind sie in lebhaftem Gespräch: sie fragt, er antwortet. Er antwortet auf alle Fragen, die sie ihm stellt. Sie interessiert sich für die verschiedenen Arten zu herrschen und für die religiösen Gesetze, auf die sich Salomos Weisheit stützt. Er antwortet aufrichtig und rückhaltlos. Die

Seite 156: "Es ist wahr, was ich in meinem Lande von deinen Taten und deiner Weisheit gehört habe." (1 Könige 10, 6). E Quellin, *Salomon et la reine de Saba.* Lille, Musée des Beaux-Arts.

Unten: "Und im elften Jahr, im Monat Bul, das ist der achte Monat, wurde das Haus vollendet, wie es sein sollte, so daß sie sieben Jahre daran bauten." (1 Könige 6, 38). Rekonstruktion von Salomo nach der Bibel, von Cerias Montarus (16. Jh.). Gray, Museum Baron Martin.

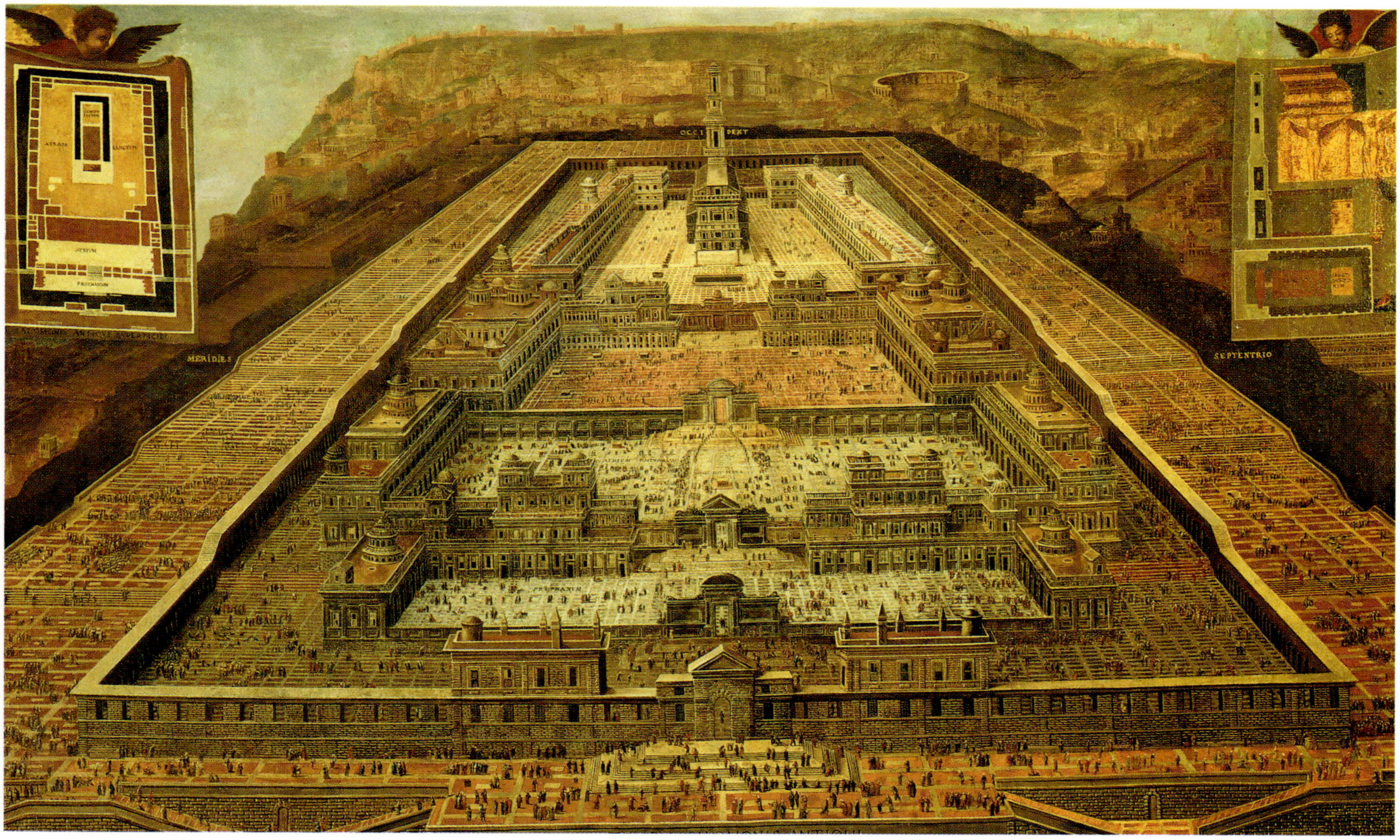

Königin ist aufgewühlt: die Gerüchte, die sie gehört hatte, sind nicht unbegründet.

Jetzt ist der Augenblick gekommen, der Königin den Palast zu zeigen. Salomo dient ihr als Führer und erweist sich als Experte aller Geheimnisse des grandiosen Gebäudes, das gleichzeitig Regierungssitz, Gericht und in einem separaten Flügel Wohnhaus des Königs ist, in dem sich Hunderte von Ehefrauen und Konkubinen mit ihren Kindern drängen. Hierauf zeigt der König der Königin auch den Tempel, erklärt ihr die Regeln der Religion seines Volkes, spricht ihr von Gott, dem er die Herrschaft über das Land verdankt, und präzisiert schließlich die Rolle des Tempels als geistiges und religiöses Zentrum für alle Gläubigen. Im großen Salon des Palasts gehen die Vorbereitungen gut voran. Die Diener des Königs legen letzte Hand an das große Bankett, das den Gästen serviert werden soll. Lange Tische, sorgfältig gedeckt, verlaufen längs des Saales. Der König und die Königin erscheinen, und ihr Gefolge, das neben den Tischen steht, empfängt sie mit langem Jubel.

Salomo und die Königin von Saba nehmen den Vorsitz des Banketts ein. Auf ein Zeichen des Königs bringen die Diener reihenweise Platten mit dem Besten, was die Erde hervorbringt, herein: Fleisch und Geflügel, Bohnen und duftende Weizenprodukte, enorme Kugeln knusprigen Brots, Silberhumpen, die mit leichtem Rotwein gefüllt sind. Vom Saal steigen raffinierte Gerüche auf. Eßt, Feunde, trinkt, berauscht euch, befiehlt der König, und fröhliches Klirren der Teller und der anstoßenden Becher erfüllt den Raum. Die Königin hält nicht mehr an sich und stellt dem König neue Fragen. Diesmal interessiert sie sich für die Verwaltung des Palasts. Der König erklärt ihr ausführlich das hierarchische System, unter dem die Diener arbeiten, von den für die Getränke und das Essen Verantwortlichen bis zu denen, die den Opfern im Tempel vorstehen. Salomo erzählt noch, daß der Palast jeden Tag zehntausend Liter feines und zwanzigtausend Liter gewöhnliches Mehl braucht, zehn fette Ochsen und zehn Ochsen von der Weide, hundert Stück kleineres Vieh, von den erjagten Gazellen und den gemästeten Gänsen und anderem Geflügel zu schweigen. Beim Zuhören, und vielleicht, weil sie nach der langen Reise und ihren Strapazen der Hunger plagt, spürt die Königin, wie ihre Kräfte schwinden: sie wird ohnmächtig, und auf ihrem Gesicht steht immer noch Staunen.

Sofort ruft man Dutzende von Dienern, die der Königin helfen,

"Und der König Salomo gab der Königin von Saba alles, was ihr gefiel und was sie erbat." (1 Könige 10, 13). *Salomo und die Königin von Saba*. Äthiopisches Manuskript, das Salomos Geschichte erzählt (19. Jh.). Paris, Privatsammlung.

wieder zu sich zu kommen. Ein wenig verlegen entschuldigt sie sich und ist glücklich, daß Salomos Gesicht eine gewisse Ängstlichkeit verrät. Salomo hebt eine Schale Wein, und alle trinken auf die Gesundheit der Königin und wünschen ihr ein langes Leben. Er hat die Augen auf sie und auf den festlichen Tisch geheftet. Sein bereits vom Wein umnebelter Geist ruft die Strophen hervor: *Wie schön und lieblich bist du! Dein Wuchs ist hoch wie ein Palmbaum, deine Brüste gleichen den Weintrauben. ...Laß den Duft deines Atems sein wie Äpfel und deinen Mund wie guten Wein. ... Honig und Milch sind unter deiner Zunge.* Und die Königin, ihres Standes sehr bewußt, aber auch des Eindrucks, den sie auf Salomo macht, denkt bei sich: *O daß du mein Bruder wärest, der meiner Mutter Brüste gesogen! Fände ich dich draußen, so wolle ich dich küssen, und niemand dürfte mich schelten.*

Sobald das Mahl beendet ist, und noch ehe man die Süßigkeiten und das Gebäck serviert, gibt die Königin ihren Dienern ein Zeichen. Sie verschwinden kurz und kommen zurück, die Arme beladen mit herrlichen Geschenken: Gold, Edelsteinen und Gewürzen aus ihrem reichen und fernen Land.

Die Königin übergibt dem König ihre Geschenke, und er dankt ihr von ganzem Herzen für ihre Rede und überhäuft sie ebenfalls mit Geschenken, die von seiner Großzügigkeit zeugen.

Und alle applaudieren. Man bringt die Desserts und der König, gesättigt und zufrieden, raunt ins Ohr seiner Gefährtin: *Du hast mir das Herz genommen, meine Freundin ... du hast mir das Herz genommen mit einem einzigen Blick deiner Augen.* Die Königin errötet und murmelt: *Mein Freund, du bist schön und lieblich.*

Vor den Augen aller Anwesenden bahnt sich zwischen dem großen König und der schönen Königin etwas an, etwas, das vielleicht nur der König wird singen können mit dem schönsten Lied, das es je gab. Aber als der Morgen heraufdämmert, tritt die Königin mitsamt ihrem Gefolge die Rückreise an. Die ersten Sonnenstrahlen streicheln die Dächer von Jerusalem. König Salomo begleitet die Königin bis zum Stadttor und wünscht ihr eine angenehme Reise. Die Königin dankt ihm warm für den Empfang und denkt dabei: *Ich beschwöre euch, ihr Töchter Jerusalems, bei den Gazellen oder bei den Hinden auf dem Felde, daß ihr die Liebe nicht aufweckt und nicht stört, bis es ihr selbst gefällt.*

Menu
(für sechs Personen)

❋

Das „Füllhorn":
Gänseleber auf Pilzen und Spinatsprossen

❋

Meerbarben an Vinaigrette

❋

Kranz von Lammkoteletten mit heissen Feigen
und eingelegtem Knoblauch

❋

Dessert aus Äpfeln und Haselnüssen mit Safrancreme

Die Mahlzeit, die der König Salomo der Königin von Saba ausrichtete, sollte die Königin zweifellos beeindrucken. Die Bibel erwähnt eine ganze Liste von Nahrungsmitteln, die täglich auf dem Tisch des Königs erschienen, darunter mehrere Mehlsorten, verschiedenes Fleisch und sogar Geflügel und Wild. Man darf annehmen, daß sich zu Ehren der Königin die Sklaven außerordentlich anstrengten, um ein großes Festmahl auszurichten, das noch exquisiter war als gewöhnlich. Sie verwendeten wohl die besten und seltensten Produkte, die sie hatten.

Historisch steht fest, daß schon die Ägypter gestopfte Gänse besonders schätzten. Wir haben also angenommen, daß der König sie der Königin vorsetzen konnte. Fische befanden sich in Jerusalem bestimmt unter den seltensten Lebensmitteln. Der historische Beweis, daß sie dort erschienen, ergibt sich erst einige Generationen später.

Der Star des ersten Ganges im nachfolgenden Menu ist die Gänseleber, die so angerichtet ist, daß sie das "Füllhorn" symbolisiert, das sich sicherlich auf die luxuriöse Küche Salomos anwenden ließ. Die goldene Farbe des zweiten Gangs erinnert an Gold und die Reichhaltigkeit der königlichen Küche. Der Hauptgang (ein Kranz von Koteletten) symbolisiert die königliche Krone. Und als Dessert haben wir Speisen erwähnt, die im Hohenlied aufgezählt sind, und seltene Gewürze, die die Königin von Saba dem König Salomo als Geschenk überbracht hatte.

ZUTATEN:

- 3 runde Brik-Blätter
- 500 ml Walnußöl
- 250 g Steinpilze
- 1 Apfel
- 100 g geräucherte Entenbrust
- 2 EL Jerez-Essig
- Salz und Pfeffer
- 250 g zarte Spinatblätter
- 100 g Gänse- oder Entenleber

DAS "FÜLLHORN": GÄNSELEBER AUF PILZEN UND SPINATSPROSSEN

❀ Die Brik-Blätter entzweischneiden. Sechs kegelförmige Becher aus Butterbrotpapier oder Aluminiumfolie damit umwickeln. Sie 2-3 Minuten in den sehr heißen Ofen schieben, bis sie hellgolden sind. Die Papierbecher herausnehmen.

Die Pilze in sehr kleine Würfel schneiden. Ein Drittel des Öls in einer Bratpfanne erhitzen und ca. 5 Minuten braten, bis sie weich werden, sie aus der Pfanne nehmen und warmstellen.

Den Apfel schälen, die Kerne herausnehmen und das Fleisch in winzige Würfel schneiden. Ein Drittel des Öls in die Pfanne geben und die Apfelwürfelchen rösten, bis sie weich, aber nicht allzu weich sind. Zu den Pilzen geben, warmstellen.

Die Entenbrust in kleine Würfel schneiden und mit den Pilzen und den Apfelwürfeln vermengen.

Mit 1¹/₂ EL Essig, Salz und frisch gemahlenem Pfeffer würzen. In die Pfanne das restliche Öl gießen und die Spinatsprossen rasch, unter ständigem Rühren, etwa 1 Minute dünsten, bis sie knapp weich sind. Sofort vom Herd nehmen und den restlichen Essig daraufgeben.

ZUTATEN:

- 6 kleine Meerbarben
- 100 ml Olivenöl
- 1 Zweig Thymian
- Salz, Pfeffer
- 250 ml Weißweinessig

MEERBARBEN MIT VINAIGRETTE

❀ Das Rückgrat der Fische entfernen, um zwölf Filets zu erhalten. Zwei EL Öl in großer Pfanne erhitzen. Die Fischstücke mit der Haut nach unten hineinlegen und gut mit dem Spachtel an den Boden drücken. Auf jeder Seite 1 Minute braten und sofort herausnehmen. Auf eine Platte legen, salzen, pfeffern und mit dem Thymianzweig dekorieren.

Das restliche Öl und den Essig miteinander mischen und auf die Fische gießen. Ganz abkühlen lassen. Jedem Gast zwei Filets servieren und dabei ein wenig Marinade darübergeben.

ZUTATEN:

- 12 Lammkoteletten am Stück (in zwei Stücke geschnitten)
- 1 Zweig Rosmarin
- 1 Knoblauchzehe, zerdrückt
- Olivenöl
- 12 frische Feigen

KRANZ VON LAMMKOTELETTEN MIT HEISSEN FEIGEN

Den Knochen freilegen, der sich am Ende jeder Kotelette befindet, und einen Kranz formen, indem man die Enden jeder Kotelette mit Metzgernadeln zusammennäht. Die Koteletten sollen nach außen schauen. Vielleicht macht das schon der Metzger.

Den Ofen auf 200° vorheizen. Das Ende jeder Kotelette mit Aluminiumfolie umhüllen, um ein Anbrennen zu verhindern. Jedes Fleischstück reichlich mit Öl und zerdrücktem Knoblauch einstreichen. Den Rosmarinzweig in die Mitte des Kranzes geben und 30 bis 35 Minuten braten, je noch Größe der Koteletten und gewünschtem Garheitsgrad. Fünfzehn Minuten vor dem Ende des Bratvorgangs die Koteletten herausnehmen und die Feigen rundherum anrichten.

Servieren: die Koteletten auseinanderschneiden und jedem Gast zwei davon vorlegen mit zwei heißen Feigen. Knoblauch separat servieren.

ZUTATEN:

- 2 ganze Knoblauchzwiebeln
- 3 EL Olivenöl
- Salz

KANDIERTER KNOBLAUCH

Die Außenhaut jeder Knoblauchzwiebel entfernen. Sie ganz in eine kleine irdene Schale legen; etwa 2 EL Wasser hineingießen und hierauf das Olivenöl. Sehr wenig salzen. Mit Aluminiumfolie bedecken. Den Ofen auf 200°C vorheizen. Den Knoblauch ca. 1 Stunde kochen. Man kann ihn 30 Minuten vor den Lammkoteletten in den Ofen stellen und mit ihnen zusammen fertigkochen.

DESSERT AUS ÄPFELN UND HASELNÜSSEN AN SAFRANCREME

ZUTATEN:
- 3 Äpfel
- 100 g Zucker
- 75 g Haselnüsse, grob gehackt
- 50 g Butter
- 1 Ei
- 60 g Mehl
- 2 KL Zimt
- Nelkenpulver
- 1/4 KL frisch geriebener Ingwer
- 2 EL Zitronensaft

FÜR DIE CREME:
- 250 ml Milch
- 50 g Zucker
- 3 Eigelb
- Safran

✳ Äpfel schälen, vierteln, Kerne entfernen, Fleisch in dünne Schnitten schneiden. Den Ofen auf 190°C erhitzen.

50 g Zucker in einer ganz trockenen Pfanne erhitzen, bis ein dunkles Karamel entstanden ist. In sechs kleine Auflaufformen gießen und mit gehackten Haselnüssen bestreuen. Über die leicht mit Zucker und Zimt bestreuten Äpfel geben. Die Auflaufformen in den Ofen stellen und ca. 10 Minuten weich, aber nicht allzu weich kochen.

Die Butter mit dem restlichen Zucker schmelzen, gut vermengen und das Ei dazugeben. Gut schwingend Mehl, Gewürze und Zitronensaft hineingeben.

Die Aufläufe aus dem Ofen nehmen, mit einer Schicht Bratäpfeln bedecken und wieder in den Ofen stellen. Etwa 15 Minuten golden braten. Aus dem Ofen nehmen und auf einem Gitter erkalten lassen.

Sauce: Milch aufsieden. Eigelb und Zucker vermengen. Ein wenig heiße Milch in die Mischung gießen und das Ganze in die Pfanne zurückgeben. Bei sehr mildem Feuer oder im Bainmarie simmern lassen, bis die Creme dick wird. Etwas Safran (Pulver oder Blüten) dazugeben und vom Feuer nehmen. In einen Topf gießen und ganz erkalten lassen.

Servieren: Das Dessert nur sehr leicht erwärmen und aus den Förmchen in die Teller stürzen.

Die Creme rundherumgießen und mit ganzen Haselnüssen garnieren.

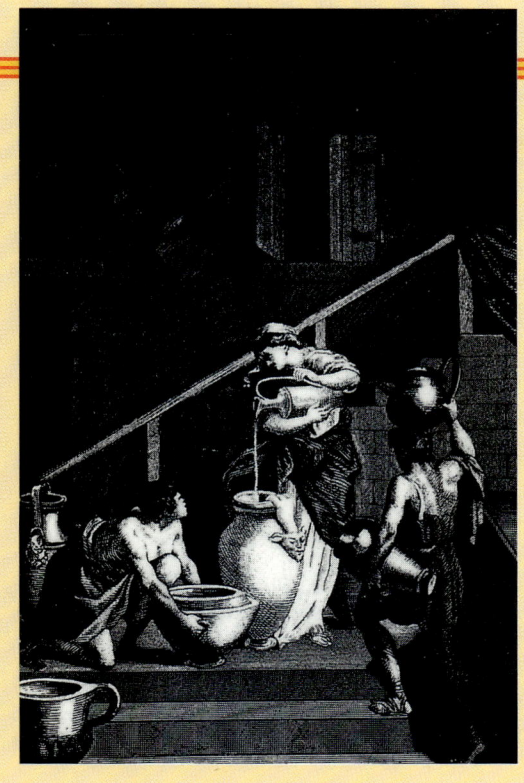

DER BROTOFEN
DER ANTIKE

„**D**AS MEHL IM TOPF soll nicht verzehrt werden, und dem Ölkrug
soll nichts mangeln bis auf den Tag, an
dem der Herr regnen lassen wird auf Er-
den." **Könige I, XVII, 14**

Oben: Dreschen. Faksimile aus dem Totenbuch von Ani.
Ägypten (ca. 1470 v. Chr.).

Seite 170: Leben auf dem Feld.
Flachrelief am Grab von Chaemhat. Theben, Tal der Noblen.

Seite 171: Elia vermehrt das Mehl im Krug einer armen Witwe. Stich aus
der Übersetzung der Vulgata durch Maître de Sacy, Verlag Giraudet
et Jouaust (1836).

Unten: Die Herstellung von Mehl. Holzmodell einer Küche aus
dem Mittleren Reich. Aus dem Grab von Iti in Gebelên.
Turin, Ägyptisches Museum.

DIE ARME WITWE schaute den Tonkrug und die gläserne Flasche an, die in dem elenden kleinen Zimmer auf einem Gestell standen, und ihr Herz zog sich zusammen. Vom winzigen, überfüllten Haus aus hört man das sorglose Lachen ihres kleinen Sohns, der im Hof spielt. Vom Dachboden aus steigt das seltsame Gebet des Reisenden auf, den sie bei sich aufgenommen hat. Wie konnte sie sich nur dazu überreden lassen? Warum hat sie seinen gefühlvollen Reden zugehört und ihm Zuflucht geboten? Und warum war sie einverstanden, ihm Brot zu backen aus dem bißchen Mehl, das noch im Haus war?

Zerstreut hebt sie den letzten Löffel Mehl heraus, der im Krug geblieben ist, vermischt es mit den letzten Tropfen Öl und knetet mit einer Hand eine kleine Teigkugel. Ihre gewohnten, rhythmischen Bewegungen steigern ihre Verzweiflung. Kann sie ihrem Gast vertrauen? Wer wird ihnen, ihr und ihrem Sohn, morgen Brot geben? Wer ist dieser seltsame Reisende, dessen beruhigende Worte sie glauben machte, daß Gott durch ihn spräche? Mit zitternden Händen teilt sie die kleine Teigkugel in zwei Stücke, die sie zwischen ihren Handflächen plattdrückt und dann zu einem möglichst großen Rondell zieht. Eines davon legt sie in den knisternden Ofen. Ein angenehmer Duft verbreitet sich in dem düsteren Zimmer, und ihr Gast erscheint auf der Schwelle. Sie setzt ihm den mageren Fladen vor und schiebt das zweite Teigstück in den Ofen - dasjenige, das sie mit ihren Sohn teilen wird. Der Fremde ißt das gute Brot, und sein Gesicht erleuchtet sich. Die Frau senkt den Kopf zum Blech, das auf der Ofenglut steht. Sie ruft ihren Sohn und bricht den zweiten Fladen. Das Kind ißt glücklich. Sie wagt ihren Gast nicht anzusehen, und ihre Augen wandern zur durchsichtigen Flasche, der sie die letzten Öltropfen entnommen hat. Täuscht sie sich, oder hat eben etwas Goldgrünes darin gefunkelt? Sie erhebt sich mit zitternden Knien und geht nachschauen: Oh Wunder, die Flasche ist voll Öl! Noch ungläubig kontrolliert sie den Mehlkrug: vor ein paar Minuten war er bis zum letzten Krümel geleert, und jetzt ist er wieder voll. Sie wendet sich ihrem Gast zu, aber er hat den Raum schon verlassen. Jetzt glaubt sie ihm: solange er bei ihnen wohnt, werden weder sie noch ihr Sohn Hunger leiden.

Die Geschichte des Wunders, das der Prophet Elia wirkte, als er bei der Witwe in Zarpat war,

Herstellung von Brot und von Bier. Holzmodell einer Küche aus
dem Mittleren Reich. Paris, Louvre.

zeigt wohl mehr als jede andere Bibelgeschichte, wie wichtig das Brot war, und sagt uns auch, wie wenig zu seiner Herstellung benötigt wurde: Mehl, Wasser, manchmal etwas Öl. Das Brot ist in der Bibel nicht nur einfach Nahrung, es ist die Grundernährung der Menschen, und ihr Leben hängt davon ab. "Im Schweiße deines Angesichts sollst du dein Brot essen," sagt Gott zu Adam, als er ihn aus dem Paradies vertreibt, und verurteilt ihn damit zur Arbeit, um nicht Hungers zu sterben. Mit anderen Worten, er schickte Adam, der seine Nahrung mühelos finden konnte, in die Küche.

Die Vertreibung aus dem Paradies bezeichnet den Übergang einer Welt, in der die Nahrung im Überfluß vorhanden war, zu einer Welt, in der es Initiative und Arbeit braucht, um sich zu ernähren, man könnte sagen, den Übergang vom Sammler zum Bauer.

Nach Ansicht der Historiker sind Weizen und Gerste unter den ersten Arten von Getreide, die der Mensch anbaute. Der Getreideanbau bedeutete auch die Verwandlung des Nomadenlebens zur Seßhaftigkeit. Die Aussaat, das Keimen, die Ernte und das Mahlen verbanden den Menschen mit dem Boden und banden ihn in den Zyklus der Jahreszeiten und des Lebens ein.

Das Brot ist eines der ersten Nahrungsmittel, die der Mensch erntete und mahlte. Es wird mehrfach in der Bibel nicht nur als Grundnahrung genannt, sondern als Symbol der Nahrung überhaupt und damit des Lebens. So bedeutet das Wort "Brot" in der Bibel nicht immer eigentlich Brot, sondern eine ganze Mahlzeit, in der Brot nur ein Bestandteil ist.

Es gibt übrigens keinen Zweifel, daß es ein Grundnahrungsmittel vor allem für das Volk war. Brot mit Milchprodukten, mit Öl, mit Essig, mit ein paar Gemüsen und mit Oliven, davon ernährte man sich fast immer. Das Brot, das im allgemeinen flach und weich war wie die Pita, war nicht nur nahrhaft und sättigend, es diente manchmal auch als Gedeck. Mit ihm nahm man das Essen auf und führte es zum Mund. Es gab keine Mahlzeit ohne Brot, und wenn es fehlte, so war das ein Beweis größter Armut oder der Hungersnot.

Obschon die Bibel nur selten andere Arten der Nahrung nennt, beschreibt sie mehrere Sorten von Brot, die man in der Antike kannte. Man unterscheidet als erstes flaches Brot von gesäuertem Brot. Die Brote unterschieden sich auch durch die Qualität des Mehls und durch ihre Formen.

Gesäuertes Brot buk man, indem man es mit Hilfe von Sauerteig oder Hefe aufgehen ließ. Diese Methode, die in der westeuropäischen Küche meist angewendet wird, kannten schon die Ägypter. Das Brot war auch in ihrer Kultur und auf ihren Tischen von zentraler Bedeutung, und verschiedene Arten von Brot erscheinen auf alten Malereien, die in Krypten oder Tempeln entdeckt worden sind. Es waren die Ägypter, die die Kunst des Brotbackens als erste entwickelten, und die antiken griechischen Texte nennen sie häufig "Brotesser".

Gesäuertes Brot genossen Städter und Seßhafte, denn die Hefe, die das Brot aufgehen läßt, kann im Wüstenleben nicht verwendet werden. Die Nomadenstämme begnügten sich mit flachem ungesäuertem Brot wie die arabischen Pitas und die indischen Tschapati von heute. Das ungesäuerte Brot brauchte nur wenig Vorbereitung, man konnte es also herstellen, wenn das Backen gesäuerten Brots nicht möglich war. Das war der Fall beim Auszug aus Ägypten; den israelischen Flüchtlingen war befohlen worden, Brot ohne Hefe, ungesäuertes Brot anstatt des üblichen zu backen. Die einfachen Produkte, aus denen in der Zeit der Bibel Brot hergestellt wurde, waren

Mehl (mehr oder weniger stark gemahlen und von verschiedenen Getreidesorten gewonnen), Wasser und manchmal Salz. Man gab Öl dazu, was den Teig fetter und das Brot leichter machte. Die ungesäuerten Brote waren flache, runde Fladen. Sie konnten weich bis knusprig sein. Man aß sie manchmal mit Kräutern und Gewürzen, um den Geschmack zu verändern.

Man mahlte das Mehl mit großen Mahlsteinen wie denjenigen, die im Norden Israels entdeckt wurden, und man siebte es in großen Sieben aus Palmenfasern. Der Teig wurde in großen Tonschüsseln geknetet, wo man ihn auch ruhen und aufgehen ließ. Eine ägyptische Darstellung zeigt, daß der Teig manchmal mit den Füßen geknetet wurde.

Das Brot wurde hierauf auf heißen Steinen gebacken oder auf durchlöchertem Tongeschirr oder auf einer Art umgedrehter Bratpfanne, auf die man den Teig breitete. Man buk es auf jeder Seite ein bis zwei Minuten, und man aß es sofort. Gesäuertes Brot wurde in Öfen oder direkt auf der Glut gebacken. Obschon die Backmethoden von den heutigen völlig verschieden waren, war der Geschmack des biblischen Brotes wahrscheinlich sehr ähnlich dem uns bekannten.

Kornträger kommen zu den Scheunen. Malerei am Grab von Iti in Gebelên. Turin, Ägyptisches Museum.

Rezepte

✳

FLACHE BROTE AUS VOLLKORNBROT MIT ECHTEM KÜMMEL

✳

IN ÖL GEBACKENE FLACHE BROTE

✳

BLÄTTERTEIGBRÖTCHEN, IN DER BRATPFANNE GEBACKEN

✳

OLIVENBROT

✳

ZWIEBELBRÖTCHEN

✳

UNGESÄUERTES BROT

✳

PITAS

✳

FLACHES BROT AUS VOLLKORNMEHL MIT KÜMMEL

✳

PAIN AUX GERMES DE BLÉ

Die Auswahl der hier vorgestellten Brotsorten soll eine Vorstellung vom biblischen Brot geben. Für einige geben wir heutige Gärmittel an, um die Rezepte nicht mit der Beschreibung der damaligen Hefe zu belasten. Wir haben Zutaten beigegeben, von denen wir annehmen durften, daß sie im damaligen Brot verwendet wurden. Jedes dieser Brote paßt zu jeder Mahlzeit in diesem Buch. Wir haben allerdings jede hervorgehoben, die von einem bestimmten Brot begleitet werden mußte.

ZUTATEN:
- **250 g Vollkornmehl**
- **200 ml heißes Wasser**
- **1/4 KL Salz**
- **l EL Kümmelkörner**

FLACHE BROTE AUS VOLLKORNBROT MIT ECHTEM KÜMMEL

Mit allen Zutaten einen glatten Teig bereiten. Ein paar Minuten länger kneten. Den Teig mit einem Tuch bedecken und mindestens 1 Stunde stehenlassen. Den Teig in zwölf Stücke teilen, damit dünne runde Fladen formen. Eine leicht gefettete Bratpfanne stark erhitzen. Jeden Fladen in die Pfanne legen und ca. 1 Minute backen (bis braune Punkte erscheinen). Wenden und ebenfalls backen. Die Bratpfanne von Zeit zu Zeit wieder einfetten. Grill hoch erhitzen. Die Fladen auf ein Gitter legen und 1 Minute unter dem Grill lassen. Wenden und nochmals grillieren.

IN ÖL GEBACKENE FLACHE BROTE

ZUTATEN:
- 100 g Vollkornmehl
- 100 g Mehl
- ¼ KL Salz
- 2 EL Sonnenblumenöl
- 120 ml warmes Wasser
- Sonnenblumenöl zum Ausbacken

Die beiden Mehlarten und das Salz vermengen. Öl daraufgießen und mit Fingerspitzen hineinarbeiten. Teig kneten, bis er weich und elastisch ist. Mit Tuch bedecken und 30 Minuten beiseitestellen.

Walnußgroße Teigkugeln daraus formen. Erst von Hand, dann mit Nudelholz auf gemehlter Arbeitsfläche flachdrücken, bis Kreise von ca. 10 cm Durchmesser entstanden sind. Mit Tuch bedecken.

In einer Friteuse Öl 6 cm hoch einfüllen. Je einen kleinen Fladen ins heiße Öl geben. Sobald er einsinkt, mit einer Schaumkelle zart daraufdrücken, als wollte man ihn am Aufgehen hindern. Ein paar Sekunden unter der Oberfläche halten, dann schwimmenlassen. Ca. 20 Sekunden backen, dann wenden und noch ca. 15 Sekunden backen. Aus dem Öl nehmen, auf saugkräftiges Papier legen. Jedes Brötchen auf gleiche Weise backen. Notfalls läßt sich dieses Brot im voraus herstellen und im Augenblick des Servierens im Ofen erhitzen.

BLÄTTERTEIGBRÖTCHEN, IN DER BRATPFANNE GEBRATEN

ZUTATEN:
- 500 g Mehl
- 1 KL Salz
- 1 KL Zucker
- 250 ml lauwarmes Wasser
- 1 EL geschmolzene Butter
- 1 EL Weißweinessig
- 100 g Butter

Mehl in ein Gefäß schütten, Salz und Zucker damit vermengen. Nach und nach Wasser, geschmolzene Butter und Essig dazugeben und das Ganze zu einem glatten Teig kneten. Weiterkneten, bis der Teig weich und elastisch ist und nicht mehr an den Fingern klebt. 30 Minuten mit feuchtem Tuch bedecken.

6 Teigkugeln formen. Jede auf leicht bemehlter Arbeitsfläche mit dem Nudelholz zu einer Scheibe von 15 cm Durchmesser pressen. Die Butter gleichmäßig auf den Teigscheiben verteilen und sie wie Blätterteig dreimal zusammenfalten. Jede einrollen und die sechs Rollen 4 Stunden in den Kühlschrank geben.

Eine Bratpfanne erhitzen und etwas Butter darin schmelzen. Jede Teigrolle zu einem Kreis formen und in die Pfanne legen. Zudecken, Hitze reduzieren, Teigkreis backen, bis er auf einer Seite golden ist. Wenden, zudecken, die andere Seite braten. Heiß servieren.

ZUTATEN:

- 500 g Mehl
- 30 g Bäckerhefe
- 300 ml lauwarmes Wasser
- 1 KL Zucker
- 80 ml Olivenöl
- 1 KL Salz
- 300 g schwarze Oliven, entkernt und fein geschnitten
- 1 KL Kümmelkörner

OLIVENBROT

Das Mehl in eine Schüssel sieben, in der Mitte eine Mulde machen. Die Hefe mit etwas lauwarmem Wasser und 1 KL Zucker auflösen, ca. 10 Minuten gehen lassen. In die Mulde gießen. Mit etwas Mehl vermischen. Die Mischung ein paar Minuten gehen lassen, bis sie anschwillt. Salz in das umgebende Mehl mischen. Das Wasser mit zwei Dritteln des Öls mischen und ständig knetend nach und nach zum Mehl geben, bis ein weicher Teig entsteht. Auf gefetteter Oberfläche weiter kneten, bis der Teig elastisch und glänzend ist und nicht mehr an den Fingern klebt, was ca. 10 Minuten dauert. Teig in ein Gefäß legen, mit Olivenöl einstreichen, mit feuchtem Tuch bedecken und ca. 1 Stunde gehen lassen, bis er den doppelten Umfang erreicht hat.

Den aufgegangenen Teig pressen, bis er wieder so groß ist wie vorher; Oliven und Kümmel dazugeben, knetend einarbeiten und mit dem restlichen Öl ein paar Minuten weiterkneten. Eine Kugel formen und diese in flache Form legen. 1 Stunde an warmen Ort stellen, bis der Teig wieder den doppelten Umfang hat.

Ofen auf 200° C vorheizen und das Brot in der Mitte des Ofens ca. 45 Minuten backen. Auf Gitter auskühlen lassen.

ZUTATEN:

- 2 große Zwiebeln
- 50 ml Olivenöl
- 500 g Mehl
- 1 KL Salz
- 30 g Bäckerhefe
- 300 ml lauwarmes Wasser
- 1 KL Zucker
- 1 EL Milch

ZWIEBELBRÖTCHEN

Die Zwiebeln grob hacken und bei kleiner Hitze goldgelb dünsten. Vom Herd nehmen und erkalten lassen.

Mehl in eine Schüssel leeren und mit Salz vermischen. Die Hefe mit dem Zucker in 70 ml Wasser auflösen und 10 Minuten aufgehen lassen. Dann in eine Mulde in der Mitte des Mehls gießen und das Ganze mit den restlichen 230 ml des lauwarmen Wassers verkneten. Die Zwiebeln samt dem Öl, in dem sie gebraten wurden, dazugeben und weiter kneten, bis der Teig elastisch und glänzend ist und nicht mehr an den Fingern klebt, was ca. 10 Minuten dauert. In eine Schüssel geben, mit einem Tuch bedecken und an warmen Ort stellen, bis der Teig zu doppelter Größe aufgegangen ist.

Dann den Teig wieder zu seiner ursprünglichen Größe pressen und ein paar Minuten kneten. Kleine runde Laibe formen und sie auf bemehltes Blech oder in kleine Formen geben. Mit etwas Milch bestreichen. Mit einem Tuch bedecken und ca. 1 Stunde gehen lassen.

Den Ofen auf 220° C vorheizen. Die Brote in der Mitte des Ofens ca. 25 Minuten backen. Auf einem Gitter erkalten lassen.

UNGESÄUERTES BROT

Mehl und Salz in einer Schüssel vermischen. Wasser nach und nach zugeben und das Ganze zu einem glattenTeig kneten. Weiterkneten, bis der Teig sich von den Schüsselwänden löst und nicht mehr an den Händen klebt. Noch 2 bis 3 Minuten weiterkneten, bis ein elastischer und glänzender Teig entstanden ist. Den Ofen auf 200° C vorheizen.

Acht bis zehn Kugeln formen. Mit der Hand flachdrücken und mit dem Nudelholz zu Fladen von ca. 10 cm Durchmesser auswallen. Mit einer Gabel in parallelen Linien einstechen. Die Teigfladen auf ein bemehltes Backblech legen. Ca. 10 Minuten backen, bis sie leicht golden sind. Aus dem Ofen nehmen und auf einem Gitter erkalten lassen.

ZUTATEN:
- 500 g Mehl
- 1 KL Salz
- 30 g Bäckerhefe
- 400 ml warmes Wasser
- 1 KL Zucker
- 25 g Sesamkörner

PITAS

Das Mehl in eine große Schüssel geben. Salz hineinmischen. Hefe und Zucker in 100 ml warmem Wasser auflösen. Sobald sie anschwillt, auf das Mehl geben und nach und nach das restliche Wasser unter ständigen Rühren hineingeben. Mit Holzkochlöffel oder Küchenmaschine (mit Knetschaufeln) arbeiten, bis ein weicher Teig entstanden ist.

Noch 5 Minuten von Hand oder mit der Maschine kneten. Den Teig mit einem Tuch bedecken und aufgehen lassen, bis er doppelt so groß ist wie zuvor.

Ist der Teig aufgegangen, eine flache Form oder eine Bratpfanne mit wenig Öl ausstreichen. Mit dem Teig acht Fladen formen und auf den Boden der Form oder der Pfanne legen und mit Sesamkörnern bestreuen. Pitas kann man entweder 8 bis 10 Minuten in einem auf 200° C vorgeheizten Ofen oder bei mittlerer Hitze in der Bratpfanne, jede Seite 3 Minuten lang, backen.

MILCHBRÖTCHEN MIT HONIG

ZUTATEN:
- 500 g Mehl
- 1 KL Salz
- 30 g Bäckerhefe
- 300 ml lauwarme Milch
- 1 EL Honig
- 50 g Butter

Mehl und Salz mischen. Die Hefe in 70 ml Milch mit 1 KL Honig auflösen. 10 Minuten gehen lassen. Dann in eine Mulde inmitten des Mehls gießen und das Ganze mit 230 ml Milch und dem restlichen Honig verkneten. Die Butter in Stücke schneiden und dem Teig beifügen. Kneten, bis der Teig elastisch und glänzend ist und nicht mehr an den Fingern klebt, was ca. 10 Minuten dauert. Den Teig mit einem Tuch bedecken und an warmen Ort stellen, bis er doppelt so groß ist wie zuvor.

Den Teig pressen, bis er wieder die ursprüngliche Größe hat, und ihn 1 bis 2 Minuten kneten. Kleine runde Brötchen formen, diese auf ein Backblech oder in kleine, bemehlte Formen legen. Mit einem Pinsel mit Milch bestreichen. Mit Tuch bedecken und etwa 1 Stunde gehen lassen.

Den Ofen auf 190° C vorheizen. Die Brötchen in der Mitte des Ofens ca. 30 Minuten backen.

WEIZENKEIMBROT

ZUTATEN:
- 400 g Vollkornmehl
- 100 g gewöhnliches Mehl
- 50 g Weizenkeime
- 1 KL Salz
- 2 KL Rohzucker
- 30 g Bäckerhefe
- 350 ml warmes Wasser

Die beiden Mehlsorten, die Weizenkeime, das Salz und 1 KL Zucker miteinander vermengen. Die Hefe in 70 ml warmem Wasser mit dem zweiten KL Zucker auflösen. Ca. 10 Minuten beiseite stellen, bis sie aufgeht.

Hierauf in die Mulde inmitten des Mehls gießen und das Ganze mit dem restlichen Wasser kneten. Kneten, bis der Teig elastisch und glänzend ist und nicht mehr an den Fingern klebt, was etwa 10 Minuten dauert. Teig an warmen Ort stellen, bis er doppelt so groß ist wie ursprünglich.

Hierauf zu ursprünglicher Größe pressen, kurz kneten. Zu einem länglichen oder zwei runden Laiben formen. Auf bemehltes Blech oder in eingefettete und bemehlte Formen legen. Oberfläche mit etwas Salzwasser bestreichen, nach Belieben mit Weizenkeimen bestreuen. Mit Tuch bedecken, 1 Stunde gehen lassen.

Ofen auf 200° C vorheizen, auf mittlere Rille ca. 35 Minuten backen. Auf Gitter erkalten lassen.

Beilagen, Gewürze, Leckereien:

✹

PILAF AUS PERLGERSTE

✹

BUCHWEIZEN MIT BUTTER

✹

GROB GEMAHLENER WEIZEN MIT PETERSILIE

✹

EINTOPF AUS WEIZENKÖRNERN UND LINSEN

✹

KNUSPRIGE LECKEREIEN MIT SESAMKÖRNERN

✹

SCHAFKÄSEKUGELN IN OLIVENÖL

✹

GRIESSPORRIDGE

✹

GRIESSLECKEREIEN

✹

PASTE AUS TROCKENFRÜCHTEN

Gewisse Mahlzeiten in diesem Buch enthalten keine stärkehaltigen Speisen, was unseren heutigen Gewohnheiten widerspricht. Der Grund ist einfach: Die Beilagen, die wir heute überall gebrauchen, kannte man im Nahen Osten zur Zeit der Bibel noch nicht. Der Reis erschien wahrscheinlich erst im 1. Jahrhundert der christlichen Zeitrechnung, und die Kartoffeln erst viel später. Aber selbstverständlich kann man sie unseren "biblischen" Mahlzeiten beifügen, wenn man sie etwas nahrhafter gestalten möchte.

Dennoch beruht die Ernährung der Bibel hauptsächlich auf Getreide, was heute meist nur mehr eine Beilage der Hauptmahlzeit ist. Getreide diente nicht nur zur Broterstellung, wobei Brot ei-

ne unentbehrliche Grundlage der biblischen Ernährung war; man sott es auch zu verschiedenen Arten Brei und brauchte es für alle möglichen Gerichte. Wir haben hier ein paar Möglichkeiten von Beilagen dieser Art gesammelt; sie passen zu den Rezepten dieses Buches und beeinträchtigen ihren authentischen Charakter nicht. In diesem Kapitel finden Sie auch einige Originalrezepte zur Haltbarmachung von Käsekugeln und Zuckerwerk, von denen man glauben darf, daß es sie in biblischen Zeiten gab. Sie können diese am Ende der Mahlzeit mit dem Kaffee servieren (den man zwar in dieser Epoche nicht kannte, aber den die biblischen Menschen bestimmt mit Freude akzeptiert hätten).

PILAF AUS PERLGERSTE

■ 250 g Perlgerste ■ 2 EL Sonnenblumenöl ■ 600 ml siedendes Wasser ■ 1 KL Salz

Die Gerstenkörner verlesen und mit sehr heißem Wasser abspülen. Das Öl in einem mittelgroßen Topf erhitzen und die Gerste darin einige Minuten unter ständigem Rühren dünsten. Siedendes Wasser und Salz hinzufügen, aufsieden, Topf decken, Hitze zurücknehmen. Ca. 30 Minuten kochen, bis die Gerste weich ist. Von Zeit zu Zeit nachsehen, ob noch genug Wasser vorhanden ist - wenn nicht, etwas siedendes Wasser hinzugeben. Am Schluß sollte die Gerste das ganze Wasser aufgenommen haben. Wenn nicht, in einem Sieb abtropfen lassen.

GROB GEHACKTE WEIZENKÖRNER MIT PETERSILIE

■ 250 g Weizenkörner, grob gehackt ■ 1 mittelgroße Zwiebel ■ 2 EL Olivenöl ■ 500 ml Hühnerbrühe ■ 2 EL gehackte Petersilie ■ 25 geschälte Pinienkerne ■ Salz und Pfeffer

Weizenkörner verlesen und mit kaltem Wasser spülen. Zwiebel in feine Scheiben schneiden und im Öl glasig braten. Weizen und Bouillon hinzufügen, aufsieden, decken, Hitze zurücknehmen. Ca. 15 Minuten kochen, bis der Weizen weich und das Wasser verdunstet ist. Petersilie und Pinienkerne hinzufügen. Abschmecken mit Salz und Pfeffer.

BUCHWEIZEN MIT BUTTER

■ 250 g Buchweizen ■ 1 KL Salz ■ 25 g Butter

Buchweizen verlesen und mit kaltem Wasser spülen. In einen Topf geben, mit Wasser bedecken und ca. 30 Minuten kochen lassen, bis der Buchweizen weich und alles Wasser verschwunden ist. Während des Kochens kontrollieren, ob etwas Wasser bleibt - wenn nicht, etwas kochendes Wasser nachgießen. Wenn der Buchweizen gar ist, die Butter hineingeben und gut damit vermengen, damit sie schmilzt.

EINTOPF AUS WEIZENKÖRNERN UND LINSEN

■ 200 g Vollkornweizen ■ 200 g Linsen ■ 1 große Zwiebel, in Ringe geschnitten ■ 50 ml Olivenöl ■ 500 ml siedendes Wasser ■ 1 KL Salz

Weizenkörner gut spülen und in kaltes Wasser einlegen. Linsen spülen und ca. 45 Minuten in leicht gesalzenem Wasser sieden. Zwiebel in Öl goldenbraten. Weizenkörner und Linsen hinzufügen, das ganze 1 Minute anbraten und dann das gesalzene heiße Wasser daraufleeren. Aufsieden lassen, Hitze zurücknehmen. Etwa 30 Minuten sieden, bis der Weizen weich und das Wasser aufgesaugt ist. Während des Kochens hin und wieder nachschauen, ob der Weizen noch nicht gar, das Wasser jedoch verbraucht ist. Nötigenfalls etwas Wasser beifügen.

KNUSPRIGE LECKEREIEN MIT SESAM

❋ 100 g Zucker ❋ 2 EL Honig ❋ 100 g Sesamkörner ❋ Öl

✹ Den Zucker in ganz trockene Pfanne geben , erhitzen und umrühren, bis ein helles Karamel entstanden ist. Den Honig dazugießen und alles gut vermischen. Sesamkörner hineingeben und vom Herd nehmen. Alles mischen, in kleine quadratische Form von 20 cm Kantenlänge legen oder auf ein Holzbrett, beides gut geölt. Leicht abkühlen lassen und in Quadrate von 2 cm Seitenlänge oder in Rhomben schneiden. Warten, bis sie völlig kalt sind, dann in Papierschälchen legen.

SCHAFSKÄSEKUGELN IN OLIVENÖL

❋ 4 Schafsmilchjoghurt ❋ Salz ❋ ein Zweig Thymian ❋ 200 ml Olivenöl

✹ Joghurt und Salz vermischen und in eine Salatschüssel geben. l2 Stunden in den Kühlschrank geben, bis ein ziemlich fester, frischer Käse entstanden ist.
Die Hände befeuchten oder leicht ölen und kleine Käsekugeln von 3 cm Durchmesser formen. In ein Konservenglas mit dem Thymian geben und genügend Olivenöl zugießen, bis alle Käsekugeln bedeckt sind.

GRIESSPORRIDGE

❋ 750 ml Milch ❋ 200 g Grieß ❋ 1 KL Salz ❋ 1 KL Muskatpulver ❋ ¹/₂ KL Salbei ❋ 50 g Butter

✹ Milch aufkochen, Grieß langsam und unter stetigem Rühren hineingeben. Bei niedriger Hitze kochen und stets weiterrühren, bis die Mischung sehr dick wird. Vom Herd nehmen, Gewürze und Butter beigeben und mischen.

GRIESSLECKEREIEN

❋ 50 g Milch ❋ 75 g Zucker ❋ 50 g Grieß ❋ ¹/₂ KL Zimtpulver ❋ 50 g geraspelte Kokosnuß

✹ Milch und Zucker aufkochen, Grieß langsam und unter ständigem Rühren hineingeben. Zimt dazugeben und weiterrühren, bis eine sehr dicke Masse entstanden ist. Von der Flamme nehmen und das Püree in eine Form gießen; sie sollte ungefähr 1 cm dick sein. Mit Kokosnuß bestreuen und ganz kalt werden lassen.
Die kalte Masse in kleine Rhomben schneiden und in Schälchen aus Butterbrotpapier legen.

PASTE AUS TROCKENFRÜCHTEN

❋ 100 g Rosinen ❋ 100 g getrocknete Datteln ❋ 100 g getrocknete Aprikosen ❋ 100 g Dörrzwetschgen, entkernt ❋ 2 EL Honig ❋ 100 g ganze Haselnüsse ❋ 100 g Mandeln oder Baumnüsse, grob gehackt.

✹ Rosinen, Datteln, Aprikosen und Zwetschgen sowie den Honig in eine Küchenmaschine mit Stahlmesser geben. Diese ein paar Minuten laufen lassen, bis ein glatter Teig entstanden ist.
Mit befeuchteten Händen je ungefähr einen KL Masse nehmen und zu einer Kugel formen. Jede Kugel in den gehackten Mandeln drehen und in ein Schälchen aus Butterbrotpapier legen. Mit ganzen Haselnüssen dekorieren.

REZEPTE

Bibliographie

Alle Zitate stammen aus:

Die Bibel, Nach der Übersetzung Martin Luthers, Deutsche Bibelgesellschaft, Stuttgart, 1984

Die kursiv gesetzten Zitate im Kapitel Salomo und die Königin von Saba sind dem *Hohenlied* entnommen.

Bottero, Jean, "La plus vieille cusine du monde", in *Initiation à l'Orient ancien de Sumer à la Bible,* Société d'éditions scientifiques, 1992

De Vaux, R., O.P., *Les Institutions de l'Ancien Testament,* Editions du Serf, Paris

Feliks, Yehuda, *Plant World of the Bible,* Masada, Givatayim, 1976

Glazer, Phillis, *Milch und Honig,* Hanssler, Neuhausen-Stuttgart, 1988

Miller, Madelein S. und Miller, J. Lane, *Encyclopedia of Bible Life,* Harper and Brothers Publishers, New York and London

Schwartz, Oded, *In Search of Plenty, a History of Jewish Food,* Kyle Cathie, London, 1992

Serventi, Silvano, *La Grande Histoire du foie gras,* Flammarion, Paris, 1993

Toussaint-Samat, Maguelonne, *Histoire naturelle et morale de la nourriture,* Bordas, Paris, 1987

Urech, Eduard, *A dictionary of life in Bible Times,* Delachaux et Niestlé SA, Neuchâtel, 1956; Hodder and Stoughton, 1960

Widoger, Geoffrey, *The Encyclopedia of Judaism,* Ma'ariv Book Guide, Or Yehuda, 1994 (hebräische Ausgabe)

Ich danke

Michèle Tauber und Sylvie Finkelstein für ihre genauen Übersetzungen und ihre Hilfe in einer Fremdsprache; Nata Rampazzo für ihre tiefe Freundschaft und ihren wunderbaren Sinn für künstlerische Gestaltung; Jean-François Rivière, Hélène Markezana und Valérie für ihre ausgezeichnete Arbeit bei der Bildbeschaffung; Anne Serroy, Carole Hardouin und dem ganzen Team der Verlags für ihre redaktionelle Unterstützung.

Allen Freunden und Bekannten in Frankreich und Israel, die gekostet und ihren Eindruck mitgeteilt, Korrektur gelesen und wertvolle Hinweise gegeben haben.

Photonachweis